Die nachexilische JHWH-Gemeinde in Jerusalem
Ein Beitrag zu einer alttestamentlichen Ekklesiologie

BEITRÄGE ZUR ERFORSCHUNG DES ALTEN TESTAMENTS UND DES ANTIKEN JUDENTUMS

Herausgegeben von Matthias Augustin und Michael Mach

Band 34

PETER LANG

Frankfurt am Main · Berlin · Bern · New York · Paris · Wien

Stefan Stiegler

Die nachexilische JHWH-Gemeinde in Jerusalem

Ein Beitrag zu einer alttestamentlichen Ekklesiologie

PETER LANG

Frankfurt am Main · Berlin · Bern · New York · Paris · Wien

Die Deutsche Bibliothek - CIP-Einheitsaufnahme

Stiegler, Stefan:

Die nachexilische JHWH-Gemeinde in Jerusalem : ein Beitrag zu einer alttestamentlichen Ekklesiologie / Stefan Stiegler. - Frankfurt am Main ; Berlin ; Bern ; New York ; Paris ; Wien : Lang, 1994
    (Beiträge zur Erforschung des Alten Testaments und des antiken Judentums ; Bd. 34)
    Zugl.: Halle, Univ., Diss., 1987
    ISBN 3-631-45899-1

NE: GT

ISSN 0722-0790
ISBN 3-631-45899-1

© Verlag Peter Lang GmbH, Frankfurt am Main 1994
Alle Rechte vorbehalten.

Printed in Germany 1 2   4 5 6 7

MEINER FRAU

Vorwort

Den Anstoß zu vorliegender Untersuchung gaben die offiziellen theologischen Gespräche zwischen dem Bund Evangelisch-Freikirchlicher Gemeinden in der DDR und dem Bund der Evangelischen Kirchen in der DDR im Jahre 1982 aufgrund des Confessio-Augustana-Jubiläums.[1] Es erhob sich die Frage, ob die alttestamentliche Wissenschaft etwas beizutragen habe zu den Gesprächen zwischen Großkirche und Freikirche. Und da ein Proprium der freikirchlichen Theologie das Gemeindeverständnis ist, hafteten die Gedanken an der Epoche der Geschichte Israels, in der die Einheit zwischen Volksgemeinde und Glaubensgemeinde auseinanderbrach und sich nach dem Zusammenbruch des Babylonischen Reiches unter der Herrschaft der Achämeniden in Judäa eine neue Größe zu entwickeln begann, die ich mit RMOSIS »nachexilische JHWH-Gemeinde« nennen möchte.[2] Was hat diese »Gemeinde« konstituiert? Welche Momente wirkten mit bei ihrer Entstehung?

Wenn im Untertitel deshalb von alttestamentlicher »Ekklesiologie« die Rede ist, so ist das zunächst nur die Konsequenz aus dem Sprachgebrauch der Alttestamentler, die bei der Beschreibung der nachexilischen Verhältnisse in der Regel auf den Begriff »Gemeinde« nicht verzichten können und wollen. Zum anderen soll damit gesagt sein, daß es in der vorliegenden Untersuchung nicht um christlich-dogmatische Erwägungen geht; auch nicht um eine umfassende Darstellung der Anfangsphase des Judentums, sondern um die inneralttestamentliche Fragestellung der Gestalt der nachexilischen JHWH-Gemeinde, und zwar unter ekklesiologischem Aspekt. Das bedeutet natürlich eine gewisse Einseitigkeit, aber jedes Gesamtbild setzt sich aus verschiedenen Teilaspekten zusammen.

Die Arbeit hat im Dezember 1987 der Fakultät für Theologie der Martin-Luther-Universität Halle/Wittenberg als Dissertationsschrift vorgelegen. Mein verehrter Lehrer Prof. Dr. Dr. Gerhard Wallis (Halle) hat sie mit vielen Anregungen begleitet und mir dabei stets großen Freiraum gelassen, eigenen Gedankengängen zu folgen. Den Herren Professoren Dr. Traugott Holtz (Halle) und Dr. Hans-Jürgen Zobel (Greifswald) danke ich

---

[1] Die Ergebnisse sind veröffentlicht in ZdZ 5/86, 128-130.
[2] RMOSIS, Untersuchungen, 14.

für die vielfältigen Anregungen, die in ihren Gutachten zum Ausdruck kamen. Für den Druck ist die Untersuchung überarbeitet worden. Daß sie erst jetzt mit so großer Verspätung erscheint, liegt an den Verhältnissen der »Wendezeit«, die einem Gemeindepastor keinen Freiraum zu wissenschaftlicher Arbeit ließen. Daß sie überhaupt erscheinen kann, verdanke ich einem Zuschuß der Gerhard-Claas-Stiftung sowie Herrn Dr. Helmut Burkhardt (St. Chrischona), der mir in entscheidender Weise weiterhalf. Herr Dr. Dr. Matthias Augustin hat die Studie freundlicherweise in die Reihe »Beiträge zur Erforschung des Alten Testaments und des Antiken Judentums« aufgenommen.

Frau Kristina Hasenpusch hat das Manuskript geschrieben. Mein Kollege Günter Balders hat mich im Blick auf das Layout beraten und den Korrekturgang besorgt, an dem auch mein Assistent stud. theol. Matthias Kodoll beteiligt war. Ihnen allen sei herzlich gedankt.

Meiner Frau und unseren vier Kindern danke ich besonders für das große Maß an Verständnis für den studierenden Mann und Vater. Gott aber sei Dank für die immer neue Freude bei der Arbeit an seinem Wort.

Hoisdorf, im Januar 1994   Stefan Stiegler

Inhalt

0 Die Quellenlage

Die Epoche der Perserherrschaft über das Gebiet der Judäer ist als eine rätselhafte Epoche,[3] als »dunkle Zone« mindestens aus der Sicht des Historikers,[4] als »still one of the most abscure (periods) in the history of the Hebrew people« bezeichnet worden[5] und hat in der Regel in den Darstellungen der alttestamentlichen Theologie nur untergeordnete Beachtung erfahren oder ist ganz übergangen worden.[6]

Andererseits wird dieser Epoche große Bedeutung zugemessen für den weiteren Geschichtsverlauf nicht nur des Judentums, sondern auch des Christentums. EMEYER nennt »das Judentum ... eine Schöpfung des Perserreiches, die unmittelbar noch in unsere Gegenwart hineinwirkt«.[7] Und RMOSIS wehrt sich gegen das veraltete Schema, Exil und nachexilische Zeit nur unter den Stichworten Niedergang und Verfall, Gesetzlichkeit und bornierte Engstirnigkeit zu beurteilen. Das Neue Testament knüpfe nicht über diese Zeit des Frühjudentums hinweg an die großen vorexilischen Einzelpropheten an, sondern: »Vieles von dem, was theologisch im nachexilischen Israel aufbricht, wird vom Neuen Testament einfachhin übernommen.«[8] Hieraus könnten sich vielleicht neue Aspekte für eine gesamtbiblische Theologie ergeben. Doch zunächst muß die Situation der nachexilischen Zeit genauer untersucht werden.

---

[3] UKELLERMANN, Nehemia 1.

[4] HKREISSIG, 1.

[5] WFALBRIGHT, BASOR 53, 20.

[6] Viele alttest. Darstellungen enden mit dem Exil; die meisten Darstellungen des Judentums beginnen erst 70 n. Chr.; KSCHUBERT/CTHOMA, 87 Anm.: »Viele Abhandlungen über das Volk Gottes leiden gerade darunter, daß diese Zeit, die als die eigentliche Gründungszeit des Judentums zu betrachten ist, zu stiefmütterlich behandelt wird, indem man etwas pauschal sagt, sie sei als eine namenlose dunkle Zone zu betrachten.« vgl. NGLATZER, Anfänge des Judentums, Gütersloh 1966; WWIEFEL, Vorlesung Geschichte des Judentums MLU Halle, FS 1984; zum Ganzen jetzt ausführlich RALBERTZ, Religionsgeschichte 20-32 (Forschungsgeschichte), der fordert: »Eine 'Religionsgeschichte Israels' muß die nachexilische Periode wieder angemessen würdigen. Sie muß mit der heute vielfach geäußerten Ansicht, daß die exilisch-frühnachexilische Zeit die entscheidende Periode für die Ausbildung der Religion Israels gewesen ist, ernst machen und ihr zumindest das gleiche Interesse und den gleichen Raum zukommen lassen wie der vorexilischen Zeit, soweit es die Quellenlage nur eben zuläßt. Dies bedeutet allerdings eine Revision antijudaistischer christlicher Vorurteile.« (32)

[7] EMEYER, Papyrusfund 1.

[8] RMOSIS, Exil 77.

Dabei bleibt selbstverständlich festzuhalten, daß die nachexilische JHWH-Gemeinde in Jerusalem ohne die vorexilische Geschichte JHWHs mit seinem Volk, das er aus freien Stücken erwählt hat, undenkbar wäre.[9] Doch kann es hier nicht darum gehen, diese Kontinuität zu beschreiben; vielmehr steht gerade das im Mittelpunkt des Interesses, was sich – verglichen mit der vorexilischen Zeit – verändert hat. Welche Werte wurden uminterpretiert; welche Strukturen umgestaltet? Was ist wesenhaft neu an der nachexilischen JHWH-Gemeinde?

Auf eine ausführliche Darstellung der vorexilischen Verhältnisse muß verzichtet werden. Auch wird die Situation z.Z. der Babylonischen Gefangenschaft in der Fremde wie im Lande selbst nur da herangezogen werden können, wo sie für das Verständnis erforderlich ist, wiewohl die meisten der dann in der nachexilischen JHWH-Gemeinde umgesetzten Gedanken doch wohl in der Exilszeit geboren sein dürften und vor allem in den Botschaften der beiden großen Exilspropheten Ezechiel und Deuterojesaja zum Ausdruck kommen.

Einsatzpunkt der Untersuchung ist die Eroberung Babylons durch den Perserkönig Kyros im Jahre 539 v.Chr. und die dadurch ermöglichte Rückkehr aus dem Exil. Von einem gewissen Abschluß der Konsolidierung der Verhältnisse in und um Jerusalem wird man wohl kaum vor der Beendigung der Missionen Esras und Nehemias sprechen können. Damit ist der zeitliche Rahmen abgesteckt und entschieden, welche Quellen zu untersuchen sind. Es sind dies die Bücher Esra und Nehemia, die Worte der Propheten Haggai, Sacharja und Maleachi und die Texte in Jesaja 56-66 (Tritojesaja). Auch einige Psalmentexte kommen in Betracht, und die priesterlichen Texte des Pentateuch sind mit heranzuziehen, sofern sich in ihnen die Verhältnisse der nachexilischen Gemeinde widerspiegeln. Dabei werden die Texte nicht chronologisch, sondern nach Sachgesichtspunkten geordnet.

Für eine Gesamtdarstellung der nachexilischen Verhältnisse ist es an sich unerläßlich, auch die priesterlichen Texte des Pentateuch sowie die Chronikbücher als Quelle mit heranzuziehen, zumal sie sich in jüngster Zeit eines außerordentlichen Interesses innerhalb der alttestamentlichen Wissenschaft

---

[9] WF ALBRIGHT, Religion 192: »im Wesen blieb der orthodoxe Jahwismus von Mose bis Ezra sich gleich. Von Anfang bis zu Ende war ethischer Monotheismus der Kern der israelitischen Religion«.

erfreuen. Angesichts der kontroversen Diskussion der Pentateuchfrage würde es jedoch den Rahmen dieser Arbeit sprengen, wollte man diese in ihrer ganzen Breite aufnehmen.

Da als historischer Rahmen der Untersuchung die Zeit von der Eroberung Babylons durch Kyrus bis zur Beendigung der Mission Nehemias abgesteckt wurde, standen zwangsläufig die Bücher Esra und Nehemia sowie die nachexilischen Profetentexte (Haggai, Sacharja, Maleachi und Tritojesaja) im Mittelpunkt des Interesses. Andere Texte wurden gewissermaßen flankierend ausgewählt; so ist z.b. die Auswahl von Psalmen allein durch das Stichwort יראי יהוה bestimmt.

Die Tatsache, daß 1/2Chr und Esra-Nehemia aller Wahrscheinlichkeit nach kein »Chronistisches Geschichtswerk« bilden und die Chronik später verfaßt sein dürfte als Esra-Nehemia, was von ihrer Stellung im Kanon unterstrichen wird, erschien es sinnvoll, zunächst einmal Esra-Nehemia und die damit zusammenhängende alttestamentliche Literatur zu befragen.

Um die Veröffentlichung nicht weiter zu verzögern, habe ich mich entschlossen, die ursprüngliche Dissertationsfassung weitgehend unverändert zu lassen, wohlwissend, daß die Chronikforschung und die neuere Pentateuchforschung manches Urteil relativieren bzw. in ein neues Licht stellen könte und in einer weiteren Untersuchung nach dem Bild der JHWH-Gemeinde in der Chronik und in den priesterlichen Schichten des Pentateuch zu fragen sein wird.

Da sich gerade für die hier zu untersuchenden alttestamentlichen Texte – vor allem für die Bücher Esra und Nehemia – eine Fülle von literatur- und traditionsgeschichtlichen Fragestellungen ergibt und so die Klärung der Quellenfrage zur conditio sine qua non des Themas wird,[10] erscheint es notwendig, einiges Grundsätzliche zu den Maßstäben der Bewertung von Quellen zu sagen.

Schon EMEYER hat seiner bis heute unverzichtbaren »Entstehung des Judenthums« eine ausführliche Erörterung über die Maßstäbe zur Beurteilung der Quellen vorangestellt.[11] Er wehrt sich dabei entschieden gegen den »grosse(n) Sturmangriff, den 1893 KOSTERS gegen die gesamte Überlieferung geführt hat«[12] und in dessen Gefolge viele Forscher die

---

[10] HKREISSIG 9, vgl. OEISSFELDT, Einleitung 750: »wenn überall der Entwurf eines Geschichtsverlaufes von sorgfältigster Analyse der dafür zur Verfügung stehenden Überlieferung, also von der Kritik der Quellen, abhängig ist, so wird das hier besonders deutlich.«

[11] Halle 1896, 1-7.

Echtheit von Urkunden bezweifeln, und macht deutlich, daß die Aufgabe fast undurchführbar ist, die Echtheit nur literarisch überlieferter Urkunden so nachzuweisen, daß jeglicher Zweifel verstummt. »Ein Zweifel ist leicht hingeworfen; und selbst, wenn er ganz unbegründet ist, oder wenn die dafür vorgebrachten Argumente sofort widerlegt werden – semper aliquid haeret.«[13]

Seit der Aufklärung und vor allem im Gefolge von RENÉ DESCARTES aber hat der radikale Zweifel den Primat im menschlichen Erkenntnisprozeß erhalten, und es entsteht immer wieder der Eindruck, als werde das Zweifeln zum Prinzip erhoben, so daß automatisch hinter jede Aussage, ganz gleich, welcher Art sie ist, ein »aber« gesetzt werden *muß*. Das Denkbare wird zum Maßstab aller Dinge. Doch nicht alles, was denkbar ist, ist deshalb auch schon wahr – und umgekehrt.

Seit KBARTHS sprichwörtlich gewordener Bemerkung »Kritischer müßten mir die Historisch-Kritischen sein!«[14] hat es, wie auch vor ihm, immer wieder Kritik gegeben an jener totalen Vormachtstellung der radikalen Kritik und ihrer manchmal damit verbundenen Vergötzung.[15]

Im neutestamentlichen Bereich haben in jüngerer Zeit MHENGEL[16] und RRIESNER[17] die Frage nach der Grundeinstellung zur Überlieferung gestellt; ob man den Quellen primär mit zur Methode erhobenem Zweifel oder mit prüfendem Vertrauen begegnet. Nicht die radikale Kritik[18], die dann leider sehr oft ihren eigenen Hypothesen gegenüber gar nicht mehr radikal, sondern eher naiv zu nennen ist,[19] ist die angemessene Einstellung, sondern eine *kritische Sympathie*,[20] die auf einem positiven Vorurteil zu den Quellen beruht, wie es schon Aristoteles forderte.[21]

---

[12] AaO 2.

[13] AaO 5.

[14] KBARTH, »Der Römerbrief – Vorwort zur zweiten Auflage (1922)«. Gottes Freiheit für den Menschen, EVA Berlin 1970, 36.

[15] Vgl. EMEYER, aaO 2.

[16] Zur urchristlichen Geschichtsschreibung, Stuttgart 1979, besonders Teil III (Thesen).

[17] Jesus als Lehrer, Tübingen 1984².

[18] z.B. EKÄSEMANN, Das Problem des historischen Jesus, ZThK 51 (1954) 125-153; zitiert nach: Exegetische Versuche und Besinnungen (Auswahlband) EVA Berlin 1968, 121: »Aufgrund der formgeschichtlichen Arbeit hat sich unsere Fragestellung derart zugespitzt und erweitert, daß wir nicht mehr die etwaige Unechtheit, sondern gerade umgekehrt die Echtheit des Einzelgutes zu prüfen und glaubhaft zu machen haben. Nicht das Recht der Kritik, sondern ihre Grenze ist heute zu beweisen.«

[19] RRIESNER 81: »Der Skepsis gegenüber den Quellen kontrastiert oft ein ungebrochenes Vertrauen in die eigenen Hypothesen«.

Also: »...bei einem aus historischer Zeit überlieferten Dokument steht die Beweispflicht den Angreifern der Aechtheit zu, nicht den Vertheidigern.«[22] Denn: »The text is the foundation of interpretation; we cannot recognize a method making interpretation the foundation of the text.«[23] Es gibt zu denken, wenn ein marxistischer Forscher wie HKREISSIG bemerkt, »daß die hebräischen Quellen noch immer nicht genügend als historische Quellen behandelt werden, was zweifellos seinen Grund darin hat, daß es überwiegend Theologen sind, die sich mit ihnen beschäftigen.«[24]

Gewiß: Historische Forschung kann nicht den Wahrheitsgehalt der Theologie begründen, aber wir Theologen sollten den biblischen Quellen (wieder) mehr historischen Wahrheitsgehalt zutrauen. Wir wollen deshalb für unsere Zeitepoche mit ihrem spärlichen Quellenmaterial[25] möglichst dem Gang der Ereignisse so folgen, »wie ihn die Anordnung der Quellen in ihrer jetzigen Form nahelegt, und dies in der Annahme, daß die Redaktion die Geschehnisse nicht völlig durcheinandergebracht haben wird«.[26]

0.1 Esra-Nehemia

Nach bisher vorherrschender Auffassung bilden die beiden Bücher Esra und Nehemia, die ursprünglich ein Buch gewesen sind,[27] den zweiten Teil des sogenannten »Chronistischen Geschichtswerkes«. An dieser These, die seit ihrer Begründung durch LZUNZ (1832)[28] und FCMOVERS (1834)

---

[20] RRIESNER 85, vgl. WGKÜMMEL; Jesu Antwort an Johannes den Täufer. Ein Beispiel zum Methodenproblem in der Jesusforschung, Wiesbaden 1974, 143.

[21] Poet 1460b - 1461b, RRIESNER 82.

[22] EMeyer, Judenthum 6.

[23] HBIRKELAND, The Evildoers in the Book of Psalms, Oslo 1955, 12.

[24] HKREISSIG 9.

[25] MHENGEL aaO 11 macht darauf aufmerksam, daß bei aller antiken Geschichte »chronischer Mangel an Quellenmaterial« zu konstatieren ist.

[26] SHERRMANN, Geschichte Israels 379.

[27] Erst 1448 drang die wohl durch Neh 1,1 nahegelegte Teilung in die hebräische Bibel ein; OEISSFELDT, Einleitung 734; vgl. BHS.

[28] LZUNZ, Gottesdienstliche Vorträge der Juden, ein Beitrag zur Alterthumskunde und biblischen Kritik, zur Literatur- und Religionsgeschichte, (Berlin 1832[1]), Frankfurt/M. 1892[2] (Hrg. NBRÜLL) 22 kommt, allerdings recht hypothetisch, auf die gemeinsame Verfasserschaft von Chr und Esra-Nehemia: »diesen gordischen Knoten ... löst der eine Ausspruch: daß wir die Chronik und das Buch Esra als zwei zusammengehörige Theile eines und des-

zum Allgemeingut der Bibelwissenschaft gehörte, sind in jüngster Zeit erhebliche Zweifel laut geworden.

Schon HSCHNEIDER hat 1959 in seinem Kommentar die Frage aufgeworfen, ob Esra-Nehemia nicht früher entstanden sein könnten als 1/2 Chr, und führt als Analogbeispiel JOSEPHUS FLAVIUS ins Feld, der auch zuerst (77/78 n. Chr.) die Geschichte des jüdischen Krieges und danach (93/94 n. Chr.) die Antiquitates geschrieben hat.[29] Vor allem SARA JAPHET hat die Frage neu untersucht und kommt zu der Behauptung, die beiden Bücher Chr und Esra-Nehemia »could not have been written by one author«.[30] THWILLI spricht sich ebenfalls dafür aus, daß es sich um zwei getrennte Werke handelt, denkt aber an einen gemeinsamen Verfasser.[31]

Dieser Fragestellung kann hier nicht weiter nachgegangen werden.[32] Wir wollen lediglich festhalten, daß in Esra-Nehemia andere Prämissen verfolgt werden als in 1/2 Chr. Geht es dort um eine Neuinterpretation bereits berichteter Geschichte[33], so ist Esra-Nehemia zunächst einmal eine Darstellung der Geschichte der nachexilischen Epoche. Dabei hat der Verfasser Quellen verwendet, die er weiterüberlieferte und erst in zweiter Linie interpretierte. Wenn wir ihn im folgenden »Chronisten« nennen, soll damit nicht gesagt sein, daß er auch der Verfasser der Chronikbücher sei. Es wird lediglich dem derzeit geltenden Sprachgebrauch Rechnung getragen.

Ehe wir uns dem Text zuwenden, einige Bemerkungen zur bisherigen Erforschung von Esra-Nehemia.

0.1.1 Bemerkungen zur Forschungsgeschichte

Wie wir bereits sahen, stellt die biblische Überlieferung in Esra-Nehemia die Forschung vor komplizierte Probleme. Das hat folglich zu ganz unterschiedlichen Lösungsvorschlägen geführt, denn in den meisten Fragestellungen ist schwerlich auch nur annähernde Sicherheit zu gewinnen.[34] In

    selben Werkes ansehen«; vgl. THWILLI 37.
[29] HSCHNEIDER 32f.
[30] SARA JAPHET, Authorship 332f.
[31] so auch RSMEND, Einführung 226 und HDONNER, Geschichte 406.
[32] Vgl. dazu auch DMATHIAS, ThLZ 104 (1980) 474; EJENNI, ThR 45 (1980) 97-108 – dort
      weitere Lit.; MSÆBØ, TRE 8 (1981) 74-87; AHJGUNNEWEG, Esra 24ff; KSTRÜBIND 25f.
[33] Dazu jetzt KSTRÜBIND, Tradition als Interpretation, BZAW 201 (1991).
[34] MSÆBØ, Esra/Esraliteratur TRE 10 (1982) 377.

den letzten hundert Jahren hat sich die Forschung vor allem auf ein Problem konzentriert, auf das Problem der Esradatierung.[35] Seit der bereits 1880 geäußerten These VAN HOONACKERS,[36] Esra 7,7 meine nicht Artaxerxes I. (465-425 v. Chr.), sondern Artaxerxes II. (405-358 v. Chr.), die Mission Esras in Jerusalem sei also ins Jahr 398 v. Chr. zu datieren, ist in immer neuen Varianten diese Frage diskutiert worden. MJLAGRANGE[37] u.a. vertraten sogar die Ansicht, Esra 7,7 meine Artaxerxes III. (358-338 v. Chr.); doch das steht inzwischen nicht mehr zur Debatte. Auch wurde die Ansicht geäußert, Esra sei zweimal in Jerusalem gewesen, nämlich bereits bei Nehemias zweitem Kommen, ehe er dann viele Jahre später 398 v. Chr. seine eigentliche Mission begann.[38]

Auf eine ausführliche Darstellung der Forschungsgeschichte kann hier verzichtet werden. Für die Zeit bis 1952 hat HHRowLEY die Entwicklung dargestellt[39] und 1966 hat UKELLERMANN alle neueren Arbeiten auf diesem Gebiet zusammengetragen und die Dinge ausführlich dargestellt.[40] Er ordnet die verschiedenen Meinungen in vier Gruppen ein:

» a)   Gleichzeitiges Zusammenwirken Esras und Nehemias während einer bestimmten Zeitspanne der Statthaltertätigkeit Nehemias.

   b)   Nachdatierung Esras nach Nehemia unter Artaxerxes I. oder II.

   c)   Vordatierung Esras vor Nehemia unter Artaxerxes I.

   d)   Datierung Esras zwischen Nehemias erstem und zweitem Jerusalemaufenthalt nach Neh 13,6.«[41]

---

[35] Ebenda 379: »Insgesamt scheint aber diese intensive Konzentration auf diese Frage etwas übertrieben zu sein«.

[36] HCAZELLES, La mission 114 Anm. 3; vgl. JCOPPENS, Le Chanoine A.van Hoonacker, 1935, 42; seit 1890 vertrat VAN HOONACKER seine These in einer Reihe von Veröffentlichungen: Néhémie et Esdras, une nouvelle hypothése sur la chronologie de l'epoque de la restauration, Le Muséon 9 (1890), 151-184.317-351.389-401; La question Néhémie et Esdras, RB 4 (1895), 186-192; La succession chronologique Néhémie-Esdras, RB 32 (1923) 481-494; 33 (1924) 33-64; u.a., vgl. UKELLERMANN, Esradatierung 64 Anm. 51.

[37] MJLAGRANGE, Néhémie et Esdras, RB 4 (1895) 193-202.

[38] So VAN HOONACKER in späteren Äußerungen, vgl. HHRowLEY, Order 167; JBRIGHT, Geschichte Israels 423f.

[39] The Chronological Order of Ezra and Nehemiah, zuerst in: IGNACE GOLDZIHER, Memorial Volume I 1948, 117-149 = in: The Servant of the Lord and Other Essays on the Old Testament, 1952; 131-159; 2. verb. Aufl. 1965, 135-168 (danach zitiert).

[40] Erwägungen zum Problem der Esradatierung, ZAW 80 (1968) 55-87 – abgeschlossen am 05.09.1966.

[41] Ebenda 62.

Es ist m. E. jedoch besser, bei der Einteilung der verschiedenen Standpunkte vom Text Esra 7,7 auszugehen. Dann kommt man zu folgendem Schema:

1. Esra 7,7 meint Artaxerxes I.
   - Esra kam 458 v. Chr. nach Jerusalem[42]
2. Esra 7,7 meint Artaxerxes II.
   - Esra kam 398 v. Chr. nach Jerusalem[43]
3. Esra 7,7 muß korrigiert werden in 27.[44] oder 37.[45] Jahr Artaxerxes'
   - Esra kam zwischen den beiden Aufenthalten Nehemias bzw. während seiner zweiten Statthalterschaft nach Jerusalem.

Daß man auch so nicht allen Forschern gerecht werden kann, zeigt sich an UKELLERMANN selbst, der zur Datierung Esras *vor* Nehemia kommt, obwohl der Esra 7,7 nicht für historisch zuverlässig hält, ein »neuer Versuch einer alten Lösung«[46]. Seitdem hat diese Sicht, die der Reihenfolge der biblischen Überlieferung entspricht, immer mehr Zustimmung gefunden[47]. MMETZGER wird von UKELLERMANN noch als Vertreter der Nachdatierungshypothese erwähnt[48], hat aber seit der 4., überarb. und erweiterten Auflage seiner Geschichte Israels offensichtlich seinen Standpunkt geändert. Obwohl er Esra hinter Nehemia behandelt, stammt seiner Meinung nach der königliche Erlaß Esra 7,12-26 wahrscheinlich von Arta-

---

[42] z.B. AJEPSEN, Nehemia 84.87ff; FMHEICHELHEIM, Handbuch der Orientalistik I 2, Leiden und Köln 1966, 103; JSWRIGHT, The Date of Ezra's Coming to Jerusalem, The Tyndale Old Testament Lecture, 1946, rev. Fassung o.J.; JMORGENSTERN, The Dates of Ezra and Nehemiah, JSS 7 (1962) 1-11; HHGROSHEIDE, Ezra - Nehemia I 1963, 47ff; OPLÖGER, Spätzeit.

[43] z.B. HCAZELLES, 113ff; OEISSFELDT, Einleitung 753; ASKAPELRUD, JBL 85 (1966) 254; KGALLING, Studien 149-184 und ATD 12, 13f; SMOWINCKEL, Studien 99ff; HHROWLEY, Order 143ff.

[44] So z.B. JWELLHAUSEN, Die Rückkehr der Juden aus dem babylonischen Exil, GGA 1895, 186; OPROKSCH, ThLB1 53 (1932) 197.

[45] So z.B. WFALBRIGHT, The Biblical Period from Abraham to Ezra, 1965, 112 Anm. 193; vgl. ders. Von der Steinzeit zum Christentum 1949, 321; VPAVLOVSKY, Die Chronologie der Tätigkeit Esdras. Versuch einer Lösung. Bibl. 38 (1957) 275ff, 428ff; JBRIGHT, Geschichte Israels 423f; WRUDOLPH, Esra und Nehemia, XXVIf; u.ö.; MNOTH, Geschichte Israels 289.

[46] UKELLERMANN, Esradatierung 78ff; aufgrund von Jos Ant XI 120-183 und 3. Esra sowie zeitgeschichtlichen Erwägungen kommt er zu diesem Urteil.

[47] MSÆBØ, TRE 10 (1982) 379.

[48] UKELLERMANN, Esradatierung 64 Anm. 62.

xerxes I.[49] WTH IN DER SMITTEN hat die Argumente zusammengetragen und diskutiert und versucht, eine genauere Chronologie des Wirkens Esras zu entwerfen. Er kommt dabei zu folgendem Ergebnis:[50]

	465	Artaxerxes I. (Longimanus)
8. April	458	Aufbruch von Babylonien (Esra 7,8)
19. April	458	Wegzug von Ahawa (Esra 8,31)
4. Aug.	458	Ankunft in Jerusalem (Esra 7,8f)
7. Aug.	458	Übergabe der Geräte und Spenden (Esra 8,33f)
19. Dez.	458	Esra 10,9
30. Dez.	458	Kommission (Esra 10,16)
27. März	457	Abschluß (Esra 10,17)
2. Okt.	457	Laubhüttenfest (Neh 8,2)
	446	Mauerbauversuch in Jerusalem (Esra 4,9-16.17-23)
Dezember	445	Besuch bei Nehemia in Susa (Neh 1)
April	444	Entsendung Nehemias durch Artaxerxes I.

AHJGUNNEWEG vertritt ebenfalls diese Sicht und betont: »Da es nun der chronistischen Absicht besser entsprochen hätte, den Bericht über die Konstituierung der nachexilischen Gemeinde mit Esras Tätigkeit als glänzendem Finale abzuschließen, ist anzunehmen, daß der Chronist an eine Tradition gebunden war, die um die Priorität Esras wußte«.[51] Außerdem setze Esras Mission nicht voraus, daß Judäa bereits Provinz unter einem eigenem persischen Statthalter war. KMBEYSE weist darauf hin, daß die Vorordnung des Esrabuches vor dem Nehemiabuch nicht übersehen werden dürfe und deutlich mache, »daß auch das Wirken Esras dem des Nehemia vorangeht«.[52] HJAGERSMA urteilt, daß die Tradition, nach der Esra *vor* Nehemia kommt, am wahrscheinlichsten sei.[53] RRENDTORFF empfiehlt, »den Text unverändert zu lassen und sich mit der scheinbaren Beziehungslosigkeit der Tätigkeiten Esras und Nehemias zueinander abzufinden«.[54]

---

[49] MMETZGER, Grundriß 156.
[50] Esra 105.
[51] AHJGUNNEWEG, Geschichte Israels 135.
[52] HJZOBEL/KMBEYSE, Botschaft 227.
[53] HJAGERSMA 276.
[54] RRENDTORFF, Einführung, 69; vgl. 291ff.

AHJGUNNEWEG hat in seinem Kommentar zu Esra der falschen Konzentration auf die historischen Fragen deutlich den Rücken gekehrt und »geht von der bewußt so gestalteten kompositionellen Einheit des Buches Esra-Nehemia aus und versucht, dieses Buch in seiner vorliegenden Gestalt zu interpretieren«.[55] Dabei soll die historische Frage nicht übergangen werden, doch:

> »Primäres brutum factum ist ja schon die Existenz der nachexilischen Gemeinschaft unter der Vorherrschaft und Schirmherrschaft der Perser – ein Phänomen, das historisch und theologisch bewältigt werden mußte: eine Gemeinschaft, die nach den geschehenen Katastrophen und in radikal geänderter Lage nach ihrer Identität fragte. Auf eben diese Frage will der Chronist in EN selbst antworten, und diese Antwort gilt es vorab zu vernehmen und zu verstehen, ehe für weitere, andere – und zumeist moderne – historische Problemstellungen Lösungen gesucht und vielleicht gefunden werden können.«[56]

Inhaltlich zerfällt der Text von Esra-Nehemia in zwei ungleiche Teile: Esra 1-6 behandeln die Zeit der Rückkehr und des Tempelbaus, der 515 v. Chr. abgeschlossen wurde; Esra 7 - Neh 13 berichten von der Konsolidierung der nachexilischen JHWH-Gemeinde unter Esra und Nehemia. Dazwischen klafft eine Lücke von mehreren Jahrzehnten, über die wir nichts erfahren – wohl einfach deshalb, weil es über den normalen Gemeindealltag weniger zu berichten gab. Betrachten wir zunächst den ersten, wesentlich kleineren Teil.

0.1.2 Esra 1- 6: Heimkehr und Tempelbau

Die Darstellung dieser ersten Epoche der nachexilischen Zeit läßt deutlich die Hand des Chronisten erkennen. Ebenso klar sind aber die von ihm verwendeten Quellen zu erkennen,[57] die er z.T. im Originaltext (aramäisch) wiedergibt. Diese schriftlichen Urkunden heben sich vom Kontext ab. Es sind dies:

---

[55] AHJGUNNEWEG, Esra 30.
[56] Ebenda; allerdings läßt er an mancher Stelle zu vieles offen, was die historischen Fragen betrifft; vgl. vor allem 140ff: 2. Exkurs: Zum historischen Hintergrund des Artaxerxes-Edikts.
[57] HDONNER, Geschichte 406: »Jedenfalls enthalten die Bücher Esra und Nehemia z.T. ganz vorzügliches zeitgenössisches Quellenmaterial.«

0.1.2.1 Die reichsaramäischen Urkunden in Esra 4,6 - 6,18

An ihrer Echtheit sollte seit EMEYER kein Zweifel mehr bestehen.[58] Daß der Chronist sie in Originalsprache wiedergibt, ist wohl das stärkste Argument dafür. Als Thema dieses Quellenstückes formuliert WRUDOLPH: »Wie es trotz aller Anfeindungen gelang, den Tempel und die Stadtmauer von Jerusalem wiederherzustellen«.[59]

Hier wird also Religionsgeschichte geschrieben, d.h. Geschichte Gottes mit seinen Erwählten. Deshalb hat der Verfasser wohl auch die Reihenfolge der Ereignisse vertauscht. Ursprünglich muß Esra 4,6-23 hinter 5,1-6,18 gestanden haben; so war wohl auch der tatsächliche Hergang der Dinge. Doch dem Anliegen des Chronisten entsprechend werden zuerst die Widerstände und dann die erfolgreiche Überwindung derselben berichtet.[60]

0.1.2.2 Die Bevölkerungsliste in Esra 2,1-70

Die Neh 7, 6-73 wiederkehrende – vielleicht von dort stammende – Liste wird noch eingehend untersucht werden müssen.[61] Ihre Authentizität ist sicher, ihr historischer Ort jedoch wohl kaum der der ersten Rückkehrer 538 v. Chr. KGALLING bringt sie mit der Visitation Tattenais um 519 v. Chr. in Verbindung (vgl. Esra 5,6ff; bes. 5,10)[62], was wahrscheinlicher ist. Die Liste ist ein Verzeichnis von Bewohnern der unter persischer Verwaltung stehenden Provinz Judäa.[63]

---

[58] Entstehung des Judenthums 8ff, bes. 70; ebenso HHSCHAEDER; RDEVAUX; JBRIGHT; RSMEND, Entstehung 226: »Auf festem Boden steht die Erkenntnis, daß die Komposition streckenweise ältere Quellen verarbeitet hat«, bestritten von CCTORREY.

[59] WRUDOLPH, Esra 47; vgl. KMBEYSE 11 - seine Ansicht, daß die aram. Quelle einen dritten, auf Nehemias Mauerbauaktion bezüglichen Teil besaß, den der Chronist gestrichen hat, bleibt bloße Spekulation.

[60] So KMBEYSE 11 Anm. 5; OEISSFELDT, Einleitung 737; KGALLING, Studien 63; WHSCHMIDT, Einleitung 165f; Esra 4,24 ist Flickvers.

[61] S. u. 54ff.

[62] KGALLING, Studien 106; WTH IN DER SMITTEN, Esra 37; vgl. KMBEYSE 43.

[63] WHSCHMIDT, Einleitung 166 nennt sie »Personenstandsregister«.

0.1.2.3 Die Tempelgeräteliste Esra 1,8-11

Auch sie geht aller Wahrscheinlichkeit nach auf ein Originaldokument
zurück (gegen EMEYER)[64]. KGALLINGS Erwägungen über ihre ursprüngliche Gestalt sind beachtenswert.[65] Für unsere Fragestellung hat sie allerdings keine direkte Bedeutung.

0.1.2.4 Das Kyrusedikt Esra 1,2-4; 6,3-5

Das ist das meistumstrittene Dokument unseres Abschnitts. Da es in Esra
6,3-5 in aramäischer Sprache überliefert ist, kann seine Authentizität
schwerlich geleugnet werden[66]. Es ist wohl denen zuzustimmen, die in
Esra 1,2-4 die freie Übersetzung des ursprünglich in Aramäisch verfaßten
Erlasses sehen.[67]

Offensichtlich hat der Verfasser das ganze erste Kapitel als eine Art
Vorrede verstanden, die die heilsgeschichtlich bedeutenden Fakten aufnimmt und so die Grundlage aller folgenden Entwicklungen aufzeigt:
JHWH hat den Geist des Kyrus erweckt (V1); JHWH erweckt den Geist
der Israeliten (V5): JHWH ist es, der die Ereignisse ins Rollen bringt! Die
theologische Absicht ist unüberhörbar: JHWH wirkt die Wende zum Heil.
Und in diesem Vorwort nimmt der Chronist nun auch das Dokument auf,
das Beweisstück für die Geschichtsmächtigkeit JHWHs ist. Kyrus, der
mächtige Perserkönig, ist wirklich JHWHs Knecht (Jes 45,1; 44,28), denn
er beurkundet mit seinem Erlaß den Neuanfang in Jerusalem.

Doch was war in diesem Erlaß von 538 v. Chr. wirklich enthalten? Es
darf wohl als sicher gelten, daß der in Esra 6,3-5 erhaltene Wortlaut nicht
das Kyrusedikt vollständig wiedergibt,[68] so daß er mit Recht »Protokoll

---

[64] EMEYER, Judenthum 72: »eine historisch völlig wertlose Aufzählung dieser Geräte«.

[65] KGALLING, Studien 81 folgert aus der Amtsbezeichnung Esra 1,8 für Mithredat, die irani-
sches Fremdwort ist, die Existenz einer Quelle und kommt zu dem Schluß, »...daß Esra
1,8-11a die (aramäische) Originalurkunde des Jahres 538 widerspiegelt, die dann später ins
Hebräische übersetzt wurde«; aaO 88.

[66] ABERTHOLET, Kommentar 2 »kurz, die Mache ist bei diesem Edikt durchweg mit Händen
zu greifen«; anders EMEYER, Judenthum 47: » jeder Fälscher hätte Kyrus' Erlaß in Babylon
suchen und finden lassen«; vgl. JBRIGHT 342f; MNOTH, Geschichte Israels 276ff; KGAL-
LING, Studien 213.

[67] So KGALLING, Studien 67; RMOSIS, Studien 210; HDONNER, Geschichte 407ff; WRUDOLPH
62f rechnet mit zwei königlichen Erlassen. Anders BICKERMANN, The Edict of Cyrus in
Ezra 1, JBL 65 (1946) 258-260; sein Versuch darf als gescheitert gelten.

[68] EMEYER, Judenthum 49 verweist auf das fehlende Tagesdatum.

über das Kyrusedikt«[69] genannt werden muß. Nun enthält dieser Text zwar die Anordnung, den Jerusalemer Tempel wieder aufzubauen und die von Nebukadnezar geraubten Tempelgeräte zurückzubringen; er enthält aber keinen Hinweis auf eine gleichzeitige Erlaubnis zur Rückkehr der Exilierten, wie das jedoch die chronistische Fassung von Esra 1,2-4 voraussetzt.

Die meisten Forscher halten deshalb auch die vom Chronisten darge-stellte Rückwanderung von ca. 40.000 Leuten (vgl. die Liste Esra 2) im ersten Jahr des Kyrus für unwahrscheinlich und bringen den Hauptstrom der Rückwanderer mit dem Ägyptenfeldzug des Kambyses 525 v. Chr. bzw. mit den Thronwirren nach dessen Tod 522 v. Chr. in Verbindung.[70]

Tatsächlich wissen wir über den Zeitpunkt der Rückwanderungen nichts Genaues und kommen über Vermutungen nicht hinaus.[71] *Daß* jedoch Exilierte zurückgekehrt sind, steht außer Zweifel. Enthält doch das Kyrusedikt von Esra 6,3-5 mindestens eine indirekte Erlaubnis zur Heim-kehr; jedenfalls wird sie weder verboten, noch werden allein die in Judäa Verbliebenen mit dem Tempelbau beauftragt.[72]

Nachdem die vom Chronisten verwendeten Dokumente herausgearbei-tet worden sind, erhebt sich die Frage, welchen Quellenwert die anderen Passagen von Esra 1-6 besitzen. Gewiß ist in Esra 1,1 - 4,5 – besonders in Kapitel 3! – die Handschrift des Chronisten sehr deutlich zu erkennen.[73] Es aber deshalb als ein von ihm erdachtes Machwerk zu bezeichnen, er-scheint zu vordergründig. Wenn wir z.B. davon ausgehen, daß es einen nachexilischen Tempel gegeben hat, dann muß seine Grundsteinlegung (3,10-13) ebenso als historisches Faktum gelten wie das erste Passafest nach seiner Einweihung (6,19-22). Was liegt näher, als das dies direkt nach der Einweihung des neuerrichteten Gotteshauses gefeiert worden ist? Wenn uns nun Esra 6,19-22 davon Nachricht gibt, darf angenommen werden, daß dies historisch gedeckt ist, zumal uns der Chronist eben nicht ausgeschmückt und blumig von diesem Fest berichtet, sondern eher knapp und sachlich die wichtigsten Dinge festhält:[74]

---

[69] KMBeyse 12; vgl. HJagersma 265.

[70] KGalling, Studien 41ff 77; SHerrmann 366; KMBeyse 22 – dort Anm. 18 weitere Lit.

[71] SHerrmann 368ff macht deutlich, daß die Frage des Zustandekommens des Tempelbaus nicht unbedingt mit Rückwanderern in Zusammenhang stehen muß; er sieht in den im Lande Gebliebenen die treibende Kraft des Tempelbaus.

[72] HKreissig 36; weiteres zum Kyrusedikt LRost, Erwägungen 301-307; KGalling, Studien 61-77.

[73] So ESellin, Studien 156; KMBeyse 12; WRudolph , Esra XXIII. 28.

1. Die Leviten schlachten das Passalamm (vgl. Ex 12, 6; Dtn 16,2).
2. An der Feier nehmen Handwerker und andere teil, die V20 als »ihre Brüder« und V21 als »die sich von der Unreinheit der Völker abgesondert hatten« bezeichnet werden.
3. Dankesfreude gegenüber JHWH, der Königsherzen verwandeln kann, bestimmt das Fest.

Es gibt keine Gründe, die Historizität eines solchen Passafestes zu bestreiten. Wir müssen davon ausgehen, daß hinter den uns vorliegenden chronistischen Texten mündliche Tradition steht, die die entscheidenden Ereignisse zuverlässig weitergegeben hat.[75]

0.1.3 Esra 7 - Neh 13: Die Konsolidierung der JHWH-Gemeinde

Wenn es im ersten Teil von Esra-Nehemia relativ gut möglich war, die Quellen herauszuschälen, erscheint das im zweiten, größeren Teil weitaus schwieriger. Die Dinge sind in der Tat so kompliziert, daß man geneigt ist, JBRIGHT recht zu geben, der bemerkt, die Geschichte Israels habe kein verwickelteres Problem als das der Beziehung zwischen Esra und Nehemia[76]. Wir müssen uns ihm trotzdem stellen, wenn auch jeder Rekonstruktionsversuch in gewissem Grade hypothetisch bleiben wird. In jüngster Zeit haben sich vor allem UKELLERMANN[77] und WTH IN DER SMITTEN[78] mit dieser Fragestellung befaßt und sind dabei in den Hauptlinien zu übereinstimmenden Ergebnissen gekommen:

1. Die jetzige Gestalt der Überlieferung in Esra-Nehemia ist das von nachchronistischen Redaktoren überarbeitete Werk des Chronisten, der eine Geschichte der Jerusalemer JHWH-Gemeinde vorlegt, in die er alle ihm zur Verfügung stehenden Quellen aufnimmt.[79]

---

[74] WRUDOLPH, Esra 61.

[75] OEISSFELDT, Einleitung 737 vermutet sogar schriftliche Tradition: »Man wird ... das Stück aber doch wohl aus einer Quelle herleiten müssen«. KMBEYSE 12 vermutet vom Chronisten überarbeitete und zusammengestellte »Quellenschriften...; Esra 1,1 - 4,3 die 'Tempelchronik'; Esra 5,1 - 6,18 + 4,6-23 die 'Bauchronik'« .

[76] JBRIGHT, Geschichte Israels 397f.

[77] Nehemia - Quellen, Überlieferung, Geschichte. Berlin 1967.

[78] Esra – Quellen, Überlieferung, Geschichte, Bonn 1972. Die Arbeit ist als Pedant zu UKELLERMANNS Untersuchung angelegt.

2. Seine bedeutendste und ausführlichste Quellenschrift ist die Nehemiaquelle, die Nehemia selbst als eine »Appellationsschrift an Gott«[80] verfaßt hat.[81]

3. Von Esra hingegen ist uns eine solche »Autobiographie« nicht erhalten geblieben. Die Esrageschichte ist chronistisch. Der Chronist gestaltete »seine Esraerzählung als Midrasch zu Esra 7,12-19, wobei die formale Parallelisierung und materiale Überbietung Nehemias vorherrschte.«[82]

4. Esra ist jedoch mit Sicherheit keine Fiktion des Chronisten, sondern eine historische Person.[83] Esra hat vor Nehemia in Jerusalem gewirkt.[84]

Den ersten beiden Thesen ist ohne weiteres zuzustimmen. Zur dritten und vierten These jedoch muß einiges ergänzend und korrigierend angemerkt werden.

ad 3. Hat OEISSFELDT noch an der Existenz zweier selbstbiographischer Berichte von Nehemia und Esra festgehalten,[85] bestreiten UKELLERMANN und WTH IN DER SMITTEN dies für Esra. Jedoch entsteht bei WTH IN DER SMITTEN eine eigenartige Spannung, wenn er auf der einen Seite vehement die Qualität der Nehemiaquelle als »eine der besterhaltensten Geschichtsquellen des AT überhaupt« verteidigt und mit Schärfe denen entgegentritt, die die Historizität Esras bezweifeln[86] – auf der anderen Seite die

---

[79] WTH IN DER SMITTEN, Esra 58; vgl. MNOTH, Studien 167: »denn das [Quellenmaterial] war ohnehin dürftig genug«.

[80] UKELLERMANN, Nehemia 147; er bestimmt die Gattung der Nehemiaquelle als »eine Abwandlung des Gebetes des Angeklagten« 88; vgl. 76-88.

[81] In der Wertung der Nehemiaquelle unterscheiden sich UKELLERMANN und WTH IN DER SMITTEN. Letzterer hält an der überaus guten historischen Qualität der Nehemiaquelle fest, sie sei »eine der besterhaltensten Geschichtsquellen des AT überhaupt« (aaO 59). – UKELLERMANN aaO 75 ähnlich, jedoch schränkt er später ein: »Man kann vielleicht damit rechnen, daß alles, was Nehemia in der Anrufung Gottes vorträgt, wahr und historisch ist; aber man muß ebenso damit rechnen, daß er nicht alles berichtet, was geschehen ist«. - »Fast ebenso wichtig wie das, was Nehemia schreibt, wäre eigentlich das, was er aus apologetischen Gründen verschweigt«. (aaO 88)

[82] WTH IN DER SMITTEN, Esra 64; so auch UKELLERMANN 68f: »Die Esrageschichte in Esra 7-10 geht wie Neh 8-10 im Grundbestand auf den Chronisten zurück. Der Chron. lehnt sich an ein Dokument an, zu dem er einen Midrasch schreibt ... Als Gestaltungsprinzip des Esraberichtes herrscht die Parallelisierung und Überbietung zur Nehemiageschichte vor.«

[83] WTH IN DER SMITTEN, Esra 92f.

[84] UKELLERMANN, ZAW 80 (1968) 55-87; s. u. 18ff.

[85] OEISSFELDT, Einleitung 70.737ff.

Esrageschichte aber einen »chronistischen Midrasch zum Artaxerxes-firman« nennt[87].

Was aber bedeutet »Midrasch«? WTH IN DER SMITTEN verweist auf AGWRIGHT.[88] Nimmt man dessen Untersuchung zur Hand, wird man zunächst mit der Feststellung empfangen »that the word midrash at present is an equivocal term and is being used to describe a mass of disparate material.«[89] Außerdem wird Esra im ganzen Buch AGWRIGHTS nirgends erwähnt, obwohl er andere biblische Texte als »Examples of Pre-Rabbinic Midrash« beschreibt.[90] Als Ergebnis formuliert er:

> »The word midrash in biblical studies today has come to possess two connotations: it is used on the one hand to designate a method of exegesis and on the other as the name of literary genre ... As the name of a literary genre, the word midrash designates a compsition which seeks to make a text of Scripture from the past understandable, usefull and relevant for the religious needs of a later generation.«[91]

Wenn WTH IN DER SMITTEN und UKELLERMANN[92] den Begriff »Midrasch« lediglich als literarischen Gattungsbegriff verstanden wissen wollen, etwa im Sinne von THWILLI,[93] dann erscheint das akzeptabel. Es bleibt allerdings unbefriedigend, daß sie dann den Begriff nicht selbst deutlicher definieren. So kann man sich kaum des Eindrucks erwehren, als solle doch mit dem Begriff »Midrasch« eine gewisse Minderwertigkeit bzw. Unzuverlässigkeit in historischer Hinsicht verbunden werden.[94] Doch die

---

[86] WTH IN DER SMITTEN, Esra 59; vgl. 92f: »Einer Richtung möchte ich allerdings von vorn herein eine Absage erteilen; jener Auffassung nämlich, wonach Esra eine unhistorische Erfindung des Chronisten gewesen sein soll ... Die Beweislast, daß Esra keine historische Person ist, liegt bei denen, welche bestreiten wollen, daß Esra gelebt hat – nicht umgekehrt. Dies will keinem exegetischen Konservativismus das Wort reden, sondern liegt in der sachgerechten historischen Methode begründet.«

[87] AaO 63.

[88] AGWRIGHT, The literary Genre Midrash, Staten Island/New York 1967.

[89] AaO 21: »...if not the whole of the Bible would have to be called midrash«.

[90] AaO 77: Dtn 26, 5-8; Esther; Tobit; Ps 78; 106 u.a.m.

[91] AaO 143.

[92] UKELLERMANN, Nehemia 68.

[93] THWILLI 236: »Man wird den Begriff »Midrasch« nicht von seiner Wurzel suchen, fragen, forschen ... trennen dürfen. So kann das Wort etwa mit 'Zeitgeschichtsstudie, -aufzeichnung' wiedergegeben werden«; vgl. 2Chr 13,22; 12,15; 24,27.

[94] ABERTHOLET, Wörterbuch der Religionen 360: »Nicht wissenschaftliches Erkenntnisstreben ist Triebfeder des M., sondern das Verlangen, die Richtlinien zu untadeligem Wandel in Gesetz und Frömmigkeit zu gewinnen. M. bedient sich der Phantasie und Spekulation, der

literarische Frage darf nicht mit der historischen vermischt werden. Und diese lautet: Ist das in der Esrageschichte Erzählte historisch?

Es gehört zu einer sachgerechten historischen Methode, daß man folgende Überlegung anstellt: Wenn Esra eine historische Person gewesen ist, wenn der Artaxerxesfirman ein echtes Dokument darstellt (Esra 7,12-19), wenn Esras Reise nach Jerusalem tatsächlich stattgefunden hat und er damit zu einer der herausragendsten Persönlichkeiten der frühnachexilischen Zeit wurde, dann ist es einfach undenkbar, daß es über eine solche Schlüsselfigur der Geschichte Israels keine Überlieferung geben soll. Wir müssen also annehmen, daß eine vorchronistische Esratradition vorhanden war, die jedoch anders überliefert worden ist als die Nehemiatradition, nämlich vor allem mündlich. Dies räumt auch WTH IN DER SMITTEN ein.[95] WRUDOLPHS Behauptung, »die Erzählung enthält Dinge, die der Chr. nicht erfunden haben kann«,[96] behält ihr Recht. Und vielleicht sind gerade diese prägnanten und sonderbaren Punkte zu Kristallisationskernen für die mündliche Tradition geworden.[97]

Es sei hier noch auf ASKAPELRUDS Erwägungen hingewiesen, der mit einer vorchronistischen Esratradition rechnet, die bereits in dieser mündlichen Phase eine Verzahnung mit der Nehemiageschichte erfahren habe, woraus sich die heutige »Unordnung« der Überlieferung ergebe: »It is perhaps most probable that the present disorder was the case with the oral tradition. That makes it more easily understood, too. It is less conceivable that such a disarrangement should have taken place after the narrative was fixed in writing, even if this is the usual opinion.«[98]

---

alles möglich ist, weil auch bei Gott kein Ding unmöglich ist.«

[95] Esra 58: »Für seine EG konnte der Chron. außer auf eine – wie auch immer geartete – mündliche Tradition lediglich auf den Artaxerxes-Firman und auf die Heimkehrerliste von Esra 8,1-14 zurückgreifen«. – Anders UKELLERMANN 69: »Die übrigen Ausführungen sind Midrasch dieses Dokuments und greifen höchstens auf eine spärliche mündliche Esratradition zurück. Aber unbedingt notwendig erscheint diese letzte Annahme nicht.«

[96] WRUDOLPH 100f zählt unter anderem auf:
a) die fehlenden Leviten 8, 15bff;
b) die Opposition gegen Esra 10,5 bei der auch ein Levit beteiligt ist;
c) die genauen Daten 8,31; 10,9.16f;
d) die Ortsnamen Ahawa 8, 15.21.31 und Kasifja 8,17.

[97] Das ist mindestens für a), b) und d) der o.g. Punkte gut möglich; Außergewöhnliches wie a) und b) wird weitererzählt; und daß mündliche Tradition an einen bestimmten Ort gebunden ist (Lokaltradition), ist für das AT normal.

[98] Authorship 106 f.

ad 4. Wie wir bereits sahen, hat in der Frage der Esradatierung in der neueren Forschung die in der biblischen Überlieferung dargestellte Reihenfolge wieder an Bedeutung gewonnen, nachdem lange Zeit ein Trend für die Nachdatierung Esras vorherrschend war.[99] Auch die vorliegende Arbeit geht davon aus, daß Esra vor Nehemia in Jerusalem gewirkt hat – die Argumente seien hier nicht noch einmal aufgeführt.[100]

Wenn dem aber so ist, daß Esra 458 v. Chr. unter Artaxerxes I. nach Jerusalem kam und Nehemia 445 v. Chr. folgte, erhebt sich die Frage, ob die durch Neh 8,9; 10,2; 12,16.36b nahegelegte Überschneidung der Wirksamkeitsdauer der beiden Reformer historisch ist. Dagegen wird gewöhnlich vorgebracht, daß die Nehemiaquelle keinerlei Hinweis auf Esra enthalte. Aber aus diesem argumentum e silentio braucht man nicht grundsätzlich auf Nichtwissen zu schließen. Auch das allgemein Bekannte kann guten Gewissens verschwiegen werden.

So erwähnen sich z.B. auch Haggai und Sacharja gegenseitig nicht, obwohl sie gemeinsam wirkten und sich gegenseitig gekannt haben müssen. Das gleiche trifft für die Propheten Jeremia und Ezechiel zu.

Neh 2,16 belegt deutlich, wie unabhängig Nehemia bei der Erfüllung seines Auftrages vorgegangen ist, der ja auch ein ganz anderer war als der des Esra. Das wird auch deutlich durch die Tatsache, daß Esra aus Babel (Esra 7,6), Nehemia dagegen aus Susa kam (Neh 1,1).

Es könnte also sein, daß es einfach deswegen keiner gegenseitigen Erwähnung bedurfte, weil jeder wußte, daß Esra und Nehemia eine Zeit lang gemeinsam in Jerusalem waren. Mehr als vermuten kann man das allerdings nicht. Doch schauen wir die Belegstellen an.

Neh 8,9 ist ungenau überliefert:[101] נחמיה הוא התרשׁתא kann ganz oder teilweise als sekundär betrachtet werden, da in V10 nur eine Person redet, die nach allem bisherigen nur Esra sein kann.[102]

Neh 10,2 ist Teil der Liste 10,2-28 und diese wiederum Teil der Verpflichtungsurkunde Neh 10. Nun ist sehr oft die Frage diskutiert worden, ob Neh 10 hier hinter Neh 9 an der richtigen Stelle stehe, oder ob das Kapitel nicht zu Neh 13 gehöre.[103] WTh IN DER SMITTEN und UKELLERMANN

[99] S. u. 18ff.
[100] Ausführlich bei UKELLERMANN, Esradatierung 65ff; vgl. OEISSFELDT, Einleitung 750ff und WTH IN DER SMITTEN, Esra 91ff.
[101] Vgl. BHS.
[102] WRUDOLPH, Esra 148.

kommen jedoch beide zu dem Ergebnis, daß mit »Neh 10 tatsächlich eine sachliche Fortsetzung zu Neh 9 vorzuliegen« scheint,[104] die Verpflichtungsurkunde des Volkes in Neh 10 »die lückenlose, direkte Fortsetzung zum Bußgebet« Neh 9 bildet.[105] Denn: »Es werfen alle Umstellungshypothesen mehr neue Fragen auf als sie lösen, so daß man am besten zunächst einmal von der jetzigen Textabfolge ausgeht«.[106]

Die fehlende Neudatierung in Neh 10,1, die literarische Abhängigkeit durch die Levitennamen 9,4f; 10,10ff; אנחנו in 10,1, das wohl den gleichen Personenkreis wie Neh 9 meinen müßte, erhärten die Annahme, daß Neh 10 hier an der richtigen Stelle steht.[107] Daß die Urkunde dieses Kapitels im Ganzen echt ist, wurde kaum bestritten;[108] allerdings wurden gegen die Ursprünglichkeit der Liste 10,2-28 in dieser Urkunde Zweifel laut. Und da es keine Gründe gibt, נחמיה in 10,2 zu streichen,[109] bliebe für die Lösung der historischen Frage nur die Möglichkeit, die ganze Liste hier als sekundär zu erweisen. UKELLERMANN tut das, führt als Argument allerdings nur den Vergleich mit dem Kontext an, wobei »die Namenliste deutlich ... ihren sekundären Charakter« erweise.[110]

Dagegen spricht die bereits erwähnte literarische Abhängigkeit der Levitennamen (Neh 9,4f; 10,10ff). Daß die Rangfolge der Unterzeichner in 10,2-28 – Priester, Leviten, Obere – nicht der in 10,1 – Obere, Leviten, Priester – entspricht, ist kein Argument für den sekundären Charakter der Liste. Bewußter chiastischer Aufbau ist möglich.

WRUDOLPH zeigt, daß 10,2-28 den Satzzusammenhang zwischen V1 und V29f zerreißt.[111] Diese syntaktische Verschränkung könnte aber

---

[103] So schon ABERTHOLET, Esra 76; WRUDOLPH, Esra 173: »... daß Kap. 10 die Verpflichtung darstellt, die Nehemia der Gemeinde aufgrund der in Kap. 13 geschilderten Mißstände auferlegte«.

[104] WTH IN DER SMITTEN, Esra 52; vgl. JWELLHAUSEN GGN 1895, 173 – WRUDOLPH, Esra 173: »stilistisch läßt sich Neh 13 nicht an Neh 10 anschließen«, gegen ABERTHOLET, Esra 76.

[105] UKELLERMANN, Nehemia 37.

[106] WTH IN DER SMITTEN, Esra 35.

[107] Daß man nicht annehmen könnte, »die Gemeinde habe später ausgerechnet die Punkte übertreten, auf deren Einhaltung sie vorher eigens festgelegt worden war« – WRUDOLPH, Esra 173; so auch ABERTHOLET, Esra 76 – erscheint mir äußerst zweifelhaft, ist doch die ganze Geschichte Israels voll von eben solchen Übertretungen.

[108] OEISSFELDT, Einleitung 745 und WRUDOLPH, Esra 173 halten sie für eine Urkunde aus dem Tempelarchiv; UKELLERMANN, Nehemia 41 für »die Umbildung einer echten Urkunde«.

[109] WTHIN DER SMITTEN, Esra 53.

[110] UKELLERMANN, Nehemia 38; dagegen WTH IN DER SMITTEN, Esra 52.

[111] WRUDOLPH, Esra 173.

bereits in der Originalurkunde vorhanden gewesen sein – oder aber der Chronist hat die der Verpflichtungsurkunde beiliegende Namenliste, die er kaum erfunden haben dürfte, so eingearbeitet.

Daß Nehemia und nicht Esra als Unterzeichner auftaucht, ist m.E. gerade ein Beweis für die Echtheit der Liste hier: Esra ist der (geistliche) Leiter der Verpflichtungszeremonie; Nehemia dagegen repräsentiert als persischer Beamter die Staatsmacht und gibt mit seiner Unterschrift der Urkunde die nötige Rechtskraft.

Die Argumente reichen nicht aus, die Liste 10,2-28 an dieser Stelle als sekundär zu erweisen – wir müssen also annehmen, daß Nehemia an der von Esra geleiteten Verpflichtung der Gemeinde auf das JHWH-Recht teilgenommen hat.

Neh 12,26 bietet keine textkritischen Schwierigkeiten. Der Vers wird gewöhnlich als Unterschrift des Verfassers unter die Liste 12,1-26 bezeichnet, der damit einen Synchronismus für die Hauptgestalten in Esra-Nehemia mit dem Hohenpriester Jojakim herstellen will, was für Esra auch zutrifft; Nehemia hingegen findet bereits Eljaschib vor (Neh 3,1). Es muß sich m.E. jedoch nicht um einen Synchronismus handeln, denn der Text bietet nur zweimal die Wendung בימי, nämlich vor Jojakim und vor Nehemia. Damit sind die beiden Zeitepochen angegeben, um die es sich handelt: die Tage Jojakims und die Tage Nehemias. ועזרא הכהן הספר ist dann angefügt ohne בימי – nicht als dritte Zeitepoche, sondern als sachlich-inhaltliche Ergänzung: Esra gehört sachlich zu Nehemia; diese beiden sind die entscheidenen Figuren der nachexilischen Restaurationsepoche, und nicht Jojakim und Nehemia! Diese Ergänzung des Verfassers »und Esra, der Priester, der Schreiber«[112] wäre umso verständlicher, wenn es tatsächlich eine Überlappung der Aufenthalte Esras und Nehemias in Jerusalem gegeben hat.

Neh 12,36 bietet keine Textunsicherheit. Trotzdem ist die Erwähnung Esras in diesem Vers immer wieder als »eine handgreifliche Interpolation des Chronisten«[113] betrachtet worden, die keiner Begründung bedürfe.[114]

Nun hat UKELLERMANN wie vor ihm bereits ABERTHOLET[115] deutlich gemacht, daß der Bericht der Mauerweihe Neh 12,27-43 Teile der

---

[112] Es gibt keinen Anlaß, dies als nachchronistische Ergänzung zu betrachten. Für den Chronisten sind Esra und Nehemia verschränkt.

[113] EMEYER, Judenthum 200.

[114] So EMEYER ebenda; WRUDOLPH, Esra 198: »Da der Chronist kein gleichzeitiges Wirken Esras und Nehemias kennt, ...«

Nehemiaquelle enthält, jedoch auch vom Chronisten ergänzt und bearbeitet wurde.[116] Die Verse 33-36 sind chronistisch.[117] Dem ist zuzustimmen, nicht aber der Folgerung, daß diese »Belegstellen des Nehemiabuches ... wie die gesamte chronistische Komposition von Neh 8,1 – 13,3 keinen Quellenwert« besitzen.[118] Hieße das etwa, es habe keine Mauerweihe gegeben? Natürlich nicht, denn Neh 12,27a. 31f.37-40 sind Teil der Nehemiaquelle, die historisch exakte Auskünfte gibt. Wenn also die Mauerweihe historisch ist und die Erwähnung Esras vom Chronisten stammt, d.h. von der ältesten literarischen Stufe der Esraüberlieferung[119] – ist es dann vorstellbar, daß die Teilnahme Esras reine Fiktion, aus kompositorischen Gründen notwendige unhistorische Eintragung ist? Ganz gewiß haben kompositorische und theologische Gründe eine Rolle gespielt, Esra hier zu erwähnen[120]. Aber da doch mit Sicherheit mit vorchronistischer mündlicher Esratradition zu rechnen ist, gilt für Neh 12,36b ebenso, was WRUDOLPH für andere Dinge in der Esrageschichte behauptet: Die Teilnahme Esras an der Mauerweihe kann der Chronist gar nicht einfach erfunden haben. Wäre es nicht historisch wahr, hätte die Überlieferung ihn korrigiert. Es wären also Argumente beizubringen, weshalb Esra nicht an der Mauerweihe teilgenommen haben kann.

Wir können deshalb annehmen, daß Esra und Nehemia eine Zeit lang gemeinsam in Jerusalem gewirkt haben und damit die innere und äußere Konsolidierung der Verhältnisse zu einem gewissen Abschluß kam. Auch das oft dagegen vorgebracht Argument, es sei unvorstellbar, daß Esra in Jerusalem 12 1/2 Jahre geschwiegen habe, ehe er das Gesetz proklamiert habe, wozu er doch vom persischen Königshof beauftragt worden sei, erweist sich beim näherem Hinsehen als nicht stichhaltig.[121] Denn Esras

---

[115] ABERTHOLET, Esra 86.

[116] UKELLERMANN, Nehemia 44ff: NQ: 27a.31f.37-40; Chron: 27b.30.33-36.41-42a.43; ähnlich WRUDOLPH, Esra 198.

[117] So schon ABERTHOLET aaO; anders WRUDOLPH aaO, der 36b für nachchron. Einschub hält.

[118] UKELLERMANN, Esradatierung 64.

[119] WTH IN DER SMITTEN, Esra 66.

[120] UKELLERMANN, Nehemias 46: »Mit der Einweihung erhält nicht nur das Aufbauwerk Nehemias, sondern auch die Begründung der Theokratie durch Esra den krönenden Abschluß«; die stilistische Parallelisierung mit V42b erscheint mir jedoch nicht plausibel genug, da dort הפקיד und nicht לפניהם erscheint; gegen ABERTHOLET, Esra 86.

[121] HHSCHAEDER 11 erschwert das Problem, da er die Existenz einer »Denkschrift« Esras voraussetzt: »Wie soll man sich aber eine Denkschrift vorstellen, die zunächst ziemlich ausführlich die Ereignisse eines Jahres unter Inserierung von urkundlichem Material darlegt, um dann über eine Frist von mehr als einem Jahrzehnt völlig zu schweigen und nur noch

Auftrag wird in der aramäischen Urkunde in Esra 7,14 zunächst beschrieben mit: לבקרא על־יהוד ולירושלם ברת אלהך, was wohl nicht mit proklamie-
ren, sondern mit untersuchen oder nachforschen zu übersetzen ist.[122]
    Worin bestanden aber die Untersuchungen, die Esra anstellen sollte?
Wohl kaum im דרש את־תורת יהוה (Esra 7,10) – sondern mit בקר ברת ist gemeint, daß die Untersuchungen auf der Grundlage des JHWH-Rechts
durchgeführt werden sollten. Das Gesetz ist also nicht Objekt, sondern
Instrument derselben.[123]
    Von den Ergebnissen der Untersuchungen erfahren wir lediglich eines,
aller Wahrscheinlichkeit nach das Herausragendste: die Mißstände der
Mischehen (Esra 9,1ff). Esra geht gegen sie vor; er hat sich also nicht auf
das reine Untersuchen beschränkt. Welche anderen Nachforschungen er
noch angestellt haben mag und welche Aktivitäten er daraufhin in Gang
setzte, und ob er Bericht erstattete über die Ergebnisse seiner Tätigkeit,
entzieht sich unserer Kenntnis. Es ist aber anzunehmen, daß Esras Auftrag nicht in kurzer Zeit erledigt gewesen sein dürfte. So ist es auch gar
nicht verwunderlich, wenn eine öffentliche Verkündigung des Gesetzes
nicht sogleich geschieht.

Fassen wir zusammen: Die Frage nach einer vorchronistischen literarischen Esratradition ist nicht geklärt. Weder kann die Existenz irgendwelcher schriftlicher Aufzeichnungen von Esra zufriedenstellend nachgewiesen werden – noch kann ihre Nichtexistenz mehr als hypothetisch
behauptet werden.[124] Das vergrößert die Sicherheit, daß es eine *mündliche*
vorchronistische Esratradition gegeben haben wird.[125] Die verschieden-
artige spätere Esratradition (Sir, Josephus etc.) ist beredter Beleg dafür.
    Wir sollten deshalb der uns vorliegenden chronistischen Darstellung
der Esrageschichte jedenfalls soviel Vertrauen schenken, daß sie nicht

---

eine Schilderung der Ereignisse eines einzigen, 13 Jahre später fallenden Monats zu geben,
ohne jedoch dabei zu einem Schlußpunkt zu gelangen?«
[122] KBL² 1058; vgl. WGESENIUS 112.989f.
[123] vgl. WTH IN DER SMITTEN, Esra 18f.
[124] Selbst UKELLERMANN muß zugeben: »Die Existenz einer Esra-Quelle in irgendeiner Form
wird von den meisten Forschern behauptet«. Nehemia 56 Anm. 271 führt er die wichtigsten Lösungen vor (SMOWINCKEL, EHÖLSCHER, HHSCHAEDER, FAHLEMANN, WRUDOLPH,
KGALLING). – Vgl. RSMEND, Einführung 227: »Gleichwohl bleibt die Existenz irgendwelchen älteren Materials wahrscheinlich«.
[125] WTH IN DER SMITTEN, Esra 66: »Zweifellos stellt nun aber doch das Esrabild des Chronisten
eines der frühesten Stadien der Überlieferungsgeschichte Esras dar«. - nicht *das* früheste!

Fiktion eines religiösen Fanatikers ist, der nicht anderes im Sinn hatte, als Nehemias Person und Werk und zu entkräften. Wenn auch bei der Darstellung der historischen Vorgänge bestimmte theologische und kompositorische Anliegen den Verfasser geprägt haben, berechtigt uns das nicht anzunehmen, das von ihm Berichtete sei historisch nicht gedeckt. Wir werden bei dem Versuch, die historischen Vorgänge zu rekonstruieren, nicht auf die Esrageschichte verzichten können und dürfen.

0.2 Andere Texte

Für die Profetentexte Haggai und Sacharja 1- 8 ist die Quellenlage weitaus weniger kompliziert.

Haggais Sprüche sind mit einer ganzen Anzahl von Datumsangaben versehen, die sehr deutlich eine zeitliche Einordnung dieser Prophetie ermöglichen. »Wenn auch die Verbindung von Datum und Prophetenspruch nicht von dem Propheten selbst, sondern von einem Herausgeber herrührt, so geschah dies doch noch unmittelbar in der Gegenwart des Propheten.«[126] Haggais Wirkungszeit ist das 2. Jahr des Darius, also 520 v. Chr.[127] Das wird auch durch Esra 5,1f; 6,14 bezeugt. Wenn auch die uns im Buche Haggai überlieferten Worte nur einen Teil der Verkündigung des Propheten darstellen werden,[128] so haben wir doch hier sicheren Grund unter den Füßen. Die einzige Schwierigkeit bietet das Stück Hag 2,15-19, das besser hinter 1,15a gehört.[129] Dem Urteil HKREISSIGS ist zuzustimmen: »Haggai ist für den Historiker wegen seiner Sachlichkeit von großem Wert.«[130]

Sacharja ist Haggais Zeitgenosse. Auch über seine Datierung gibt es kaum Meinungsverschiedenheiten. Zwischen 520 und 515 v. Chr. hat er gewirkt. Wenn seine Verkündigung auch in einem ganz anderen Gewand vorgetragen wird,[131] so können wir seinen Visionen doch entscheidende

---

[126] KMBEYSE 11: »Wir müssen eben annehmen, daß Haggai seinen Baruch gefunden hat (Budde)« ebenda 51.

[127] Genauer vom 1.06. (= 29.08.) bis 24.09. (=18.12.): WRUDOLPH, Haggai 21.

[128] WRUDOLPH, aaO 21 weitet zu Recht Haggais Tätigkeit nach vor und hinten aus; terminus ad quem ist 515 v. Chr.

[129] GFOHRER, AT II/III 71; OEISSFELD, Einleitung 577; dagegen WRUDOLPH, aaO 23.

[130] HKREISSIG 10.

[131] Ebenda: »er kleidet ein gewisses politisches Programm in das Gewand einer mystischen, eschatologischen Schau«.

Informationen über den tatsächlichen Hergang der Dinge entnehmen. Auch über sein Wirken informieren uns Esra 5,1; 6,14; Neh 12,16.

Sach 1-8 hat im wesentlichen drei Bestandteile: Neben den Nachtgesichten (1,8 - 6,8) und den übrigen Sprüchen sind uns in Sach 6,9-15; 7,1-3; 8,18f Berichte überliefert, die jeweils mit einer Situationsangabe eingeleitet werden.[132] Die sieben Nachtgesichte aber bilden den Grundbestand des ersten Teils des Sacharjabuches.

Für Maleachi und Tritojesaja ist die Frage der zeitlichen Einordnung wieder stärker mit Vermutungen belastet:

Maleachis[133] Wirkungszeit läßt sich nur ungenau bestimmen: Der Tempel steht, und in Kult und Ethik sind Mißstände eingerissen. Dagegen macht Maleachi Front wie auch Esra und Nehemia, was zu der Annahme geführt hat, er müsse wohl in deren Zeit gehören[134] oder kurz vor deren Wirken aufgetreten sein.[135] In Mal 1,8 ist vom Statthalter die Rede, was deutlich in die nachexilische, persische Epoche verweist. Maleachis Botschaft ist in Form von Disputationsworten überliefert,[136] von denen für unsere Fragestellung vor allem das sechste (3,13-21) von Interesse ist.

Die Texte in Jesaja 56-66, die wir seit BDUHM *Tritojesaja* nennen, werden schwerlich trotz KELLIGERS Argumentation[137] auf einen Verfasser zurückgeführt werden können.[138] Der Kern, Kapitel 60-62,[139] hat zahlreiche Anklänge an Deuterojesaja und stammt von einem Propheten aus frühnachexilischer Zeit – darin herrscht Übereinstimmung.[140] Bei der genaueren Datierung der anderen Sprüche kommt man über Vermutungen nicht hinaus und sollte deshalb m.E. bei dem sehr allgemeinen Urteil bleiben: »Die hier gesammelten Texte spiegeln durchweg die nachexilische

---

[132] KMBEYSE 68; OEISSFELDT, Einleitung 582ff; WHSCHMIDT, Einführung 273.

[133] Ob מלאכי (verkürzter) Eigenname ist oder lediglich aus 3,1 übernommen wurde und »Mein Bote« heißt, ist wohl nicht mit Sicherheit zu bestimmen.

[134] WRUDOLPH, aaO 249; RSMEND, Entstehung 187, WHSCHMIDT, Einführung 281.

[135] So GFOHRER aaO 77.

[136] RRENDTORFF, Einführung 253ff; GWALLIS, Wesen und Struktur, sieht im Buche Maleachi zwei »Streitreden« verbunden, eine an die Priester (1,6 - 2,9; 3-4), die andere an die Laien, die zwar auf echte Diskussionen zurückgehen, aber »jetzt doch als ausgewogene und abgerundete Reden vor uns stehen«; aaO 236.

[137] KELLIGER, Einheit; DERS., Prophet Tritojesaja.

[138] OEISSFELDT, Einleitung 459ff; RSMEND, aaO 155; WHSCHMIDT, aaO 267ff; GFOHRER, Einleitung 422; RRENDTORFF, aaO 208f.

[139] OEISSFELDT, Einleitung 462 erweitert diesen Kern auf 60-62; 57,14-19; 66,6-16.

[140] WHSCHMIDT, aaO 267.

Zeit wider. Die Rückkehrverheißung Deuterojesajas ist zwar erfüllt, aber das Anbrechen der Heilszeit steht noch aus. Es wird verzögert und in Frage gestellt durch die Zustände in der Gemeinde, die durch vielfältige Verstöße gegen das Recht und den Kult gekennzeichnet sind.«[141]

Wie bereits oben vermerkt, kommen für unsere Fragestellung natürlich auch eine Reihe der *Psalmen* in Betracht, denn mit Sicherheit sind in dem »Gesangbuch der nachexilischen Gemeinde«[142] Texte enthalten, die wesentliche Züge dieser Gemeinde aufnehmen und wiedergeben. Andererseits ist bei weitem nicht sicher, welche Psalmen in der frühnachexilischen Zeit entstanden sind. Viele enthalten gar keine Datierungshinweise, und da hier auf das überaus komplizierte Problem der Psalmendatierung nicht eingegangen werden kann,[143] wollen wir uns auf die Psalmen 15; 22; 115; 135 und 147 beschränken, in denen von den יראי יהוה, den JHWH-Fürchtigen die Rede ist. Es ist nämlich die Frage zu beantworten, wer mit dieser Bezeichnung יראי יהוה gemeint ist.

Damit ist bereits angedeutet, daß sich neben der Untersuchung bestimmter Texte einige Begriffsstudien nötig machen, um das Wesen der nachexilischen JHWH-Gemeinde zu erfassen. Das gilt vor allem für die verschiedenen Bezeichnungen dieser Gemeinde, unter denen der vor allem in den priesterschriftlichen Texten des Pentateuch vorkommende Begriff עדה eine besondere Rolle spielt.

0.3 Skizze der historischen Ereignisse

Im Jahr 539 v. Chr. erobert der Perserkönig Kyrus die Hauptstadt des Babylonischen Reiches. Es ist dies eine eigenartige Eroberung: Nachdem daß von Ugbaru geführte persische Heer am 13. Oktober nahezu kampflos in Babylon eingezogen war, wird der entflohene König Nabonid in Borsippa schließlich gefangen, und Kyrus wird am 29. Oktober 539 von den Einwohnern Babylons und deren Marduk-Priesterschaft als Triumphator gefeiert.[144] Denn diese waren die ärgsten Gegner ihres eigenen

---

[141] RRENDTORFF, aaO 209.
[142] RRENDTORFF, aaO 259.
[143] Vgl. HJKRAUS, Psalmen BK XV/1 § 7 S.LVI; DERS.; Theologie der Psalmen; auch RRENDTORFF, aaO 262.
[144] KGALLING, Studien 32; vgl. HDONNER, Geschichte 391ff: Teil VII Das persische Zeitalter.

Königs gewesen. Nabonid hatte nämlich versucht, den Mondgott Sin zum
»König der Götter Himmels und der Erden«[145] zu erheben, indem er ihm
in Ehulhul einen Tempel baute und seine Residenz dorthin verlegen wollte. Als er deshalb zum Neujahrsfest in Babylon nicht erschien, hatte er die
Sympathie auch der untersten Volksschichten der Hauptstadt verloren,
denn das bedeutete, »das akitu-Fest konnte nicht gefeiert werden«.[146]

Von Kyrus erhoffte man eine Neubelebung der Marduk-Religion. Und
tatsächlich traten ja die Perser mit einer ganz neuen Religionspolitik auf
den Plan: Nicht nur für die Hauptstadt wird die kultische Ordnung wieder
hergestellt und Marduk wird wieder Summus Deus; auch alle anderen
Lokalkulte der Völkerschaften des jetzt Persischen Reiches erhalten ihre
Eigenständigkeit zurück. Kyrus beruft Gubaru zum Kommissar für Kult-
restitution. »'Alle Götter, die ich in ihre Städte hineingebracht habe,
mögen täglich vor Bel und Nabu die Länge meiner Tage empfehlen'
(To 34b - 35a)«.[147]

Davon profitiert auch Israel. Bereits in seinem ersten Regierungsjahr
erläßt der Perserkönig ein Edikt, in dem er den Wiederaufbau des Jerusalemer Tempels mit Hilfe staatlicher Mittel und die Rückgabe der durch
Nebukadnezar geraubten Tempelgeräte gewährt (Esra 6,3ff).

Wenn dies auch mindestens indirekt eine Erlaubnis zur Rückkehr nach
Palästina bedeutet, so ist auf gar keinen Fall der Großteil der Exulanten
bereits 538 aufgebrochen. Im Gegenteil: Nicht wenige Juden werden für
immer in der Fremde bleiben; sie haben es in Babylonien zu etwas gebracht[148] und denken gar nicht daran, erneut ganz von vorn zu beginnen.
Zum anderen sind die Verhältnisse des erst im Aufbau befindlichen persischen Verwaltungsapparates noch nicht so weit gediehen, daß eine Rückkehr von ca. 40.000 Leuten organisatorisch möglich erscheint. »So wird
es sich zuerst nur um eine kleine Schar tatkräftiger Männer gehandelt haben, die zusammen mit Schechbazzar ... zurückkehrten, um den Transport
der Tempelgeräte nach Jerusalem zu begleiten und den Wiederaufbau des
zerstörten Tempels in Angriff zu nehmen (Esra 1,2f; vgl. 5,13-16)«.[149]

---

[145] AaO 10.

[146] AaO 11.

[147] AaO 35f: »Nicht primär eine religiöse Toleranz, sondern die Erkenntnis, daß eine konse-
quente Kultpolitik das neue Regime am ehesten festigen würde, hat sie [die Perser] diesen
Weg beschreiten lassen.«

[148] Vgl. GWALLIS, Situation.

[149] KMBEYSE 21.

Doch dieses Unternehmen hatte nicht den beabsichtigten Erfolg: Die während des Exils im Lande verbliebenen Alt-Judäer beteiligten sich nicht am Bau. Auch war auf dem Rechtsweg die Unterstützung aus der Staatskasse (Esra 6,7) nicht zu erzwingen. So wird es wohl bei der Wiedererrichtung des Altars mit einem sehr einfachen Opferkult geblieben sein (Esra 3).[150] Schechbazzar hat mit seinen Leuten dazu wahrscheinlich auch die Tempelruine von den sie umgebenden Schuttmassen befreit und die Fundamente des Tempels freigelegt, soweit sie noch erhalten geblieben waren.[151]

Erst nach 525, als Kambyses Ägypten erobert hatte (und dort wahrscheinlich die jüdische Militärkolonie Elephantine kennengelernt hatte), kehrt der Hauptstrom der Exulanten zurück nach Palästina. In dieser Zeit kommt auch Serubbabel zurück. Er, von Herkunft ein Angehöriger des Königshauses und von den Persern zum »staatlichen Leiter der Repatriierung« ernannt,[152] wird zur Hauptfigur des Tempelbaus. Von den Propheten Haggai und Sacharja unterstützt, nimmt er zusammen mit dem Oberpriester Josua das Werk in Angriff (Hag 1,1ff; Sach 1,2-6; Esra 5,1f).[153]

Auch Alt-Judäer beteiligen sich jetzt (Hag 1,15b; 2,3-5), und das Werk beginnt, Erfolg zu versprechen. Das weckt das Interesse der samaritanischen Provinzbehörde, was schließlich zur Inspektion durch Tattenai führt (Esra 5,3ff); denn Serubbabel hatte die Anfrage der Samaritaner, sich am Tempelbau beteiligen zu dürfen, unter Berufung auf das Kyrusedikt zurückgewiesen, was dort den Eindruck erwecken mußte, die Judäer hätten etwas zu verheimlichen. Das wurde durch die religiös-politische Verkündigung Haggais und Sacharjas verstärkt. Nachdem mehrere »friedliche« Störversuche gescheitert waren (Esra 4,5), wird Anzeige erstattet

---

[150] Vgl. Jer 41,4-7; Hag 2,10-14. – EJANSSEN, Exilszeit 101f vermutet, daß ein solcher Opferkult während der gesamten Exilszeit existierte.

[151] KMBEYSE 27f, vgl. KGALLINGS Erwägungen, Studien (VI. Serubbabel und der Hohepriester beim Wiederaufbau des Tempels in Jerusalem) 127-248, der anhand von Sach 4, 6a-7 mit der Möglichkeit eines Gotteswunders rechnet bei der Freilegung der alten Tempelfundamente; רוח in Sach 4,6b wäre dann in Anlehnung an Ex 15,10, Jes 11,15; 27,8; 30,28; Ps 147,18; Hi 26,13 (vgl. Neb 10 col I 7-22; Nab 4 col I 48-54) mit »mein Sturmwind« zu übersetzen; 143: »...gemeint ist jedenfalls in 4,7, daß Jahwe sichtbar heraustreten läßt das Steingefüge der (alten) Fundamentsetzungen des 587 zerstörten Tempels.«

[152] KMBEYSE 32.

[153] Man wird Josua erst ab 515 als Hohenpriester bezeichnen dürfen, vgl. KMBEYSE 33; KGALLING, Studien 135.

und Tattenai erscheint daraufhin in Jerusalem zum Inspektionsbesuch (Esra 5f). Wahrscheinlich geschah dies in der Mitte des Jahres 519.[154]

Daß Tattenai mit den Ältesten der Juden (Esra 5,9) verhandelt und nicht mit Serubbabel allein, hat seinen Grund wohl einfach darin, daß der Tempelbau kein politisches Programm, sondern ein in erster Linie von religiösen Momenten und Motiven getragenes Unternehmen war, das von der Leitungsgruppe der JHWH-Gemeinde verantwortet wurde, von eben diesen Ältesten und nicht von einem politischen Kommissar allein (Esra 6,7). Den religiösen Charakter des Unternehmens, das kein »Putschversuch« gewesen ist,[155] erkennt auch Tattenai und läßt deshalb die Bauarbeiten weitergehen bis zum Eintreffen der Antwort vom Königshof. Daß in Tattenais Bericht an Darius die Antwort der Ältesten so wiedergegeben wird, als habe die Arbeit am Gotteshause seit Schechbazzar niemals geruht (Esra 5,16), ist ein Beweis für deren kluge Verhandlungsführung. Sie mußten sich auf das von Kyrus erlassene Edikt berufen und erschienen so der Provinzbehörde gegenüber als reichstreue Untertanen. Die wirklichen Anstöße durch Haggais und Sacharjas Predigt werden verschwiegen, weil sie aus reichspolitischer Sicht wenig interessant erschienen oder vielleicht gar als Anzeichen eines Aufstandes hätten mißdeutet werden können.

So wird die Fortführung des Baues geradezu befohlen und vom persischen Königshof unterstützt (Esra 6,3-12). Der zweite Tempel wird am 23. Adar im 6. Jahr des Darius fertiggestellt. Die Einweihungsfeier, das erste Passafest der nachexilischen Zeit, vereint die zurückgekehrten Exulanten mit ihren »Brüdern« (Esra 6,20) und allen, die sich von der Unreinheit des Landes abgewandt hatten (V21), zu einer großen Festgemeinde. Serubbabel hat daran nicht mehr teilgenommen; er ist aller Wahrscheinlichkeit nach kurz vorher gestorben.[156]

Über die folgenden Jahrzehnte schweigen unsere Quellen. Doch muß die allgemeine Entwicklung einen nicht so positiven Verlauf genommen haben wie erwartet, so daß die Konsolidierungsbemühungen eines Esra und eines Nehemia notwendig wurden.

Wahrscheinlich gibt uns das kleine Büchlein Maleachi Auskunft über die Verhältnisse noch vor Esras Auftreten in Jerusalem.[157] Kult und Ethik

---

[154] KMBEYSE 43.

[155] Gegen AVGALL, Basileia tou Theou, Heidelberg 1926, 189.

[156] KMBeyse 48f.

[157] Eventuell auch einige Texte aus Jes 56-66.

der JHWH-Gemeinde sind in eine Krise geraten: Unreine Tiere werden als Opfer dargebracht (1,6-14), die Abgaben vernachlässigt (3,6-12), Scheinheiligkeit, Lüge und Betrug sind an der Tagesordnung; mit andersgläubigen Frauen sind Ehen eingegangen worden, während man sich von Israelitinnen leichtfertig schied (2,10-16). Erneut ist Israel reif zum Gericht, zum Tag JHWHs (2,17 - 3,5.13-21), an dem aber die Gerechten (צדיק 3,18 bzw. ירְאי יהוה 3,16) von Gott verschont werden sollen.

Im 7. Jahr Artaxerxes I. Longimanus (458 v. Chr.) kommt Esra nach Jerusalem, um anhand des Gesetzes des Himmelsgottes eine Untersuchung der Verhältnisse in Juda und Jerusalem anzustellen (Esra 7,14). Esra, der aus priesterlichem Geschlecht stammt (Esra 7,1-5), wird mit einem doppelten Titel vorgestellt: כהנא ספר דתא די־אלה שמי (7,12).[158] »Priester« beschreibt seine Stellung in der Diasporagemeinde;[159] »Schreiber« ist die amtliche Bezeichnung seiner Stellung in der persischen Bürokratie, wo er ein Beamter ist, »dessen Ressort innerhalb der persischen Verwaltung die Belange des jüdischen Gottes bzw. seiner Gemeinde sind.«[160]

Dieser Esra also kommt mit einer ganzen Gruppe Freiwilliger (Esra 7,13) nach Jerusalem mit vor allem religiösem Anliegen. Er will die Mißstände in Kult und Ethik der JHWH-Gemeinde nicht nur untersuchen anhand des Gesetzes; er will diese auch beseitigen, jedoch nicht mit den Mitteln staatlicher Gewalt. Ausgerüstet mit der notwendigen Beglaubigung durch den persischen Königshof, der an der Konsolidierung und Befriedung der Verhältnisse in seiner Provinz nur interessiert sein kann – Esra überbringt eine königliche Stiftung zugunsten des Jerusalemer Tempels (Esra 7,15ff; 8,25ff) –, erreicht er Palästina. Dort übergibt er die mitgebrachten Spenden, und dann beginnen seine Untersuchungen der Verhältnisse vor Ort. Von deren Ergebnissen wird uns nur das Hervorstechendste berichtet, nämlich die verheerende Mischehenpraxis der wohl vor allem gehobeneren Schichten der judäischen Bevölkerung. (Ob Esra daneben noch andere Mißstände untersucht hat, wird uns nicht mitgeteilt, ist aber sehr wahrscheinlich.)

---

[158] WTH IN DER SMITTEN, Esra 107 bezieht די אלה שמיא sowohl auf כהנא, als auch auf ספר דתא.

[159] Nicht das allgemeine aramäische Wort für Priester (כמרא) ist verwendet, sondern das aramaisierte hebräische Fremdwort כהנא ; WTH IN DER SMITTEN, ebenda; HDONNER, Geschichte 427f sieht in Esra eine »Staatskommissar für das Gesetz des Himmelsgottes.«

[160] HHSCHAEDER, Esra 49.

Esra ist erschüttert und fordert genauere Untersuchungen und eine Auflistung der Betroffenen (Esra 10,16ff). Die Leitung der Jerusalemer
JHWH-Gemeinde (השֹרים והוקנים Esra 10,8a) beschließt den Gemeinde-
ausschluß für diejenigen, die der Aufforderung zur Klärung ihrer Verhältnisse nicht nachkommen wollen (Esra 10,8b). Trotz Widerstand gegen
dieses Vorgehen (Esra 8,15) trennen sich ein Großteil der Männer von ihren andersgläubigen Frauen. Wie Esra den anderen Teilen seines Auftrages nachgekommen ist, neue Beamte einzusetzen, die die Einhaltung des
Gesetzes Gottes und des Gesetzes des Königs überwachen (Esra 7,25f),[161]
erfahren wir nicht.

Zwölf Jahre nach dieser Aktion Esras erscheint ein anderer, allerdings
nicht weniger einflußreicher Mann in Jerusalem: Nehemia. Aus einer
Deportiertenfamilie stammend, hatte er es bis zum Mundschenk am persischen Hof gebracht. Dort erfährt er durch seinen Bruder Hanani,[162] der
mit einer Gruppe Judäer nach Susa gekommen war, von der Zerstörung
der Jerusalemer Stadtmauer (Neh 1,1ff). Offensichtlich handelt es sich
dabei nicht um die bereits 140 Jahre zurückliegende Zerstörung Jerusalems durch Nebukadnezar, sondern um einen uns in Esra 4,8ff berichteten
gescheiterten Mauerbauversuch, der mit der Zerstörung der Neubauten
endete (4,23). Dieser Mauerbauversuch wird wohl noch nicht lange zu-
rückgelegen haben, sonst hätte sein Scheitern bei Nehemia nicht eine derart starke Betroffenheit ausgelöst. Wir müssen annehmen, daß er in der
Zeit nach Esras Mischehenaktion fällt. Nehemias Betroffenheit wird zur
Tat: Mit diplomatischem Geschick gelingt es ihm, den König, der vor
nicht allzu langer Zeit auf Rechums Eingabe hin den Mauerbau in Jerusalem verboten hatte (Esra 4,17ff), umzustimmen und von ihm Vollmachten
zu erhalten, die ihm eine ungehinderte Durchreise nach Palästina garantieren und es ihm ermöglichen, dort die Stätte der Gräber seiner Väter zu
befestigen (Neh 2,3ff).

Mit ganz anders gearteten Zielen als Esra kommt Nehemia 445 v. Chr.
nach Jerusalem und beginnt im Verborgenen sein Werk, das er trotz ge-
waltiger Bedrohungen von innen und außen vollenden konnte: Nach 52
Tagen bereits ist die Befestigung der Stadtmauer Jerusalems abgeschlos-

---

[161] Esra 7,26 redet strenggenommen von zwei Gesetzen; epexegetische Auslegung halte ich
für möglich, da die persischen Steueranordnungen z.B. unmöglich im Gottesgesetz enthalten gewesen sein können.
[162] Neh 7,2 legt nahe, daß es sich bei Hanani tatsächlich um Nehemias leiblichen Bruder gehandelt haben muß.

sen (Neh 6,15). Nun erst kann er daran gehen, der Stadt auch die nötige Verwaltungs- und Verteidigungsstruktur zu geben. In seiner zwölfjährigen Amtszeit als Statthalter, wozu er von Artaxerxes eingesetzt worden war, ist Judäa zur selbständigen Reichsprovinz, oder mindestens zu einer sehr unabhängigen Unterprovinz, geworden.

Der äußeren Konsolidierung der Stadt folgt die innere Konsolidierung der JHWH-Gemeinde. Neh 8 berichtet von der Gesetzesverlesung durch Esra am Wassertor in Jerusalem. Jetzt erst wird das »Gesetz des Himmelsgottes« endgültig die Lebens- und Glaubensgrundlage der JHWH-Gemeinde. Einem großen Sühneakt (Neh 9) folgt die feierliche Verpflichtung der ganzen Gemeinde, die sich freiwillig durch Eid und Unterschrift darauf festlegen läßt, nach dem Gesetz Gottes zu wandeln, das durch Mose gegeben worden ist (Neh 10,30ff). Es ist also kein neues Gesetz, das Esra hier proklamiert. Es ist das alte JHWH-Recht, das neu in Kraft gesetzt wird und die Anwesenden zu einem Bekenntnis zu JHWH, ihrem Gott, herausfordert. Wahrscheinlich handelt es sich dabei nicht nur um die sog. »Priesterschrift«, sondern um eine Vorform des gesamten Pentateuch.

Daß nach der als kultischer Begehung gefeierten Mauerweihe (Neh 12,27-43) Nehemia noch einmal sehr energisch gegen eingerissene Mißstände vorgehen muß (Neh 12,7ff, wobei V25 darauf schließen läßt, daß Nehemia staatliche Gewalt einsetzte), erscheint gar nicht verwunderlich, zumal Nehemia zwischenzeitlich von Jerusalem abwesend war.

1 Wer gehört zur nachexilischen JHWH-Gemeinde?

Mit der Fragestellung, wer denn zur nachexilischen JHWH-Gemeinde gehört, ist eines der Hauptprobleme genannt: Die Einheit von Volksgemeinde und JHWH-Gemeinde, wie sie in vorexilischer Zeit existiert haben
mag, ist endgültig auseinandergebrochen. Es gibt geborene Israeliten, die
JHWH nicht (mehr) verehren – und es gibt Fremde, die Aufnahme in die
JHWH-Gemeinde gefunden haben. Aber nach welchen Kriterien ist das
geschehen? Wie konstituierte sich die nachexilische JHWH-Gemeinde in
Jerusalem?

1.1 Begründung der Fragestellung

Betrachten wir zunächst die Texte in Esra-Nehemia, die die Fragestellung
verdeutlichen. Es handelt sich dabei um Esra 1,5; 6,21; 10,1 und Neh 8,3.

1.1.1 Esra 1,5

Da machten sich auf die Häupter der Vaterhäuser von Juda und Benjamin sowie die Priester und Leviten, kurz, alle, deren Geist Gott erweckt hatte, hinaufzuziehen, um das Haus JHWHs in Jerusalem zu bauen.	וַיָּקוּמוּ רָאשֵׁי הָאָבוֹת לִיהוּדָה וּבִנְיָמִן וְהַכֹּהֲנִים וְהַלְוִיִּם לְכֹל הֵעִירָה אֱלֹהִים אֶת־רוּחוֹ לַעֲלוֹת לִבְנוֹת אֶת־בֵּית יְהוָה אֲשֶׁר בִּירוּשָׁלָם׃

Der Vers gehört in das erste Kapitel des Esrabuches, das Vorwortfunktion
hat, wie wir bereits sahen.[163] Der Chronist, auf dessen Hand es im wesentlichen zurückgeht, stellt bereits hier seine Deutung der Geschichte vor,
ehe er das ihm überlieferte Material weitergibt. Für ihn hat die Geschichte
Israels seinen Ursprung in JHWH selbst. Wie schon der Prophet im Exil
Kyros מָשִׁיחַ, Gesalbten, nannte (Jes 45,1ff vgl. 44,28) und deutlich werden
ließ, daß hinter allem politischen Erfolg des Perserkönigs allein JHWH

---

[163] S. o. 24.

der Wirkende ist (Jes 45,5), so auch hier: JHWH hat den Geist des Kyros erweckt (העיר V1). JHWH hat ihm alle Königreiche der Erde gegeben (V2). Und auch jetzt ist es JHWH, der den Geist derer erweckt (העיר), die sich auf den Weg machen (V5). JHWH ist der Lenker der Geschichte.[164] Mit dieser Aussage rahmt der Chronist den ersten Teil seines Werkes ein (vgl. Esra 1,1 und 6,22). Wie Nebukadnezars Handeln an Juda von JHWH gelenkt war (2Chr 36,17), so ist auch der Neuanfang JHWHs Tat. JHWH bleibt sich selbst treu und erfüllt die Verheißungen seines Propheten (2Chr 36,21f; Esra 1,1).

Die Frage ist nun: Wird mit dieser Sicht des Chronisten den tatsächlichen Hergängen ein unzutreffendes theologisches Interpretationsgebilde aufgezwängt, oder kommt damit eine der nachexilischen JHWH-Gemeinde immanente Sicht zum Ausdruck? Kann von Esra 1,5 aus eine Unterscheidung in Erweckte und Nicht-Erweckte geltend gemacht werden? Waren es also in erster Linie religiöse Beweggründe, die die Exulanten zur Rückkehr veranlaßten?[165]

Es wird wohl nicht gelingen, alle Beweggründe in ihrer ganzen Breite zu erfassen. Dazu bieten uns die Quellen nicht genügend Informationen. Aber: Wie das Land Judäa während des Exils nicht völlig leergefegt war von israelitischer Bevölkerung[166], so ist es genauso einseitig und falsch anzunehmen, die Exulanten hätten in Babylon alle nur sehnsüchtig auf die Rückkehr gehofft. Ganz im Gegenteil. Man hatte sich an den Rat des Briefes Jeremias gehalten (Jer 29) und war inzwischen fest verwurzelt in der neuen Umgebung.

GWALLIS hat in seiner Untersuchung ausgewählter persischer Geschäftsurkunden aus dem Hause Muraschu überzeugend nachgewiesen, daß die jüdische Gemeinde in Babylonien »das Neue organisch mit dem Althergebrachten verband«[167], wie bereits z.Z. der Landnahme. So hatten sich viele Juden erstaunliche Stellungen erarbeitet. Sie gehörten im Handwerk zu den Schichten der Aufseher und Pächter,[168] waren in der Landarbeit in gesicherter Existenz und gutem Wohlstand durch geschickte Spekulationen[169] und im Dienst vornehmer Perser sogar in die Position

---

[164] So auch WRUDOLPH, Esra XXVII.
[165] KGALLING, ATD 187: »Der Wille zur Rückkehr entstammt nicht in erster Linie einem menschlichen Entschluß, sondern erwächst aus der Geistverleihung an die Exilsgemeinde.«
[166] Ausführlich dazu EJANSSEN, Exilszeit.
[167] GWALLIS, Situation 36.
[168] AaO 166.

gelangt, selbst Land zu verpachten.[170] In der Verwaltung gehörten Juden zum Stab der Satrapen. GWALLIS urteilt: »Wie unsere Darstellung ergeben hat, finden sich Juden in allen sich bietenden Positionen.«[171] Das gilt auch für die Gardu-Truppe[172]. Es ist offensichtlich, »daß die Juden in allen Stellungen, die das Persertum den Nichtpersern einräumte, zusammen mit Babyloniern, Ägyptern und anderen Nationalitäten auftraten.«[173]

Die soziale Situation der Exulanten hat sich also im Laufe der Exilszeit stark verbessert. Die Juden sind in der babylonischen Gesellschaft fest verwurzelt. Wenn auch ihr sozialer Aufstieg im wesentlichen erst mit der Herrschaft der Achämeniden erfolgt sein dürfte – erst da standen ihnen plötzlich keinerlei Schranken mehr im Wege –, so dürfte sich dies doch in den letzten Jahren des babylonischen Großreiches vorbereitet haben. Das Schicksal Jojachins und seiner Söhne am Hofe legt nahe, daß die letzten babylonischen Könige keine allzuharte Linie gegenüber den jüdischen Exulanten vertraten (2Kön 25,27ff).

Es wird also eines relativ starken Impulses bedurft haben, um Juden aus der Gesellschaft im babylonischen Exil herauszulösen, in der sie groß geworden waren und wo sie es zu etwas gebracht hatten, und sie dazu zu bewegen, nach Palästina zu ziehen, um dort ganz von vorn zu beginnen. Der Ausdruck העיר (aufwecken, erregen, in Bewegung bringen, aufstören) bestätigt das.[174]

Daß dieser Impuls von JHWH selbst ausgelöst war, das will Esra 1,5 sagen. Denn was sonst, wenn nicht ihr Glaube war in der Lage, diesen Anstoß zu geben. Nun darf dies gewiß nicht dazu führen, allein die als JHWH-Gläubige zu bezeichnen, die sich auf den Weg zu machen bereit waren. Die Existenz einer starken babylonischen Diasporagemeinde widerlegt das. Waren es demzufolge allein zionistische Kreise, die zum Tempelaufbau auf dem Zion aufbrachen? Hatten nur die mit starken messianischen Erwartungen den Mut zum Neuanfang in der Heimat? Oder war es nur die junge Generation mit genügend Abenteuerlust, die loszog?

---

[169] AaO 170.
[170] AaO 171: »Jâdih-Jâma pachtete noch Land – sein Sohn El-Jadîn ist bereits angestellt im Hauses eines vornehmen Persers, führte ein eigenes Siegel und empfängt Deputat vom Land des Persers, verpachtet schon ihm verliehenes Land«.
[171] AaO 174.
[172] AaO 177.
[173] AaO 189f.
[174] KBL³ 758f; vgl. Hld 2,7; 3,5; 8,4 (stören); Sach 4,1; Hag 1,14; Jer 51,11 (aufstacheln).

Oder die gerade nicht, weil jetzt Babylon ihre Heimat geworden war? Fragen, deren letzte Antworten wir nicht kennen. Zweierlei aber steht fest:

Der Impuls zur Rückkehr war zwar durch die neuen politischen Verhältnisse ermöglicht, aber es war keine in erster Linie politische Angelegenheit, nach Palästina zu gehen. Die ökonomisch-sozialen Verhältnisse standen einer Rückkehr entgegen. Esras Levitenwerbung (Esra 8,15-20) bestätigt das eindrücklich: Daß sich einige von den Leviten entschließen konnten, mit nach Jerusalem zu ziehen wird damit begründet, daß »die gütige Hand Gottes über uns war« (8,18)[175]. Es war einzig und allein der JHWH-Glaube, der Juden aus Babylonien in Richtung Palästina in Bewegung brachte.

Damit ist das andere bereits angeklungen: Es war eine persönliche Entscheidung notwendig, ob man in Babylonien bleiben und dort JHWH verehren oder nach Jerusalem hinaufziehen[176] wollte. Dieser persönlichen Entscheidung wird vielfach eine intensive Überzeugungsarbeit vorausgegangen sein, wie o.g. Levitenwerbung verdeutlicht: Einsichtige Männer werden geschickt, um mit guten Worten zu versuchen, Diener für das Gotteshaus zu gewinnen. Also selbst Leviten, deren Dasein doch an den Tempel gebunden war, zog es nicht mit aller Macht zum neu erbauten Tempel nach Jerusalem.

1.1.2 Esra 6,21

Und Passa aßen die Israeliten, die aus der Gefangenschaft Heimgekehrten und alle, die sich abgesondert hatten von der Unreinheit der Landesvölker zu ihnen hin, um JHWH zu suchen, den Gott Israels.	וַיֹּאכְלוּ בְנֵי־יִשְׂרָאֵל הַשָּׁבִים מֵהַגּוֹלָה וְכֹל הַנִּבְדָּל מִטֻּמְאַת גּוֹיֵ־הָאָרֶץ אֲלֵהֶם לִדְרֹשׁ לַיהוָה אֱלֹהֵי יִשְׂרָאֵל׃

---

[175] Die verschiedentlich geäußerte Vermutung, Esra habe den Artaxerxeserlaß selbst formuliert und quasi nur zur Unterschrift vorgelegt, würde ebenfalls bestätigen, daß das Religiöse der entscheidende Impuls zur Rückkehr war. – Vgl. E.MEYER, Judenthum 65ff; W.RUDOLPH, Esra 76 u.ö.

[176] Da es sich in der Regel wohl um in Babylonien Geborene gehandelt haben wird, ist es eigentlich nicht ganz sachgemäß, von einer »Rückkehr« zu sprechen.

Der Abschnitt Esra 6,19-22 muß als chronistisch gelten. Nachdem die aramäische Urkunde bereits in 6,16 auf die Einweihungsfeier des Tempels hinweist, wird nun noch einmal ausführlicher von diesem Passafest berichtet. Es ist durchaus wahrscheinlich, daß sich der Chronist dabei auf mündliche Überlieferung stützen kann, wie wir bereits sahen.[177]

In Esra 6,16 werden die בני־ישראל in die drei Gruppen Priester, Leviten und Rest der Verbannten (שאר בני־גלותא) eingeteilt. Dadurch entsteht eine gewisse Identität von בני־ישראל und בני־גלותא, und man gewinnt den Eindruck, nur die aus dem Exil Heimgekehrten hätten an der Tempelweihe teilgenommen, wie dies Esra 4,3 und 6,19 ja auch nahelegen.

Doch diese Auffassung wird korrigiert: בני־ישראל – das sind nicht nur die Heimgekehrten, sondern zu den »Söhnen Israels« zählen auch alle, die sich von der Unreinheit der Landesvölker abgesondert haben, alle, die JHWH, den Gott Israels, suchen. Um welchen Personenkreis handelt es sich dabei?

Wir müssen zunächst festhalten, daß mit »alle, die sich abgesondert hatten von der Unreinheit der Landesvölker« nicht die Rückkehrer gemeint sein können.[178] Die Bemerkung אלהם (V21a) steht dem entgegen. Es ist also tatsächlich von zwei verschiedenen Personengruppen die Rede, von Rückkehrern und Abgesonderten. Im Vergleich zu השבים fällt der Singular הנבדל auf; man könnte durchaus den Plural הנבדלים erwarten. Soll damit angedeutet werden, daß es die persönliche Entscheidung jedes einzelnen war, die Trennung von der Unreinheit der Landesvölker zu vollziehen? Man müßte dann etwa übersetzen: »die Gesamtheit derer, die sich jeder für sich abgesondert haben.«

Der Ausdruck גויי־הארץ ist für Esra-Nehemia singulär, dürfte jedoch dieselbe Bedeutung haben wie das häufigere עמי הארץ[179] und die Völkerschaften bezeichnen, die »in der Umgebung wohnten« (Neh 5,17).

טמאה (vgl. Esra 6,11) ist wie sein Gegenteil טהר ein Begriff, der vor allem in den späten Schriften des AT auftaucht[180] und die kultische (levitische) Unreinheit bezeichnet.[181] Bei Ezechiel erhält er eine neue Bedeutungsnuance: »Verunreinigung erfolgt nach dem Zeugnis Ezechiels

---

[177] S. o. 26.
[178] 3Esra und S lassen das davorstehende »und« aus, wodurch dieser Eindruck entstehen kann. Vgl. BHS; W RUDOLPH, Esra 64; AHJ GUNNEWEG, Esra 115 Anm. 21b).
[179] Siehe unter 2.3.4. (Exkurs I).
[180] FM AASS, THAT I 646.665.
[181] FM AASS, THAT I 651.

vor allem durch Götzendienst«.[182] Es legt sich durch V21b nahe, hier טמאת גוי־הארץ als Götzendienst der Landesvölker zu verstehen.

EJANSSEN hat in seiner Untersuchung der Verhältnisse im Lande Juda während der Exilszeit deutlich gemacht, daß es wahrscheinlich nach 587 v. Chr. in Palästina zu einer neuen Blüte der Baalskulte gekommen ist:

> »Der Fehler, der in der Vergangenheit gemacht wurde und der den Untergang herbeiführte, liegt in der Reform des Josia. Die Abschaffung aller Kulte außerhalb des Tempels in Jerusalem, vor allem der kanaanäischen, rächte sich jetzt nach dieser Anschauung. Die Hoffnung für die Zukunft liegt danach darin, daß diese Kulte wieder gepflegt und jene Gottheiten ... gnädig gestimmt werden.«[183]

Aufgrund von Jer 11,10; 44,7f; Jes 57,3-13 müssen wir annehmen, daß es tatsächlich die von Josia verbotenen Kulte wieder gegeben hat. Davon also mußte eine Absonderung geschehen, um JHWH zu suchen, d.h. ihn allein zu verehren (vgl. Esra 4,2; 2Chr 15,12f; 17,3f; Ps 24,6; Jes 65,1.10).[184] Welcher Personenkreis hat diese Wende vollzogen?

WRUDOLPH nimmt an, es handle sich in erster Linie um Proselyten, da ja auch die Passaordnung in Ex 12,48f ausdrücklich deren Teilnahme erlaubt.[185] ABERTHOLET verneint das gerade und denkt ausschließlich an Juden.[186] Bei KGALLING sind *nicht* die Alt-Judäer gemeint, denn diese existierten gar nicht für den Chronisten.

> »Vielmehr denkt der Chron**... an die aus Nordisrael kommenden Proselyten. Für den Chron** ist 'Israel' die jüdische Religionsgemeinde mit Jerusalem als Zentrum; die aus den nördlichen Gebieten und aus Galiläa kommenden Juden, die gleichen Bluts und gleicher Abstammung sind wie 'die Männer Israels' aus dem Exil, gehören erst durch den Akt der Entscheidung und der Scheidung zur Gottesgemeinde«.[187]

Dieses Urteil ist ein Widerspruch in sich selbst: Juden »gleichen Bluts und gleicher Abstammung« sind keine Proselyten. Das ist ja gerade das Erstaunliche, daß hier im Text die Frage der Abstammung und des Blutes

---

[182] FMAASS, THAT I 666: Ez 20,7.18.30f.43; 22,3f; 23,7.13.17.30; 36,18, 37,23; vgl. WZIMMERLI, BK XIII 149f.

[183] EJANSSEN; Exilszeit 64.

[184] Vgl. GGERLEMAN / ERUPRECHT, THAT I 466.

[185] WRUDOLPH, Esra 61.

[186] ABERTHOLET, Esra 29 - vgl. DERS., Stellung 150.

[187] KGALLING ATD 202.

keine Erwähnung findet. Nicht die Blutsverwandtschaft oder ein Nachweis der Zugehörigkeit zu einem israelitischen Geschlechterverband wird
zur Bedingung gemacht, am Passa teilnehmen zu können. Auch wird
nicht expressis verbis die Beschneidung gefordert.[188] Allein die Trennung
vom Götzendienst und die damit verbundene Hinwendung zu JHWH wird
genannt (6,21b). Die Anerkennung seines Ausschließlichkeitsanspruchs
befähigt die genannten Namenlosen zur Teilnahme am Passa. Ihre Herkunft bleibt dunkel und bedeutungslos. Ihre Entscheidung der Absonderung, ihre Bekehrung zu JHWH genügt.[189]

1.1.3 Esra 10,1 und Neh 8,3

eine sehr große Gemeinde aus Israel,	מִישְׂרָאֵל קָהָל רַב־מְאֹד
Männer, Frauen und Kinder (Esra 10,1)	אֲנָשִׁים וְנָשִׁים וִילָדִים
Männer, Frauen und Verstehende (Neh 8,3)	הָאֲנָשִׁים וְהַנָּשִׁים וְהַמְּבִינִים

Beide Stellen reden von einer ad hoc zusammengetretenen Versammlung,
die aber doch wohl in beiden Fällen die Gesamtgemeinde repräsentiert,
wiewohl aller Wahrscheinlichkeit nach nicht alle anwesend waren, die zu
ihr gehörten.

Der Personenkreis der Versammelten wird jeweils genauer beschrieben. Es steht nicht von vornherein fest, wer Teilnehmer einer solchen
Versammlung sein kann und wer nicht. Und es erhebt sich die Frage,
warum Esra 10,1 nicht einfach von einer קָהָל יִשְׂרָאֵל oder קָהָל בְּנֵי יִשְׂרָאֵל
gesprochen wird, sondern etwas umständlich von einer קָהָל מִישְׂרָאֵל. Soll
damit die hier versammelte »sehr große Gemeinde« von der althergebrachten Größe »Israel« abgesetzt werden?

---

[188] Man kann wohl nicht ausschließen, daß das Absondern von der Unreinheit der Landesvölker auch darin bestanden haben könnte, sich beschneiden zu lassen, falls man das nicht
schon war. Doch in Esra-Nehemia fehlt von Beschneidung jede Spur; s. u. 151f.

[189] AHJGUNNEWEG, Esra 116 rechnet mit »einer leichten, aber in der Sache entscheidenden
Überarbeitung«, da die sonstige Konzeption des Chr. hier durchbrochen wird, der in den
Rückwanderern das neue, nachexilische Israel sieht (vgl. 6,19). Und er folgert: »Wer sich
nur von der Unreinheit der Heiden trennt, darf zur wahren Israelgemeinde gehören, auch
wenn er nicht zu den aus Babel Zurückgekehrten gehört. So urteilt ein späterer Bearbeiter,
und er wird mit dieser liberalen Haltung Exponent breiterer Kreise gewesen sein«.

Festzuhalten ist zunächst, daß der Grund dieser Versammlung in der persönlichen Betroffenheit durch das Verhalten Esras lag. Denn die כל חרד Esra 9,4 dürften der Grundstock dieser קהל von 10,1 gewesen sein.

Daß neben Männern und Frauen auch Kinder zum קהל gezählt werden, ist eine deutliche Neufüllung dieses Begriffs, und man muß fragen, welche Rolle die Kinder hier gespielt haben. Sind sie nur stumme Mitbeteiligte gewesen, oder ist mit ילדים dieselbe Gruppe, die Neh 8,3 mit המבינים beschrieben werden? Aber auch dort bleibt offen, wer diese »Verstehenden« sind, die als dritte Gruppe neben Männern und Frauen genannt werden. In Neh 8,2 werden sie singularisch כל־מבין genannt und zum קהל dazugerechnet. Denn das ganze Gewicht der Aussage liegt auf dem Verstehen der verlesenen Gesetzesworte. Dazu wird der hebräische Text ins Aramäische übersetzt (V8) und zusätzliche Erläuterungen werden gegeben (V7; vgl. Esra 7,25f), damit es jeder, der es verstehen kann, auch wirklich versteht. Das ist eine neue Eingrenzung der Gemeinde.

1.1.4 Zusammenfassung

Mit den vier angeführten Stellen haben wir die Berechtigung für unsere Fragestellung nachgewiesen und können daraus die Hypothese ableiten, daß die nachexilische JHWH-Gemeinde in Jerusalem keine ethnische, auf Blutsverwandtschaft und Abstammung fußende Größe ist. Auch ist sie nicht in erster Linie durch ökonomische, politische oder soziologische Strukturen geprägt, sondern die religiöse Komponente ist die entscheidende. Dabei wird deutlich, daß es einer persönlichen Entscheidung des einzelnen bedurfte, um zur nachexilischen JHWH-Gemeinde in Jerusalem zu gehören.[190]

1.2 Die Listen in Esra-Nehemia

Ein weiteres Indiz für die Legitimität unserer Fragestellung ist die Existenz des reichhaltigen Listenmaterials in Esra-Nehemia. Warum sind

---

[190] Vgl. auch Esra 9,4, wo persönliche Betroffenheit den Impuls zur Änderung der Mischehenpraxis gibt. Neh 5,17 kommt hier nicht in Betracht, da es sich bei den dort genannten Fremden offensichtlich um Gäste des Statthalters handelt - vgl. WRudolph, Esra 132f.

diese Listen erstellt worden? Welche Funktion hatten sie? Sind sie bis auf Neh 3 einem »listenfreudigen Ergänzer«[191] zuzuschreiben, der aus Freude an der Statistik jede Menge Namen und Fakten(!) in die Überlieferung eingetragen hat?[192] Folgende Listen sind uns überliefert:

Tempelgeräteliste des Scheschbazzar	Esra 1,9-11
Liste der »Angehörigen des Amtsbezirkes«	Esra 2,1-70 = Neh 7,6-72
Die Karawane Esras	Esra 8,2-14.18-20
Spenden für Jerusalem	Esra 8,26f
Liste der Geschiedenen	Esra 10,18-44
Liste der am Mauerbau Beteiligten	Neh 3,1-32
Unterschriften der Verpflichtungsurkunde	Neh 10,2-28
Bevölkerung Jerusalems und der Provinz	Neh 11,4-19. 25b-36
Priester- und Levitenliste	Neh 12,1-25
(»Marschblöcke« bei der Mauerweihe	Neh 12,31ff)

All diese Listen sind verschiedentlich untersucht und analysiert worden[193], jedoch wurde kaum die Frage gestellt, warum wir in der Spätzeit des AT eine derartige Fülle von Listenmaterial haben.[194] Der Einfluß der

---

[191] MNOTH, Studien 128f; UKELLERMANN, Neh 44.68.99.105.109 u.ö.

[192] UKELLERMANN weist die Listen in Neh pauschal diesem nachchronistischen Redaktor zu, der sie z.t. sogar selbst erfunden habe; vgl. UKellermann, Nehemia 98ff: »Analyse des eingearbeiteten Listenmaterials«; darunter fallen Neh 7,5b - 8,1a; 10,2-28; 11,3-19. 21-24. 25b-35 (vgl. ZDPV 82, 1966, 209-227); 12,1-26, die er »für eine Konstruktion des listenfreudigen Ergänzers« hält. Neh 3,1-12 gehört nicht zu Nehemiaquelle (aaO 14), ist aber »ein offizielles Dokument der Verwaltung«; so auch KGALLING ATD 222.

[193] RSMEND, Listen; EMEYER, Judenthum 94ff 135ff; AJEPSEN, Nehemia.

babylonischen und persischen Verwaltungspraxis dürfte dabei nicht unerheblich gewesen sein. Aber reicht das aus zur Beantwortung unserer Frage? Wollen wir zunächst das Material sichten, ehe wir eine Antwort versuchen.

1.2.1 Die Liste Esra 2 = Neh 7

Diese Liste ist innerhalb unserer Untersuchung von größtem Wert, denn: »Wenn sie authentisch ist, muß sie daher die Grundlage aller Untersuchungen über die nachexilische Gemeinde bilden«,[195] denn sie »vermittelt insgesamt einen ausgezeichneten Einblick in die Struktur der judäischen Gesellschaft nach dem Exil.«[196]

Der Text ist dreifach überliefert: Esra 2,1-70, Neh 7,6-72a und im griech. 3Esra 5,7-45. Da 3Esra nirgends der Vorzug vor dem kanonischen Stoff verdient,[197] beschränken wir uns auf Esra 2 und Neh 7. Trotz einiger Abweichungen in den Zahlen und vor allem in Esra 2,68f = Neh 7,69-71 stimmt der Text im wesentlichen überein.

Das literarische Problem der Doppelüberlieferung ist kaum eindeutig zu lösen;[198] wahrscheinlich ist Neh 7 der Vorzug zu geben, obwohl die Liste Esra 2 am historisch richtigeren Platz steht. Nehemia hat beim Beginn seiner Siedlungsmaßnahmen vermutlich im Archiv des Tempels eine Liste derer vorgefunden, »die zuerst hinausgezogen waren« (Neh 7,5b), und fügte sie seiner Schrift ein.[199] Da wir gesehen haben, daß die Esrageschichte in ihrer jetzigen Form vom Chronisten stammt, erscheint es gut möglich, daß der Chronist die Liste an den historisch richtigeren Ort gerückt und leicht korrigiert hat. Ob ihm dazu neben der Nehemiaquelle noch ein anderes Exemplar der Liste aus dem Tempelarchiv vorgelegen haben mag, ist nicht mehr zu ergründen. Seine größeren Texteingriffe in V68f lassen das allerdings möglich erscheinen.

---

[194] Aus früherer Zeit stammen z.B. 2Sam 8,1-14. 16-18; 20,23-26; 23,8-39; 1Kön 4,2-6.7-19, Jos 20,7-9a; vgl. RRENDTORFF, Einführung 111.

[195] EMEYER, Judenthum 95.

[196] HDONNER, Geschichte 412.

[197] WRUDOLPH, Esra XV.

[198] EMEYER, Judenthum 136; KGALLING, Studien 89; vgl. AHJGUNNEWEG, Esra 53ff (Exkurs).

[199] Die Liste gehört m.E. nicht zur Nehemiaquelle; sie ist älter. – Gegen UKELLERMANN, Nehemia 24, der behauptet, Nehemia sei »allein an dem Ergebnis einer neuen Volkszählung interessiert«, und Neh 7,56 für nicht historisch hält.

1.2.1.1 Die Gliederung der Liste[200]

A.	Rahmen		Esra 2,1-2a	=	Neh 7,6-7a
			Esra 2,70	=	Neh 7,72
B.	Laien				
		nach Geschlechtern	Esra 2,3-20	=	Neh 7,8-24
		nach Wohnorten	Esra 2,21-35	=	Neh 7,25-38
C.	Kultpersonal				
		Priester	Esra 2,36-39	=	Neh 7,39-42
		Leviten	Esra 2,40	=	Neh 7,43
		Sänger	Esra 2,41	=	Neh 7,44
		Torwächter	Esra 2,42	=	Neh 7,45
		Tempeldiener	Esra 2,43-48	=	Neh 7,46-60
D.	Heimkehrer ohne Geschlechternachweis		Esra 2,59-63	=	Neh 7,61-65
E.	Summe: 42 360		Esra 2,64f	=	Neh 7,66f
F.	Reittiere		Esra 2,66f	=	Neh 7,68
G.	Dotationsliste		Esra 2,68f	=	Neh 7,69-71

---

[200] JOACHJEREMIAS, Jerusalem 306 gliedert in Anlehnung an I. Qid. IV$_1$; II. Tos. M^{e}gh. II$_7$; III. Hor. III$_8$ anders:

A) Familien reiner Abstammung
    Laien   Esra 2, 2-35 / Neh 7,7-38
    Priester   Esra 2,36-39 / Neh 7,39-42
    Leviten   Esra 2,40-42 / Neh 7,43-45
B) Tempelhörige   Esra 2,43-54 / Neh 7,46-56
    Königssklaven   Esra 2,55-58 / Neh 7,57-60
Anhang:
    Priester und Israeliten
    ohne Stammbaum   Esra 2,59-63 / Neh 7,61-65.

1.2.1.2 Der Umfang der Liste

Immer wieder ist der Umfang der Liste verschieden festgesetzt worden. EHÖLSCHER hat bereits in 2,64 das Ende der Liste gesehen;[201] UKELLER-MANN dagegen in 2,67 = 7,68, wobei Neh 7,69-72 vom Redakteur »geschickt zu einem Stück Nehemiageschichte umgestaltet worden« sei.[202] SMOWINCKEL hat Esra 2,1-2a als zweite Überschrift abgetrennt, da nur 2,2b ursprünglich sei.[203] Doch kann ja 2,2b = 7,7b auch nur Überschrift über die Laien sein und diese im Gegensatz zu Priestern und Leviten etc. als בני ישראל bezeichnen.[204] Und selbst wenn 2,2b = 7,7b sich auf die ganze Liste bezieht, berechtigt das nicht, den Rahmen 2,1-2a.70 = 7,6-7a.72 für unhistorisch zu erklären.

Gerade der Rahmen einer solchen Liste gibt uns klare Anhaltspunkte über deren Umfang, denn Esra 2,70 knüpft deutlich an 2,1b an.[205] Es ist nicht anzunehmen, daß eine Liste ohne jegliche Rahmenbemerkungen tradiert worden sei, da sonst ihr Zusammenhang völlig unklar geblieben wäre.[206] Gehört aber 2,1-2a = 7,6-7a zum Originaldokument, dann muß 2,70 = 7,72 der Schluß sein, der in Anknüpfung an den Anfang jeglichen Zweifel ausräumt: Erst hier ist das Dokument wirklich zu Ende. D.h. auch die Aufzählung der Sklaven, Tiere und Spenden ist ursprünglich. Selbst wenn ein Redaktor diese Klammer um den Text gelegt hätte, dann doch wohl aus ebendiesem Grunde, den Umfang der Liste zu verdeutlichen.

Wir können also festhalten, daß das gesamte 2. Kapitel des Esrabuches (= Neh 7,6-72a) ein vorchronistisches Dokument ist, das bereits Nehemia vorgelegen haben muß und von ihm in seine Appellationsschrift aufgenommen worden ist.[207]

---

[201] Vgl. WRUDOLPH, Esra 7.

[202] UKELLERMANN, Nehemia 99.

[203] SMOWINCKEL, Studien 62ff; so auch UKELLERMANN, Nehemia 98.

[204] So z.B. Damaskusschrift CD 14, 4f; vgl. WRUDOLPH, Esra 19; ABERTHOLET, Esra 6.

[205] Daß der Chronist beim Übernehmen der Liste aus Neh 7 auch Neh 7,72b; 8,1a mit übernahm bzw. umgestaltete zu Esra 3,1, hat seinen Grund wohl darin, daß er keine genauere Quelle besaß für den Neubeginn des Opferkultes in Jerusalem und er so diesen in den Festmonat verlegt, wobei die Jahresangabe offen bleibt; so auch WRUDOLPH, Esra 29.

[206] Vgl. z.B. 2Sam 23,8ff.

[207] Vgl. WRUDOLPH, ESRA 11; SMOWINCKEL, Studien 62; KGALLING ATD 191; DERS., Studien 108; gegen UKELLERMANN, Nehemia 24 Anm. 83: »Hat die Mauerbauliste 3,1-32 ihren guten Sinn in der Schrift, so kann ich dies für die Liste 7,6ff nicht einsehen« – gerade die Mauerbauliste und all die anderen Listen in Neh machen m.E. wahrscheinlicher, daß Nehemia eine alte Liste aufnimmt in seine Schrift. Anders AHJGUNNEWEG, Esra 65, der die

1.2.1.3 Der historische Ort der Liste

Haben wir Neh 7,6ff als literarischen Ort der Liste bestimmt und ihren Umfang aufgezeigt, ist damit noch nicht ihr historischer Ort erwiesen. Leider fehlt der Liste selbst ein konkretes Datum, das durchaus zu erwarten wäre.[208] So müssen wir versuchen, den historischen Ort aus den Rahmenbemerkungen zu erschließen. Die Liste ist überschrieben mit:

»Dies sind die 'Söhne' der Provinz (בני המדינה), die Heimkehrer aus der Gefangenschaft der Exulanten[209] (העלים משבי הגולה), die Nebukadnezar, der König von Babel hatte wegführen lassen, die zurückgekommen sind nach Jerusalem und Juda, jeder in seine Stadt« (Esra 2,1 = Neh 7,6).

Daß es sich hier um eine Doppelbezeichnung handelt, ist deutlich erkennbar. Man könnte sogar von einer Dreifachbezeichnung reden, wenn man 2,1aβ = 7,6aβ nicht als Erläuterung des Begriffs גולה wertet. V2,1b = V7,6b knüpft deutlich an בני המדינה an: Jeder wohnt in seiner Stadt – also können die hier Aufgezählten getrost »Söhne« der Provinz genannt werden.

Haben wir also ein Verzeichnis der Provinzbevölkerung vor uns? Man könnte das annehmen, doch spricht der Text dagegen: העלים משבי הגולה ist nämlich Apposition zu בני המדינה und qualifiziert die hier Aufgelisteten durch eben dieses Ereignis der Rückkehr. Obwohl das aramäische Fremdwort מדינה zum Fachausdruck für die persischen Provinzen geworden ist,[210] können wir weder folgern, daß die Liste aus der Zeit stammen müssen, wo »Jehud« selbständige persische Provinz war, was wahrscheinlich erst unter Nehemia der Fall war,[211] noch behaupten, es sei klar, daß »wir hier eine Volkszählungsliste vor uns haben«.[212] Auch die Bezeichnung כל קהל 2,64 = 7,66 spricht dagegen.

Sind also doch nur die wirklich aus dem Exil Zurückgekehrten in der Liste erfaßt? Der Text 2,1 = 7,6 erweckt den Eindruck, als läge uns hier ein Verzeichnis von Karawanenangehörigen vor, allerdings ohne Datumsangabe, die unter der Führung von zwölf Prominenten aus Babylon nach

---

Liste in der Zeit Esras ansetzt.

[208] Vgl. Esra 8,1; Neh 12,1.12.22.26.

[209] Zur Übersetzung 'Exulanten' s. 105f.

[210] Vgl. Neh 1,3; 7,6; 11,3; Esra 4,15; 5,8; 6,2; 7,16 und häufig in Esther; dort erst ist es term. techn. für die 127 persischen Satrapien geworden; vgl. VHAMP, ThWAT II 202f.

[211] Auch eine Untersatrapie konnte מדינה genannt werden; vgl. Esra 5,8.

[212] SMOWINCKEL, Studien I 63.

Judäa zurückgekehrt sind.[213] Aus Neh 7,6b müssen wir annehmen, daß
die Liste nicht in Babylon erstellt worden ist, sondern erst in Palästina,
nachdem jeder in seiner Stadt wohnte, also seßhaft geworden war (vgl.
Neh 7,7 הבאים).[214]

Nun hat die Untersuchung der historischen Verhältnisse wahrscheinlich gemacht, daß, nachdem eine relativ kleine Gruppe unter der Führung
Schechbazzars die geraubten Tempelgeräte zurückgebracht hatte, erst
kurz vor 520 v. Chr. der Hauptstrom der Exulanten – Serubbabel und Jo-
schua an ihrer Spitze – Palästina erreichte. Terminus a quo für die Datierung der Liste ist also 520 v. Chr.

Da aber Priester, Leviten und einige aus dem Volk[215] sich bereits in
Jerusalem[216] niedergelassen haben, ja ganz Israel in seinen Städten wohnt,
d.h. seßhaft ist (2,70 = 7,72a; vgl. 2,2b = 7,6b), wird der Tempelbau bereits im Gange sein. Daß er noch nicht abgeschlossen war, ergibt sich aus
2,63 = 7,65. Noch amtierte kein Hoherpriester. Terminus ad quem ist also
515 v. Chr.

KGALLING hat darauf aufmerksam gemacht, daß es in der aufgezeigten
Zeit nur einen konkreten Anlaß gab, eine Liste derer zu erstellen, die den
Tempelbau verantwortet und durchgeführt haben, die Inspektion Tattenais nämlich (Esra 5,3ff), der nach Jerusalem kommt und nach dem Namen der Bauenden fragt.[217] Da es historisch nicht wahrscheinlich zu machen ist, daß die hier aufgezählten 42 300 Mann[218] zu einer einzigen
Rückkehrergruppe gehört haben, erscheint KGALLINGS Vorschlag als die
beste Lösung. Das wird erhärtet durch die Bezeichnung כל קהל Esra 2,64
= Neh 7,66, wobei קהל hier kein militärischer, sondern ein religiöser Begriff ist.[219]

Es handelt sich also um die Liste derer, die zur nachexilischen JHWH-
Gemeinde gehören und um 518 v.Chr. mit dem Tempelbau beschäftigt
sind und sich gegenüber der persischen Provinzregierung verantworten

[213] So WRUDOLPH, Esra 15ff, wobei er mehrere Karawanen in der Liste summiert sieht.

[214] KGALLING, Studien 92.

[215] WRUDOLPH, Esra 27 denkt an die »Geschlechterhäupter«.

[216] So BHS; vgl. WRUDOLPH, Esra 26; KGALLING ATD 188; hier hat wohl 3. Esra den besseren
    Text bewahrt; vgl. Neh 7,66: Jerusalem ist neben Judäa genannt.

[217] KGALLING, Studien 106f; OEISSFELDT, Einleitung 747.

[218] Die Zahlen für reine Fiktion zu halten, liegt kein Grund vor; die Endsumme stimmt, wenn
    man Frauen und Kinder zu der aus 7,6-65 addierten Summe dazurechnet (vgl. 3Esra 5,41).

[219] S. u. 109ff.

müssen. Wie wichtig ihnen der Tempel ist, kommt nicht zuletzt in der Dotationsliste Esra 2,68f = Neh 7,69-71 zum Ausdruck.

1.2.1.4 Heimkehrer ohne Geschlechternachweis (Esra 2,59f = Neh 7,61f)

Und dieses sind die Heimkehrer von Tel Melach, Tel Harscha, Kerub, Addan und Immer; und sie konnten nicht mitteilen ihre Vaterhäuser und ihre Abstammung, ob sie von Israel sind: die Söhne Delaja, die Söhne Tobija, die Söhne Nekoda, sechshundertzweiundvierzig.

וְאֵלֶּה הָעוֹלִים מִתֵּל מֶלַח

תֵּל חַרְשָׁא כְּרוּב אַדּוֹן וְאִמֵּר

וְלֹא יָכְלוּ לְהַגִּיד בֵּית־אֲבוֹתָם

וְזַרְעָם אִם מִיִּשְׂרָאֵל הֵם:

בְּנֵי־דְלָיָה בְנֵי־טוֹבִיָּה בְּנֵי נְקוֹדָא

שֵׁשׁ מֵאוֹת וְאַרְבָּעִים וּשְׁנָיִם:

Hier werden zum einzigen Mal babylonische Orte genannt – leider sind sie unbekannt –, aus denen Heimkehrer nach Palästina heraufzogen.[220] Die Zahlenangabe differiert zwischen Neh 7,62 und Esra 2,60.[221] Die Namen der Sippen sind gut jüdisch: Delija (vgl. 1Chr 24,18; Neh 6,10) und Tobia (vgl. 2Chr 17,8; Neh 2,10 u.ö; Sach 6,10) sind theophore Personennamen, und Nekoda nennt sich auch ein Geschlecht von Tempelsklaven (Esra 2,48 = Neh 7,50). Ist dies schon ein Beleg, daß es sich um Israeliten handelt? Offensichtlich nicht, denn sie werden extra genannt am Schluß der Liste, nach den Tempeldienern. Doch scheint die Angabe des Exilsortes soweit jedenfalls die fehlende Abstammungsangabe zu ersetzen,[222] daß es für die Genannten zu keinerlei Konsequenzen kommt. Der fehlende Geschlechternachweis führt nicht zum Ausschluß, auch nicht zu irgendwelchen Einschränkungen, wie anschließend bei den Priestergeschlechtern. Sie werden anstandslos mit zum קהל gezählt und sind vollwertige Mitglieder der nachexilischen JHWH-Gemeinde. D.h. die blutsmäßige Abstammung ist *nicht* das Kriterium zur Aufnahme in die Liste.[223]

---

[220] Es ist unklar, ob Kerub Addan ein Doppelname ist oder zwei Orte bezeichnet; 3Esra betrachtet Immer als Personenname; vgl. WRudolph z. St.

[221] Esra 2,60 hat (wie auch 3Esra) 652.

[222] Ein in Babylonien wohnender Träger eines hebräischen Namens kann doch nur ein deportierter Judäer sein?! Vgl. KGalling, ATD 190.

[223] Gegen WRudolph, Esra 23f, der von »rassischer Kontinuität« spricht.

Die Wendung אם מישראל הם 2,59bβ = 7,61bβ bedeutet also nicht, daß die Aufgeführten nicht zur Israel gezählt werden. Daß sie in der Liste vor Nennung der Gesamtsumme erwähnt werden, belegt gerade das Gegenteil. Ohne von Israel zu sein, werden sie zu »Israel« gezählt. Der Begriff Israel ist bereits hier aufgeweitet und neu gefüllt.

1.2.1.5 *Priester ohne Geschlechternachweis (Esra 2,61-63 = Neh 7,63-65)*

Und von den Priestern die Söhne Hobaja, die Söhne Hakkoz (und) die Söhne Barsilais ...	וּמִן־הַכֹּהֲנִים בְּנֵי חֳבַיָּה
	בְּנֵי הַקּוֹץ בְּנֵי בַרְזִלַּי ...
Diese suchten ihre Eintragung ins Geschlechterregister und fanden sie nicht.	אֵלֶּה בִּקְשׁוּ כְתָבָם הַמִּתְיַחְשִׂים
	וְלֹא נִמְצָא
Da wurden sie vom Priesterdienst ausgelöst.	וַיְגֹאֲלוּ מִן־הַכְּהֻנָּה:
Und der Tirschata sagte ihnen, daß sie nicht vom Allerheiligsten essen sollten, bis aufsteht der Priester für Urim und Tummim.	וַיֹּאמֶר הַתִּרְשָׁתָא לָהֶם
	אֲשֶׁר לֹא־יֹאכְלוּ מִקֹּדֶשׁ הַקֳּדָשִׁים
	עַד עֲמֹד הַכֹּהֵן לְאוּרִים וְתֻמִּים:

Auch hier werden drei Geschlechter genannt, die ebensowenig aus der Gemeinde ausgeschlossen werden wie die oben genannten Laiengeschlechter. Wie bereits vom Gesamtaufbau der Liste zu erwarten, werden die Priester an zweiter Stelle genannt. Während in 2,59f = 7,61f schriftliche Geschlechterlisten nicht erwähnt werden, redet 2,62 = 7,64 von כתבם המתיחשׂים. Wenn auch die genaue Wortbedeutung des – aramaisierten – כתב unklar bleibt,[224] ist sicher, daß es sich dabei um eine schriftliche Aufzeichnung handelt.[225] M.E. meint כתב an unserer Stelle nicht Verzeichnis oder Schriftstück, sondern lediglich Schrift im Sinne von Schriftstelle – d.h. Eintragung des Namens. Das Fachwort für Geschlechterregister folgt mit המתיחשׂים[226].

---

[224] Ez 19,9 in ähnlichem Sinn wie hier; WZIMMERLI BK XIII/1, 293 denkt an Stammrollen des Volkes und erinnert an 2Sam 24.

[225] Vgl. 1Chr 28,29; Est 3,14; 8,8.13; Esra 4,7; vgl. 2Chr 2,10: er sagte schriftlich.

[226] Die Übersetzung »Stammbaum« halte ich für falsch, da dieser Ausdruck an »Genealogie« erinnert. Doch ist mit יחשׂ keine Genealogie gemeint, sondern vielmehr eine Liste derer, die zu einer bestimmten Gruppe gehören.

RMOSIS hat darauf aufmerksam gemacht, daß das mit יחש bezeichnete Resultat einer Einschreibung nicht vergleichbar ist mit dem Ergebnis einer Volkszählung oder der aus der Römerzeit bekannten Registratur zur Erhebung des Steuerzinses, sondern יחש

> »muß vielmehr mit der alt.lich belegten Vorstellung zusammengesehen werden, nach der durch eine Einschreibung in ein Verzeichnis für die Eingeschriebenen Rechte und Ehren begründet und gesichert werden und eine aussondernde Scheidung von anderen vollzogen wird (vgl. z.B. Ex 32,32f; Jes 4,3; Ez 13,9; Ps 87,6)«.[227]

Das heißt also: Denen, die zwar zu den Priestern gehören, aber ihre Eintragung im Priesterregister nicht finden, wird der Priesterdienst und die damit verbundenen Rechte zunächst verwehrt, denn die Aufzeichnung im Register sichert diese Rechte (vgl. 2Chr 31,16-19). Diese Einschränkung sollte jedoch nur solange gelten, bis ein Hoherpriester[228] einen letzten Entscheid herbeiführt (V65).[229] Offensichtlich kann der Tirschata, die persische Exzellenz, die Sache nicht entscheiden, weil es eben eine religiöse Angelegenheit ist. Mit der Zugehörigkeit zur nachexilischen JHWH-Gemeinde hat diese Frage nichts zu tun, denn diese Priestergeschlechter, deren Zahlenangabe 2,61 = 7,65 fehlt, werden vor der Summe des קהל genannt. Die Entscheidung darüber, ob sie späterhin unter הכהנים oder unter אנשי עם ישראל geführt werden, wird der zu erwartende Hohepriester zu fällen haben.[230] Nicht vom eventuell doch noch möglichen Finden ihrer Geschlechteraufzeichnung wird ihre Priesterwürde abhängig gemacht, sondern ein neuer Entscheid der höchsten Kultautorität wird festlegen, ob sie hinfort כתב מתיחשים sein werden oder nicht. Vom Geschlecht Hakkoz wissen wird, daß ihm später Priesterwürde zuerkannt worden ist: Meremot ben Uria ben Hakkoz (Neh 3,4.21) erscheint bei Esras Ankunft in Jerusalem als Priester (Esra 8,33; vgl. Neh 10,6; 12,3).[231]

---

[227] RMOSIS, ThWAT III 614.

[228] Der zu erwartende Priester der Urim und Tummim ist zweifellos der Hohepriester, was die zeitliche Einordnung der Liste vor 515 verlangt (vgl. Sach 3). Ob das Losorakel im zweiten Tempel wieder gehandhabt worden ist, bleibt unsicher trotz Sir 33,3. ABERTHOLET, Esra 7: »Die Juden rechnen zu den fünf Dingen, die dem zweiten Tempel fehlen, die Offenbarung durch Urim und Tummim.«

[229] Durch das Losorakel?

[230] WRUDOLPH, Esra 25 Anm. 4: »In 1Mcc 4,46; 14,41 wartet man bezeichnenderweise für solche künftige Entscheidungen auf einen *Propheten*.«

[231] Daß Meremot ben Uria in Neh 3,4.21 nicht als Priester ausgewiesen ist, kann zufällig sein;

1.2.1.6. Die unter Angabe ihres Wohnortes Registrierten

Eine weitere Auffälligkeit der Liste Esra 2 = Neh 7 ist die Tatsache, daß, nachdem eine ganze Reihe Personen- bzw. Geschlechternamen mit der jeweiligen Zahlenangabe aufgeführt worden sind, immer mit vorangestelltem בני (2,3-19 = 7,8-24) – plötzlich Ortsnamen mit vorangestelltem אנשי (2,21-35 = 7,25-38) erscheinen.[232] Warum werden diese Personengruppen nicht auch mit ihrem Geschlechternamen bezeichnet? Was ist der Grund dafür, daß sie mit dem Namen eines Ortes in Verbindung gebracht werden? Folgende Orte werden im Text genannt:

(Gibeon	Esra 2,20		= Neh 7,25 :		95)[233]
Bethlehem	Esra 2,21		= Neh 7,26 :		123
Netofa	Esra 2,22		= Neh 7,26 :		56[234]
Anatot	Esra 2,23		= Neh 7,27 :		128
Bet-Asmawet	Esra 2,24		= Neh 7,28 :		42
Kirjat Jearim,[235] Kefira und Beerot	Esra 2,25		= Neh 7,29 :		743
Rama und Geba	Esra 2,26		= Neh 7,20 :		621
Michmas	Esra 2,27.		= Neh 7,31 :		122
Bet-El und Ai	Esra 2,28 :	223	Neh 7,32 :		123[236]
Nob	Esra 2,29		= Neh 7,33 :		52[237]

---

die Bauliste legt keinen Wert auf genaue Personenbezeichnungen; z.T. fehlen Namen (3,5.28,32) – s. o. 75f.

[232] Esra 2,21.24.25.34.35 hat בני.

[233] Esra 2,20: גבר; ob dies Personen- oder Ortsname ist, bleibt unklar.

[234] Neh 7,26 zieht die Zahlenangaben für Bethlehem und Netofa zusammen.

[235] Esra 2,25 verschrieben: קרית ערים.

[236] 3Esra: 52.

Jericho	Esra 2,34		= Neh 7,36 :	345
Lydda, Hadid und Ono	Esra 2,33 :	725	Neh 7,37 :	721
(בני סנאה)	Esra 2,35 :	3630	Neh 7,38 :	3930[238])

Bereits E.MEYER hat diese »Liste der Ortsangehörigen«,[239] wie er diesen Teil der Liste nennt, gründlich untersucht und kommt zu folgendem Ergebnis:

- »Die hier aufgezählten Ortschaften sind sämmtlich auch sonst bekannt.«[240]
- Alle Orte liegen in unmittelbarer Umgebung Jerusalems bzw. an der Straße nach Joppe, dem Hafen Jerusalems (Lydda, Haddid und Ono).
- Die genannten Orte sind nicht die jetzigen Wohnorte der Heimkehrer, sondern ihre Wohnorte vor der Exilierung.[241]
- »die als Bewohner der Landorte Genannten sind der von Nebukadnezar weggeführte Teil der דלת הארץ, der armen Leute, die keinen Besitz haben.«[242]

Die unter der Angabe ihres Wohnortes Registrierten besitzen also deshalb keinen Geschlechternamen, da sie nicht zur oberen Bevölkerungsschicht gehören. Weil sie aber trotz fehlender Geschlechterzugehörigkeit zur nachexilischen JHWH-Gemeinde zählen, und zwar unbestritten – sie werden *vor* den Ausnahmefällen 2,59ff = 7,61ff aufgeführt –, registriert man sie unter ihren Wohnorten.

---

[237] Neh 7,33: נבו אחר.
[238] 3Esra: 3330.
[239] E.MEYER, Judenthum 148ff.
[240] AaO 149; zu Netofa vgl. 2Sam 23,28f; 2Kö 25,23; Jes 40,8 zu Bet-Asmawet Neh 12,28; zu Lydda, Hadid und Ono Neh 11,34f, vgl. Esra 3,7; zu Kirjat-Jearim, Kefira und Beerot Jos 9,17. – Problematisch ist בני סנאה; es hat die weitaus größte Zahlenangabe. E.MEYER, aaO 154, vermutet dahinter Jerusalemer Einwohner (vgl. Gen 29,31; Dtn 21,15ff; Jes 60,15), wobei er nicht die Gesamtbevölkerung der Stadt, sondern »die Besitzlosen, die Handwerker, Krämer, Diener und Bettler, die 'Stiefkinder Jerusalems'« darunter verstanden wissen will.
[241] AaO 151; anders schon J.WELLHAUSEN, Göttinger Nachrichten 1895, 17f.
[242] AaO 152.

Sind damit ihre jetzigen Wohnorte oder die vor der Zerstörung Jerusalems 587 v. Chr. gemeint? WRUDOLPH hat auf die Müßigkeit dieser Frage hingewiesen; »denn wenn nach V1 'jeder in seine Stadt' zurückkehrte, kommt beides auf dasselbe heraus.«[243] Allerdings hält er die Liste für eine tatsächliche Heimkehrerliste und kommt zu dem Schluß, die zur דלת הארץ gehörenden Exulanten hätten »sich mangels eines anderen Zusammenschlusses in Babylonien nach ihren Heimatorten zusammengetan.«[244]

Nun hat aber EJANSSEN überzeugend nachgewiesen, daß die chronistische Sicht der Verhältnisse im Land während der Exilszeit nicht den historischen Gegebenheiten entspricht.[245] Das Land war nicht leergefegt, sondern nur die Oberschicht wurde deportiert. Bei den verschiedenen die Deportation betreffenden Zahlenangaben verdienen die in Jer 52,28ff das meiste Vertrauen. Dort werden 3023 Gefangene für das Jahr 598, 832 für das Jahr 587 und 745 für das Jahr 582 angegeben.

Das Gros der Bewohner blieb also im Land. Von daher ist zu fragen, ob überhaupt Angehörige der דלת הארץ deportiert wurden, oder ob nicht viel mehr EJANSSENS Vermutung zutrifft, daß die Babylonier gerade diese Ärmsten und bisher Besitzlosen im Lande beließen, sie mit Ackerland versorgten und so nicht nur die innere Ruhe herstellten, sondern viel Bürger gewannen, die ihnen nun treu ergeben waren.[246] Wir müssen davon ausgehen, daß die unter Angabe ihres Wohnortes Registrierten gar nicht im Exil waren. Und ihre Wohnorte sind die, wo sie während der Exilszeit, d.h. bis zum Zeitpunkt der Erstellung der Liste leben.[247]

Gegen diese Sicht ist oft eingewendet worden, daß einige Orte außerhalb der persischen Provinz Juda liegen,[248] was vor allem bei Ono, Lydda und Hadid zutrifft. Dabei wird nicht beachtet, daß diese Provinz während der Bauzeit des Tempels (520-515 v. Chr.) noch gar nicht konstituiert war und man gewöhnlich ihre Größe allein aus der Mauerbauliste Neh 3 herleitet.

Wenn wir jedoch annehmen, daß unsere Liste durch die Visitation Tattenais zustandekam, so ergeben die Orte Ono, Lydda und Hadid gerade

---

[243] WRUDOLPH, Esra 20.

[244] Ebenda.

[245] EJANSSEN, Exilszeit 24ff.

[246] AaO 53 »Unter den von ihnen Begünstigten wird es nicht an Denunzianten und Kollaborateuren gefehlt haben.«; vgl. 2Kön 25,12.

[247] Für Ai ist belegt, daß es vor dem Exil gar nicht mehr als Siedlung bestand; vgl. MNOTH, Bethel und Ai, PJB 31 (1935) 17 Anm. 2.

[248] EMEYER, Judenthum 151; WRUDOLPH, Esra 20.

einen guten Sinn, da diese an der Straße zum Jerusalemer Hafen Joppe liegen und dort wohl wesentliches Material für den Tempelbau eintraf (Esra 3,7).

Es liegt also auf der Hand: Die hier unter Angabe ihres Wohnortes Registrierten sind Daheimgebliebene, die ehemals zur דלת הארץ gehörten, inzwischen seßhaft wurden und sich nun den aus Babylonien Zurückgekehrten im Zusammenhang der Tempelbauaktivitäten anschließen. Daß sie später umgesiedelt sind, als unter Nehemia die persische Provinz Jehud konstituiert wurde und Nehemia die Bevölkerung um Jerusalem konzentrierte, erscheint gut möglich.

1.2.1.7 Bevölkerungsliste – Geschlechterregister – Gemeinde-verzeichnis?

Betrachten wir noch einmal die Überschrift der Liste Esra 2,1 = Neh 7,6. Als Kriterium für die Aufnahme in diese Liste erscheint העלים משבי הגולה. Es sind nicht alle Einwohner der Provinz aufgeführt, sondern nur die, die zu den עלים zählen. Man sollte deshalb *nicht* von einer *Bevölkerungsliste* sprechen, weil das Vollständigkeit intendiert. Wäre für eine solche nicht auch zu erwarten, daß *alle* nach ihren Wohnorten registriert sind?

Kann man die Liste als *Geschlechterregister* bezeichnen? Der Text in Esra 2,59.62 = Neh 7,61.64 läßt den Eindruck entstehen, als sei der Nachweis des Eingeschriebenseins in ein Geschlechterregister Voraussetzung zur Aufnahme in die Liste. Das würde auch erklären, daß hier nur Namen und Zahlen aufgereiht sind: Hinter jeder Angabe von Name und Zahl steht ein ganzes Geschlechterregister.

Unsere Untersuchung der Ausnahmefälle hat jedoch gezeigt, daß das Vorlegen eines Geschlechterregisters, in dem der eigene Name eingeschrieben ist, nicht die Bedingung schlechthin war, in die Liste aufgenommen zu werden. Die unter Angabe ihres Wohnortes Registrierten hätten sonst nicht in die Liste aufgenommen werden können.

Es scheint in diesem Zusammenhang klärungsbedürftig, was eigentlich genau mit »Geschlecht« gemeint ist. Die hebräische Terminologie ist an dieser Stelle schwebend; es stehen mehrere Begriffe zur Verfügung,[249] von denen allerdings keiner hier in der Liste erscheint. Allein die Zahlenangaben zwingen, nicht von »Familien« zu sprechen, sondern einen

---

[249] III/אֶלֶף III/אָמָה/בית אבות חי/דור/III זרע/משפחה/נכר/תולות; vgl. W GESENIUS 961.

Begriff zu wählen, der die Größenordnung zwischen Familie und Stamm bezeichnet.[250] Dabei steht die Abstammung, die Verwandtschaft im Vordergrund. Doch diese konnte auch nur fiktiv sein, d.h. es gab manche anderen Gründe, ein »Geschlecht« zu bilden. Für den Stamm ist das im ganzen arabischen Bereich belegt.[251] Auch in Israel haben sich solche Vorgänge abgespielt, wie z.B. der komplizierte Prozeß der Aufnahme der Kalebiter und Jerachmeeliter in den Stamm Juda zeigt.[252]

EMEYER hat in seiner ausführlichen Untersuchung von »Wesen und Geschichte der Geschlechter«[253] herausgearbeitet, daß sich die, die nicht zu Geschlechtern gehörten, nach der Rückkehr aus dem Exil als Geschlechter organisiert haben. »Der Grund ist klar: sie erhielten jetzt Acker und traten damit als gleichberechtigte Mitglieder in die politische Gemeinde ein; das konnten sie aber nur als Geschlechter nicht als Individuen.«[254]

Für ihn sind demzufolge die unter Angabe des Wohnortes Registrierten auch »Geschlechtsangehörige«, da sie sich als »Quasigeschlecht«[255] konstituiert haben. Seine Untersuchung der einzelnen Namen bestätigt das, denn viele der aufgeführten Namen sind vorexilisch nicht belegbar und auch als Personennamen nicht nachzuweisen.[256] Deutlich stellt EMEYER heraus, »wie falsch es ist, den Geschlechterverband als eine erweiterte Familie aufzufassen: Geschlechter ... sind nicht aus einer Familie erwachsen, sondern durch den Zusammenschluß zahlreicher auf einander

---

[250] Sippe, Familienverband, Geschlecht, Großfamilie, Clan o.ä.

[251] RDEVAUX, Lebensordnungen I 20ff: »Die Gemeinschaft, bei der man sich gerade aufhält, kann die Verschmelzung von Familien veranlassen. Schwache Elemente können von einer stärkeren Umwelt aufgesogen werden oder mehrere schwache Gruppen schließen sich zusammen, um eine Einheit zu bilden, die autonom, d.h. fähig zur Abwehr von Angriffen zu bleiben vermag.« Ebenda 22 zitiert DEVAUX einen Text von Al-Bakri: »Und Nahd ben Zaid schlossen sich die Bene al-Charith an, konföderierten sich mit ihnen und bildeten mit ihnen eine vollständige Einheit ... und der ganze Stamm mit seinen Konföderierten wurde dem gleichen Ahnherrn (nusibat) zugeordnet.«

[252] Num 13,6; Jos 15,13; 1Chr 2,9; vgl. Num 32,12; Jos 14,6.14; Gen 15,19; 36,11; – ausführlich dazu HJZOBEL, VT.S 28 (1975) 253-277.

[253] EMEYER, Judenthum 154ff.

[254] AaO 156: »Die 52 Leute von Nob und die 128 von Anatot sind zusammengeblieben und haben sich nach ihrer Heimat benannt; die übrigen nannten sich nach einem angesehenen Mann, der an ihrer Spitze stand. Daher erklärt sich die große Zahl dieser Geschlechter; sie sind offenbar meist wenig zahlreich, zum Teil lediglich größere Familienverbände oder Vereinigungen einiger weniger Haushalte gewesen«.

[255] AaO 163.

[256] AaO 156.

angewiesener Familien unter der Fiction gemeinsamen Bluts und eines gemeinsamen Ahnherrn entstanden.«[257] Das andere ebenso wichtige Ergebnis seiner Untersuchung ist, daß sich der Zersetzungsprozeß, der bereits die Stämmeordnung betraf und den Geschlechtern das Gewicht eines Unterstammes gab, weiter fortgesetzt hat.

> »Durch die fortschreitende Individualisierung der Politik wie der Religion wurden die Geschlechtsverbände zersprengt; das ununterbrochene Eindringen von Proselyten, deren Nachkommen auf die Dauer von den alten Beständen der Gemeinde weder geschieden werden sollten, noch konnten, hat ihre Zersetzung noch weiter beschleunigt.«[258]

So erscheint es *nicht* angebracht, Esra 2 = Neh 7 als *Geschlechterregister* zu bezeichnen. Wir hatten bereits עלים משבי הגולה als Kriterium zur Aufnahme in die Liste herausgestellt. Dabei handelt es sich nicht um den Nachweis der tatsächlichen Deportation und Rückkehr, sondern um eine Frage der jetzigen Identität; ob man jetzt zur »Gola« gehört, zur Gruppe derer, die sich als Rückkehrer bezeichnen.

Vergegenwärtigen wir uns noch einmal den historischen Ort der Liste (Esra 5f): Der Tempelbau in Jerusalem ist nach anfänglichen Schwierigkeiten im Gange, da erscheint Tattenai, der für Jerusalem zuständige persische Statthalter, zum Inspektionsbesuch und fordert Auskunft über den Auftraggeber des Aufbauwerkes und über die am Bau Beteiligten. Es ist völlig klar: Sollte es nicht gelingen, auf beide Fragen zufriedenstellende Antworten zu geben, ist nicht nur der ganze Bau zum Scheitern verurteilt, sondern es könnte auch das bereits Errichtete niedergerissen werden müssen. Aber Gott sei Dank kann man sich in Jerusalem auf den königlichen Erlaß des Kyros berufen, der den Wiederaufbau des Tempels ausdrücklich befürwortet hat.

Wenn es nun auch gelingt, die jetzt am Bau Beteiligten durch diesen Kyruserlaß zu legitimieren und zu autorisieren, dürfte der Provinzgouverneur dem Weiterbau nichts mehr entgegenzusetzen haben.

Wenn diese Annahme stimmt, daß die Legitimation der JHWH-Gemeinde als die den Tempelbau tragende und verantwortende Größe der

---

[257] AaO 162.

[258] AaO 165f, vgl. 163: »Zur Zeit des Chronisten war die Entwicklung vollendet. Die Geschlechter, auf denen zu Nehemias Zeit noch die Organisation der Gemeinde beruhte, haben sich aufgelöst, die einzelnen Familien sind an ihre Stelle getreten... So erklärt es sich, daß der Chronist von den Geschlechtern nichts mehr weiß«.

Grund für das Erstellen unserer Liste ist, dann paßt mehreres jedenfalls gut zusammen:

1. In dem Brief Tattenais an Darius Esra 5,6ff wurden zunächst nur die Namen der führenden Leute aufgeschrieben (5,10) – unserer Liste sind zwölf Namen vorangestellt, die eine Leitungsgruppe darstellen, Serubbabel und Josua an ihrer Spitze. (Daß die 12-Zahl dabei Symbolwert hat und auf die 12 Stämme anspielt, d.h. Israel in seiner Gesamtheit hier erscheint, ist unbestreitbar.)

2. Daß alle Aufgeführten Esra 2 = Neh 7 als עלים bezeichnet werden, unterstreicht ihre Bindung an den Kyruserlaß und paßt gut zu Esra 5,16, wo zeitlich die ununterbrochene Verbindung zu Kyros betont wird.

3. Indem auch Nichtexilierte und Sonderfälle in die Liste aufgenommen werden, ist die ganze nachexilische JHWH-Gemeinde legitimiert. Der Tempelbau, dessen Legitimität feststeht, wird von der Gemeinde verantwortet und durchgeführt, die Kyrus dazu beauftragt hat.

So trifft wohl die Bezeichnung *Gemeindeverzeichnis* den Inhalt der Liste am besten.[259] Wirklich aus dem Exil Heimgekehrte und im Lande Verbliebene schließen sich zusammen. Das, was sie verbindet, ist ihr JHWH-Glaube und der daraus erwachsene Wunsch, den Tempel wieder zu errichten. Da es auch genug Feinde dieses Werkes gab (vgl. Esra 4,1ff), ist es unumgänglich, klar abzugrenzen, wer zu denen gehörte, die an diesem Aufbauwerk beteiligt waren und sich nach der vollen Wiederherstellung des Gottesdienstes sehnten.

D.h.: Die Trennungslinie jetzt im Lande nach der Rückkehr verläuft nicht zwischen Exilierten und Nichtexilierten. Sie ist vielmehr religiös bedingt. Die JHWH-Treuen trennen sich von den Synkretisten, von denen, die deshalb auch kein Interesse an der Wiederherstellung des Tempels haben. Die Trennungslinie geht quer durch das Volk.[260]

---

[259] So schon EJANSSEN, Exilszeit 39: »Daher wird man die Liste als ein aus persischer Zeit (Es 2,14) stammendes Verzeichnis der Bürger Judas oder der Glieder der Gemeinde anzusehen haben.« AHJGUNNEWEG, Esra 59 nennt sie »ein offizielles Verzeichnis der vollberechtigten Angehörigen der nachexilischen Gemeinde«, allerdings erst aus der Zeit Esras, aaO 65; KGALLING, ATD 191: »Die Liste umfaßt die heilige Gottesgemeinde samt vollständigem Kultpersonal«; WZIMMERLI, BK XIII/2, 1125 nennt sie »Gemeindeliste«.

[260] So schon KELLIGER, Einheit 103.

1.2.2 Die Karawane Esras

Die uns in Esra 8,1-14 überlieferte Liste ist mit großer Sicherheit hier sachlich und historisch an der richtigen Stelle – es gibt keine Gründe, sie für sekundär zu halten.[261] Das gilt auch für die Levitenliste und die Spendenliste Esra 8,15-36.[262] Ob die Listen bereits in Babylonien erstellt worden sind – was 8,15ff nahelegt – oder ob sie erst nach Ankunft in Judäa verfaßt wurden – das scheint 8,1 nahezulegen – wird nicht mehr zu ermitteln sein. Sicherlich sind sie auch im Tempelarchiv aufbewahrt worden, eventuell in Zusammenhang mit dem Artaxerxeserlaß (vgl. Esra 7,12ff).[263]

Äußerlich entspricht die Liste Esra 8,1-14 der Liste Esra 2 = Neh 7: Geschlechterverbände werden benannt, worauf eine Zahlenangabe folgt. Hier sind die Priester den Laien vorgeordnet – wohl einfach deshalb, weil Esra selbst Priester war.[264]

Bei genauer Betrachtung jedoch fallen entscheidende Unterschiede ins Auge. Bereits die Überschrift der Liste V8,1a ist deutlich anders formuliert: »Dies sind die Familienhäupter und die bei ihnen Eingetragenen« (אלה ראשי אבתיהם והתיחשם)[265]. Der Fachausdruck התיחש begegnet hier bereits in der Überschrift und muß wohl auch bei jedem weiteren Glied der Aufzählung mitgedacht werden; jedenfalls legt V3b das nahe.[266] In der Liste Esra 2 = Neh 7 erschien er erst bei der Erörterung der Sonderfälle. Auch die ראשי אבת werden dort nur in einer Nebenbemerkung erwähnt (Esra 2,68 = Neh 7,69).

Für die einzelnen Glieder der Liste ergibt sich auch eine andere Struktur als in Esra 2 = Neh. 7. Dort waren die Geschlechterverbände in der

---

[261] So WTH IN DER SMITTEN, Esra 20; WRUDOLPH, Esra 79, der die Gegenargumente diskutiert; ABERTHOLET, ESRA 35; KGALLING ATD 208; anders LWBATTEN 318; SMOWINCKEL, Studien I, 116ff.

[262] WTH IN DER SMITTEN, Esra 24: »Für 8,15-36 können Levitenliste und Spendenliste als vorchronistisch angenommen werden.«

[263] Zu dem oft erwähnten Argument, keiner der hier (Esra 8) Genannten habe sich am Mauerbau beteiligt (Neh 3), was Esras Kommen nach Nehemia beweise, siehe unter 3.2.5.

[264] WRUDOLPH, Esra 79; zu Pinehas und Hanar vgl. Ex 6,23,26; 28,1; Num 25,7ff – sie sind Aaroniden.

[265] WRUDOLPH, Esra 78 übersetzt »... – nebst Abstammungsnachweis-« RMOSIS ThWAT III 611f legt jedoch die Übersetzung »ihre Eingetragenen« nahe, die sich aus V3b ergibt; so alle neueren Bibelübersetzungen; vgl. auch 1Chr 7,5.7.9.

[266] Wahrscheinlich ist das הזכרים am Ende jedes folgenden Verses als Kürzel für התיחש לזכרים V3 zu verstehen.

Regel lediglich mit dem Geschlechternamen bezeichnet, dem eine Zahlenangabe folgt nach dem Muster:

בני + Geschlechtername + Zahl

Für die Liste Esra 8,1-14 ergibt sich die folgende Struktur:[267]

מבני + Geschlechtername + Personenname[268]

+ בן + Vatername + ועמו + Zahl + הזכרים.[269]

Es ist ganz deutlich: Die um 60 Jahre jüngere Liste Esra 8 läßt im Vergleich zu der älteren Esra 2 = Neh 7 ein verfeinertes Verfahren der Angaben erkennen. Nicht mehr allein der Geschlechterverband wird genannt. Das »Vaterhaus« ist in den Vordergrund getreten und bestimmt die Aufzeichnung in den Listen.

Wir müssen aufgrund von V3b und V20b annehmen, daß uns hier nur die Abschnittsüberschriften einer großen Personennamenliste überliefert sind. Wenn sogar ausdrücklich für die Tempelsklaven gesagt wird, daß sie alle namentlich angegeben waren (V20),[270] wieviel mehr ist das dann für die Geschlechterangehörigen zu erwarten. Daß V2 bei den Priestergeschlechtern Pinehas und Itamar nur die Namen Gerschom und Daniel stehengeblieben sind, erklärt sich wohl am besten so, daß beide Personennamen ebenfalls Namen von Familienhäuptern sind (vgl. V24)[271] und hier die namentliche Aufzählung der Priester ebenso fehlt wie in den folgenden Versen. Vielleicht stand aufgrund der geringen Anzahl bei den Priestern nie eine Zahlenangabe; doch das ist reine Vermutung. Waren in der vollständigen Liste also tatsächlich alle Personennamen (wahrscheinlich mit Vatersnamen) angegeben, könnte man die runden Zahlen der Liste etwa so erklären: In der Abschnittsüberschrift wird nur vermerkt: rund soundsoviele männlichen Geschlechts.[272] Daß die Frauen und Kinder nicht mitgezählt werden, verwundert nicht.

Wir können festhalten, daß in Esra 8 ein deutlich verstärktes Interesse an der einzelnen Person zu erkennen ist. Das wird unterstrichen durch die Tatsache, daß Leviten erst geworben werden mußten, um mit nach Judäa zu ziehen. Ein persönlicher Entschluß war notwendig, um die inzwischen

---

[267] Anders V2b.3.13.14 – am Anfang und Ende der Liste wird von der Struktur abgewichen.
[268] Name des Familienhauptes.
[269] Vgl. Anm. 266.
[270] Vgl. Num 1,17; 1Chr 12,32; 16,41; 2Chr 28,15; 31,19.
[271] So auch WRudolph, Esra 81.
[272] 218 in V9 und 28 in V11 entkräften diese Annahme.

vertraut gewordenen Verhältnisse in Babylonien zu verlassen und mit Esra nach Palästina zu ziehen. Namentlich werden die aufgeführt, die sich dazu bereit erklärten (8,16).

So ist es eigentlich auch nicht verwunderlich, daß die kleinere Einheit des Vaterhauses unter Leitung des ראש אבות in den Vordergrund tritt. Die größere Einheit des Geschlechterverbandes, der in der Liste Esra 2 = Neh 7 noch die entscheidende Rolle spielte, hat an Bedeutung verloren, und das בית אבות ist zum prägenden Strukturelement der nachexilischen JHWH-Gemeinde in Jerusalem geworden.[273]

1.2.3 Die Liste der Geschiedenen Esra 10,20-43

Während in den beiden bereits behandelten Listen stets Zahlenangaben zu finden waren, handelt es sich hier um eine reine Personenliste, in der jeder einzelne mit seinem Namen aufgeführt ist. Etwas mehr als einhundert Personen werden genannt[274] – eine verschwindend kleine Zahl im Vergleich zu den über 42 000 Angehörigen der nachexilischen JHWH-Gemeinde (Esra 2,64 = Neh 7,66).[275] Warum ist dann aber einem zahlenmäßig so kleinen Problem derart großes Interesse geschenkt worden? Auf diese Frage und die ganze Mischehenaktion Esras (und Nehemias) muß später ausführlich eingegangen werden.[276]

Wir wollen zunächst festhalten, daß es keine Gründe gibt, die Liste für unecht oder unvollständig zu erklären. Das ist nur möglich, wenn man die ganze Esra-Geschichte als »Machwerk des Chronisten« abtut.[277] Zwar fehlen Personen aus der Gruppe der unter ihrem Wohnort Registrierten (Esra 2,21-35 = Neh 7,25-38) wie auch die Tempelsklaven. Aber das be-

---

[273] S. u. 159ff.

[274] Die genaue Zahl hängt von der Lesung der Verse 36.38.40 ab - vgl. BHS; WRudolph zählt 109 Personen, 27 Kleriker und 82 Laien.

[275] WRudolph, Esra 97 vermutet, »daß die Zahlen der Mischehen bei den Netinim und der Unterschicht der Laien in der Liste Esras so hoch waren, daß der Chronist sie nicht wiederzugeben wagte, um nicht die ganze Größe des eingerissenen Mißstandes der Nachwelt kundzutun.« Das bleibt allerdings Spekulation.

[276] Siehe unter 3.2.3.1.

[277] WRudolph, Esra 99ff verwahrt sich gegen solche Behauptungen gründlich; dagegen beruft sich UKellermann, Nehemia 68 auf SMowinckel, Ezra den Skriftlaerde, Kristiania 1916, 9-11 und MNoth, Studien 126.146 und bemerkt: »Die Liste 10,20-44a verrät sich schon in den Einleitungskategorien als Stück des nachchron. listenfreudigen Ergänzers und steht sehr unter dem Verdacht einer Fiktion in Anlehnung an die Liste Esra 2 = Neh 7.«

rechtigt nicht, bei ihnen ebenfalls Schuldige zu vermuten oder gar, diese unteren Schichten für hier nicht erwähnenswert anzusehen. Wir haben gesehen, daß die unteren Bevölkerungsschichten eindeutig zur nachexilischen JHWH-Gemeinde dazugerechnet wurden.

Die Bemerkungen אנשים בכל (10,17) und כל־אלה (10,44) unterstreichen, daß hier wirklich alle Schuldigen aufgelistet sind. Es ist zu vermuten, daß zur Zeit Esras und Nehemias gerade die sozial höheren Schichten aus ökonomischen oder politischen Erwägungen heraus Mischehen eingingen (vgl. Neh 13,28). Diese Versuchungen gab es für die einfachen Leute nicht. Das wird wohl der Grund sein, weshalb sie in der Liste der Geschiedenen fehlen.

Der Aufbau der Liste folgt dem Schema von Esra 2 = Neh 7, allerdings in umgekehrter Reihenfolge. Wahrscheinlich hat V19 hinter jeder Gruppe gestanden und ist nur aus schreibtechnischen Gründen weggelassen worden (anders Num 7; Num 1; vgl. 1Chr 1ff), weil sich inzwischen allgemein eingebürgert haben muß, lästige Wiederholungen fortzulassen. Wenn diejenigen, die sich von ihren fremden Frauen trennten, namentlich aufgezählt werden, wird damit wieder das bereits in Esra 8 festgestellte personale Interesse deutlich: Nicht allgemein wird die Sünde der nachexilischen JHWH-Gemeinde bereinigt, sondern jeder Schuldiggewordene bringt für sich selbst seine Sache in Ordnung (Esra 10,19.44).

1.2.4 Die Unterschriftenliste Neh 10

Hier liegt uns ein authentisches Dokument vor, vermutlich aus dem Tempelarchiv. Deutlich ist der Rahmen zu erkennen, der der Liste ihre Begrenzung gibt:

10,1   In Anbetracht von alledem treffen wir die Abmachung (כרתים אמנה)[278], und zwar haben wir geschrieben.[279]
           Und auf der versiegelten (Urkunde) waren die Obersten, Leviten und Priester. Und die Siegelnden[280] waren: ...

---

[278] Wegen כרת ist אמנה wohl deutlich als Synonym für ברית zu verstehen.

[279] כתבים gehört zum Vorangehenden.

[280] Der Plural החתומים ist nicht zu erklären; daß es zwei Exemplare der einen Urkunde gewesen seien, befriedigt nicht (würde eventuell den Dual erwarten lassen); so ist wohl mit LXX Partizip Aktiv Plural הַחוֹתְמִים zu lesen.

10,29f   Aber der Rest des Volkes, Priester, Leviten, Sänger,
Torwächter, Tempelsklaven und alle, die sich abgesondert
hatten von den Landesvölkern zur Tora Gottes, ihre Frauen,
ihre Söhne und ihre Töchter; alle, die das nötige Verständnis
besitzen, schließen sich ihren führenden Brüdern an
und treten in Eid und Schwur ...

Bereits in diesen Rahmenbemerkungen der Liste wird deutlich, daß es
nicht das Anliegen ist, aller derer Namen unter die Urkunde zu setzen, die
sich feierlich verpflichten, das Gottesgesetz zu halten. Nur die Repräsen-
tanten der verschiedenen Bevölkerungsgruppen unterschreiben. Die in
10,3-9 aufgeführten Priesternamen begegnen noch einmal im 12,1ff und
12,12ff, wo sie mit Jojakim in Zusammenhang gebracht werden. Der Text
12,12ff muß die ursprüngliche Form der Unterschriftenliste gewesen sein;
d.h. die Familienhäupter haben mit ihrem Personen- und ihrem Geschlechternamen unterschrieben.[281] Das gilt auch für die Laiengeschlechter 10,15ff, da die Unterschriftenliste deutlich der amtlichen Geschlech-
terliste Neh 7 = Esra 2 folgt, jedoch ab 10,21 (מְשֻׁלָּם) unbekannte Namen
enthält. Sind das neue Geschlechter? Wahrscheinlich ist, daß es die zu
den Geschlechternamen gehörigen Personennamen sind.[282]

AJEPSEN kommt zu dem Schluß, daß die Unterschriftenliste ursprünglich zweispaltig in der Form: Geschlechtername mit לְ + Personenname
existiert haben muß. In einer Spalte waren die Geschlechter, in einer
zweiten links daneben die Personennamen aufgeführt.[283] Und sie habe 46
Namen enthalten, 16 Priester, 8 Leviten und 22 Häupter der Laiengeschlechter.[284]

Wie kommt es aber dazu, daß nur dieses ausgewählte Gremium unterschreibt? Es handelt sich offensichtlich um das Leitungsgremium der
nachexilischen JHWH-Gemeinde, das uns an anderer Stelle auch begegnet und eine Art Vorläufer des späteren Synedriums ist (Esra 2,2 sind
es zwölf; vgl. Esra 4,3; 5,9f; 10,10; Neh 2,16 u.a.).

---

[281] AJEPSEN, ZAW 66 (1954) 89ff.

[282] AaO 90: »Merkwürdig nur, daß die folgenden Namen durchweg Personennamen sind, sich
jedenfalls als solche am besten erklären«.

[283] In der Priesterliste ist die Spalte der Personennamen offensichtlich verlorengegangen; bei
den Laiengeschlechtern sind die beiden Spalten nacheinander abgeschrieben worden:
10,15-21 = Geschlechternamen; 10,21-28 = Personennamen (aaO 90ff).

[284] AaO 93.

So ist es auch nicht verwunderlich, daß auf der Unterschriftenliste kein Geschlecht der Sänger, Torwächter und Tempelsklaven erscheint. Daß diese nicht zur Unterschrift bereit gewesen[285] oder daß sie in die großen Geschlechter aufgenommen gewesen wären, erscheint beides nicht einsichtig. Vielmehr werden sie sich durch die Unterzeichnenden repräsentiert gewußt haben wie alle anderen, die in Eid und Schwur traten.

Es ist jedoch nicht so, daß die Unterschriften der leitenden Häupter einen Schwur der einzelnen Angehörigen der nachexilischen JHWH-Gemeinde erübrigt hätten. Das Leitungsgremium geht voran, und »jeder, der versteht, Einsicht zu haben«[286], schließt sich per Akklamation an (10,29b). כל יודע מבין ist singularisch und bezieht sich wohl auf den ganzen V29. Klar kommt hier zum Ausdruck, daß es eine persönliche Entscheidung ist, der Verpflichtung zuzustimmen oder nicht.

Obwohl nicht erwähnt wird, daß es auch solche gab, die sich nicht den führenden Juden anschlossen, eröffnet doch die Formulierung 10,29aβ, daß es Leute gegeben haben muß, sie sich nicht von den Landesvölkern getrennt und der Tora Gottes zugewandt hatten. Andererseits wird nicht die blutsmäßige Herkunft zur Bedingung gemacht, in die Verpflichtung eintreten zu dürfen. sondern allein die vorhandene Einsicht wird erwähnt.[287] Das läßt die Grenzen der nachexilischen JHWH-Gemeinde offen erscheinen für jeden, der bereit ist, diese Verpflichtung einzugehen.

Was enthält die Verpflichtung? Erstens die allgemeine Forderung, die Tora Gottes, die durch Mose gegeben ist (10,31) einzuhalten; zweitens den Verzicht, Mischehen einzugehen (10,31); drittens den Verzicht des Handels am Sabbat (10,32a); viertens Anweisungen für das Sabbatjahr (10,32b) und fünftens die Verpflichtung zur Tempelsteuer (10,33-40). Darauf wird noch näher einzugehen sein.[288]

Wir halten zunächst fest, daß Neh 10 auf die Existenz eines Leitungsgremiums der nachexilischen JHWH-Gemeinde schließen läßt. Außerdem wird die persönliche Entscheidung des einzelnen betont, der, nachdem er verstanden hat, um was es geht, die Verpflichtung übernimmt, so daß

---

[285] So AJEPSEN aaO 105.

[286] So übersetzt WRUDOLPH, Esra 174 Anm. c.

[287] ירע bezeichnet keinen reinen Verstandesvorgang im Sinne von Denkfähigkeit und Intelligenz, sondern einen Herzensvorgang, »einen das praktische Verhalten mit einschließenden Bezug«; WSCHOTTROFF, THAT I 694.

[288] S. u. 153ff.

man sagen kann: All diejenigen gehören zur nachexilischen JHWH-Gemeinde, die die Verpflichtung angenommen haben, die in der von den Mitgliedern des Leitungsgremiums unterzeichneten Urkunde niedergelegt ist.

1.2.5 Die Bauliste Neh 3

Die Liste in Neh 3 hat einen völlig anderen Charakter. Es werden weder Zahlenangaben gemacht über die am Bau Beteiligten, noch scheint das Interesse des Verfassers darin zu bestehen, einen genaueren Nachweis zu führen, welche Bevölkerungsgruppen sich am Bau beteiligt haben und welche nicht. Daß die Vornehmen von Thekoa (Neh 3,5) sich weigerten mitzuarbeiten, läßt vielmehr den Eindruck entstehen, sonst seien alle anderen dazu bereit gewesen. Die aufgeführten Namen sind z.T. nicht bekannt.

In manchen Fällen von dreigliedrigen Namen scheint der Personenname des Großvaters angegeben zu sein und nicht der Geschlechtername.[289] Daß wir in dieser Liste ein echtes Dokument vor uns haben, wird kaum bestritten.[290] Vermutlich von priesterlichen Schreibern verfaßt, paßt es sehr gut in Nehemias Appellationsschrift hinein, da es seine großen Verdienste um die Sicherung der Provinzhauptstadt deutlich vor Augen führt. Diesem Dokument kommt außerordentlich große Bedeutung zu bei der Erschließung der Größe der persischen Provinz Juda und deren Unterteilung in Verwaltungsbezirke (Neh 3,9.12.14.15.16.17f.19)[291] sowie bei der Bestimmung des Verlaufs der Stadtmauer Jerusalems.

Oft wird behauptet, daß sich unter den Bauenden keiner aus der Esrakarawane (Esra 8) befunden habe, und das sei ein Beweis für das spätere Kommen Esras (nach Nehemia).[292] Doch das erweist sich als nicht stichhaltig. Zum einen liegen Namensübereinstimmungen vor.[293] Außerdem wird Neh 3,25 Pedaja ben Parosch genannt, und Esra 8,3 erwähnt 150

[289] Meschulam ben Berechja ben Meschesabel (3,4) und Asarja ben Maaseja ben Ananeja (3,23) ; vgl. AJEPSEN, ZAW 66, 95; EMEYER, Judenthum 140.

[290] WRUDOLPH, Esra 113: »Offenbar aus dem Tempelarchiv«. – vgl. KGALLING, ATD 222; UKELLERMANN, Nehemia 14f.

[291] AALT und RKITTEL haben bereits gezeigt, daß diese Bezirkseinteilung der Gaueinteilung des alten Reiches Juda entspricht; WRUDOLPH, Esra 115.

[292] z.B. WRUDOLPH, Esra 69.121.

[293] Z.B. Chaschabja Neh 3,17; vgl. Esra 8,19.24; Meschullam Neh 3,4.30; vgl. Esra 8,16.

Männer aus dem Geschlecht Parosch. Wenn es sich nun bei den Einzelpersonen in Neh 3 um Bauführer handelt,[294] wäre erst zu erweisen, daß neben Pedaja wirklich keiner der in Esra 8,3 genannten Paroschleute an der Mauer gearbeitet hat. Außerdem ist wohl kaum anzunehmen, daß die erst mit Esra Heimgekehrten Führer der schon längst im Lande Lebenden geworden wären.

Für unsere Fragestellung ist nun vor allem von Interesse, daß neben den uns bekannten Geschlechter- und Ortsnamen hier auf einmal Berufsbezeichnungen auftreten, um die genannten Personen genauer zu bezeichnen (Neh 3,8.31f). Handelt es sich dabei tatsächlich um eine suppletorische Erwähnung der Zunft anstelle des Geschlechterverbandes?[295]

Wenn die Ortsbezeichnung Esra 2 = Neh 7 nicht Ersatz für den fehlenden Geschlechternachweis ist, kann das für die Berufsangabe ebensowenig geltend gemacht werden. Wir haben vielmehr gesehen, daß die Liste keinen Wert darauf legt, einen genauen Geschlechternachweis zu führen. Dann müßte sie ganz anders gegliedert sein (vgl. Esra 2; Esra 8; Neh 10 und 12). Es geht hier offensichtlich nicht darum, wer zu welchem Geschlecht gehört, sondern wer wo am Bau beteiligt war. Und dabei geht es bunt durcheinander. Einzelpersonen werden neben Gruppen aus bestimmten Orten genannt, Angehörige einer Handwerkszunft neben Kultpersonal; ja sogar Frauen sind am Bau beteiligt (V12)![296] Darf man aus dieser Bemerkung folgern, daß sonst bei der Nennung von Einzelpersonen stillschweigend vorausgesetzt wird, daß בני im weitesten Sinn des Wortes mitgearbeitet haben?

Jedenfalls ist dies deutlich: Die uns hier vorliegende Liste ist *nicht* am Abstammungsnachweis der Bauenden interessiert. Vielmehr soll die Liste die große Bereitschaft aller Bevölkerungsgruppen belegen, am Mauerbau mitzuhelfen. Keinem wird die Mitarbeit verwehrt (vgl. Esra 4,2f), sondern in einer echten Notgemeinschaft sind alle, die es wollen, an der so wichtigen Aufgabe beteiligt. Die wenigen, die sich nicht beteiligt haben, werden ausdrücklich erwähnt (Neh 3,5).[297]

---

[294] AJEPSEN, ZAW 66 (1954) 96.
[295] EMEYER, Judenthum 153.
[296] Vgl. BHS: S hat aus den Töchtern Söhne gemacht!
[297] KGALLING, ATD 223: »Der Tadel an die Vornehmen von Thekoa (5) hat schwerlich in der amtlichen Liste gestanden; man wird in ihm eine persönliche Bemerkung Nehemias zu sehen haben. Sie hielten sich offenbar noch zu Samarien; vielleicht stammten sie daher.«

Dabei fällt auf, daß die in der Liste genannten Bezirksvorsteher (שׂר פלך
3,9.12.14-19) meist Einheimische sind, die 587 v. Chr. im Lande verblieben waren.[298] »Die vier anderen Obersten endlich aus den Geschlechtern Chûr, Kolchoze, 'Azbûq, Rekâb sind keine Juden, sondern Kalibbiter oder Angehörige verwandter Stämme.«[299]

Das ist für das Verständnis der nachexilischen JHWH-Gemeinde von größter Bedeutung und bestätigt die Echtheit der Liste. Der Chronist hätte bei seiner Tendenz, alles Gewicht auf die Heimkehrer zu legen, etwas anderes »erfunden«. Ob wirklich im Exil gewesen oder nicht, d.h. die ganze Frage der Herkunft und Abstammung, spielt z.Z. Nehemias nicht mehr die entscheidende Rolle. Es ist eine Gemeinschaft entstanden, in der Rückkehrer und Daheimgebliebene und anderweitig Dazugestoßene gleichwertig nebeneinander stehen. Und alle beteiligten sich am Mauerbau, *das* wird hier ausdrücklich vermerkt.

1.2.6 Die übrigen Listen

Die Tempelgeräteliste Esra 1,9-11 und die Spendenliste Esra 8,26f sind für unsere Fragestellung nicht von Interesse.

Die Listen in Neh 11,3-20.25-36 sind aller Wahrscheinlichkeit nach doch später in das Werk des Chronisten eingefügt worden.[300] Vor allem das Auftauchen der alten Stammesbezeichnungen Juda und Benjamin (11,4.7) verwundert, ebenso die Erwähnung des Königs (11,23f). Ist damit der Perserkönig[301] oder der ehemalige König von Juda[302] gemeint? Ist

---

[298] EMEYER, Judenthum 167.

[299] Ebenda; vgl. WRUDOLPH, Esra 115; KGALLING, ATD 223.

[300] EMEYER, Judenthum 184ff hält die Liste Neh 11 für ein Machwerk des Chronisten, »für die Geschichte ist aus dem ganzen Abschnitt gar nichts zu lernen« (aaO 189); ebenso SMOWINCKEL, EHÖLSCHER und weithin auch ESELLIN – vgl. WRUDOLPH, Esra 184. KGALLING, ATD 244f löst das Problem unter Berufung auf AALT, BBLAK 68, 106ff, durch Einschub von »und der Rest der Priester und Leviten zog« vor V25. UKELLERMANN, Nehemia 43, schreibt die Listen dem »schon mehrfach ermittelten listenfreudigen Ergänzer« zu; vgl. DERS., »Die Listen in Neh 11 - eine Dokumentation aus den letzten Jahren des Reiches Juda?« ZDPV 82 (1966) 209-227. – WRUDOLPH, aaO 191: »In jedem Fall bleibt der Eindruck, daß es uns bis jetzt nicht gelingt, mit dieser Liste in wissenschaftlich befriedigender Weise fertig zu werden«. Wenn man sich nicht wie UKELLERMANN erklärt, wird dieser Eindruck bleiben.

[301] KGALLING ATD 245; WRUDOLPH, Esra 187 sieht in Petachja einen Amtsgenossen Esras; zu V22f verweist er auf den Erlaß Darius II. an Elephantine (COWLEY Nr. 21).

der Priester Jedaja (11,10) ein Bruder Eljaschibs, der z. Z. Nehemias Hoherpriester war;[303] oder ist יויריב יכין Glosse aus der Makkabäerzeit? Einige Teile der Liste spiegeln offensichtlich alte, vorexilische Verhältnisse, vermutlich z.Z. Josias, wider;[305] anderes weist uns in die Makkabäerzeit.[306] Es wird nicht mehr sicher zu entscheiden sein, ob es sich also tatsächlich um eine alte, vorexilische Urkunde handelt, oder um eine nach alten Vorlagen erstellte makkabäische Liste. Der militärische Charakter[307] macht sie allerdings auch für die Zeit Nehemias durchaus denkbar, paßt aber ebensogut zu einem makkabäischen Ergänzer, der Nehemias Leistungen ins recht Licht rücken will.[308]

Neh 12,1ff und 12,12ff haben wir bereits unter 1.2.4. mit behandelt, da literarische Abhängigkeit zwischen Neh 12 und 10 besteht.[309]

1.2.7 Die Bedeutung der Listen in Esra-Nehemia

Unsere Untersuchung der Listen in Esra-Nehemia begann mit der Frage, wie es überhaupt dazu kommt, daß in der Spätzeit des Alten Testaments eine derartige Fülle von Listenmaterial vorhanden ist. Vergleichbares findet sich nur in der priesterlichen Überlieferungssicht des Pentateuch, die auch in die exilisch-nachexilische Zeit gehört. Dort wird in Num 1 und 26 der Heerbann der »Gemeinde« Israels (1,2 עדת בני־ישׂראל) gemustert.[310] Und schon diese Aufstellung, die wohl auf altes, P bereits vorliegendes

---

[302] EMEYER, Judenthum 190.

[303] WRUDOLPH, Esra 184 Anm. zu V10; יויריב יכין ist Schreibfehler aus יויקים־בן.

[304] UKELLERMANN, Nehemia 105; vgl. 1Makk 2,1; 14,29.

[305] 11,4-19(24) ist abhängig von 1Chr 9; die Mehrzahl der in 11,25ff genannten Orte sind strategisch wichtige Punkte des Reiches Juda gewesen (UKELLERMANN, Nehemia 104) KGALLING, ATD 245 vermutet ebenfalls den älteren Bestand der Orte aus der Zeit Josias; vgl. Jos 21 bzw. 1Chr 6; dagegen WRUDOLPH, Esra 185: wenn Nehemia ein altes Dokument hier eingearbeitet hätte, wäre dies wie 7,5b erwähnt.

[306] Die in der Liste umrissene Ausdehnung Judas ist erst wieder im 2. Jh. v.Chr. bezeugt 1Makk 5,65; vgl. WRUDOLPH, Esra 189.

[307] אנשׁי־חיל 11,6; גבורי־חיל 11,8 (BHS); 11,14; פקיד 11,9.14 sind militärische Termini; UKELLERMANN, Nehemia 104 Anm. 51.

[308] UKELLERMANN, aaO 105.

[309] Zum ganzen UKELLERMANN, aaO 102 Anm. 49, der allerdings keine stichhaltigen Gegenbeweise zu AJEPSEN ZAW 66 liefert.

[310] Auf das vielfältige Listenmaterial in 1/2 Chr kann hier eingegangen werden; dessen Authentizität zu prüfen, würde eine extra Untersuchung erfordern. Vgl. jetzt MOEMING, Das wahre Israel – Die »genealogische Vorhalle« 1 Chronik 1-9, BWANT 128, Stuttgart 1990.

Material zurückgreifen dürfte,[311] hat in der uns vorliegenden priesterlichen Bearbeitung ein deutliches Interesse an der namentlichen Nennung
der einzelnen wehrfähigen Männer (Num 1,17; vgl. das dort ab V20 immer wiederkehrende שמות במספר = mit Aufzählung der Namen).

Dasselbe personale Interesse haben wir auch hier in den Listen in Esra-
Nehemia entdeckt. Mit der Unterschriftenliste (Neh 10,2ff) und der Liste
der Geschiedenen (Esra 10,18ff) liegen sogar reine Namenlisten vor. Und
die Liste der Karawane Esras (Esra 8,1ff) enthält mehrfach den Hinweis,
daß hinter ihr Namenslisten stehen, in denen die einzelnen Personennamen derer aufgeführt sind, die zu dem jeweiligen Sippenoberhaupt gehören und bei ihm eingeschrieben sind (התיחשם Esra 8,1; vgl. V3.20). Auch
wenn in dem Gemeindeverzeichnis Esra 2 = Neh 7 eine ähnliche Wendung wie במספר שמות fehlt, so können wir doch mit guten Grund annehmen, daß sich auch hier hinter jeder Zahlenangabe eine Namensliste verbirgt, wo die zum jeweiligen Geschlecht oder zum jeweiligen Wohnort
Gehörenden aufgeschrieben sind (vgl. Esra 2,59.62 = Neh 7,61.64; Esra
5,4.10).

Im Unterschied zu Num 1 und 26 fällt jedoch auf, daß in unseren Listen der Stamm als ordnende Größe überhaupt keine Rolle mehr spielt.
Das mag natürlich in erster Linie daran liegen, daß praktisch nur noch
zwei Stämme existierten.[312] Aber es wäre andererseits ja auch denkbar,
daß man sich gerade auf die Herkunft aus diesen Stämmen berufen muß,
um in die nachexilische JHWH-Gemeinde aufgenommen zu werden.
Doch davon ist nirgends die Rede.[313]

Als ordnende Größe in den Listen erscheint der Geschlechterverband
(בני) oder das Vaterhaus (בית אבות).[314] D.h. die kleinen Struktureinheiten,
die ursprünglich den Stamm in sich gliederten (z.B. Jos 7), gewinnen an
Bedeutung. Geschlechternamen treten an die Stelle der alten Stammesbezeichnungen. Schon EMEYER hat darauf aufmerksam gemacht, daß diese
Entwicklung weitergegangen ist.

---

[311] Dazu MNOTH, ATD 7, 20; vgl. auch Ex 6, 14-25.

[312] Zum Stamm Levi vgl. WZIMMERLI, Erstgeborene und Leviten.

[313] Esra 1,5; 4,1; 10,9; Neh 11,47.25-36 tauchen die Stämmebezeichnungen Juda und Benjamin auf, wobei in den drei erstgenannten Stellen keine Unterscheidung zwischen ihnen
angedeutet wird; Neh 11 werden lediglich verschiedene Siedlungsgebiete genannt, doch
sind diese Listen m.E. spätere Ergänzungen – gegen HGKIPPENBERG, Klassenbildung 24.

[314] Zu den hebräischen Termini s.u.

»Wenn Nehemia als Zahl der 'Vorsteher' 150 angibt (5,17) so folgt daraus, daß die Geschlechter in mehrere Unterabtheilungen oder grosse Familien zerfallen sind ... Zur Zeit des Chronisten war die Entwicklung vollendet. Die Geschlechter, auf denen zu Nehemias Zeit noch die Organisation der Gemeinde beruhte, haben sich aufgelöst, die einzelnen Familien sind an ihre Stelle getreten.«[315]

Diese Entwicklung ist innerhalb der Listen in Esra-Nehemia selbst zu beobachten. Wenn noch in dem Gemeindeverzeichnis (Esra 2 = Neh 7) die Geschlechter eine nicht geringe Rolle spielten, ist schon in der Karawanenliste Esras (Esra 8) ein verfeinertes Verfahren der Angaben zu erkennen. Die Mauerbauliste (Neh 3) schließlich aus dem Jahre 445 v. Chr. legt keinen Wert mehr darauf, einen Nachweis zu führen, welchem Geschlecht die am Bau Beteiligten angehören. Erstmals genügt sogar die Berufsbezeichnung zur Identifizierung der Person.

EMEYERS Urteil ist also dahingehend zu modifizieren, daß die Geschlechterordnung bereits zur Zeit Nehemias erschüttert war.[316] Ordnende Größe in der nachexilischen JHWH-Gemeinde wurde mehr und mehr das בית אבות, die »Groß-Familie«. Der Prozeß der Individualisierung wird auch hierin deutlich. Und dieser bleibt nicht bei der (Groß)Familie stehen, sondern geht hin bis zur einzelnen Person, eine Tendenz, die uns in der reinen Namensliste Esra 10,18ff am deutlichsten entgegentritt. Es ist ein deutlich steigendes personales Interesse aus den Listen abzulesen.

Nicht das ganze Volk als große Masse bildet die nachexilische JHWH-Gemeinde, sondern einzelne Personen, die eine persönliche Entscheidung getroffen haben, werden zur Gemeinde gezählt. Diese Entscheidung wird zunächst beschrieben als Entschluß, entweder aus Babel wegzuziehen zurück nach Judäa oder sich von dem Götzendienst der Landesvölker zu trennen, um JHWH zu verehren. Am deutlichsten sichtbar wird diese Entscheidung bei der Unterschrift unter die Verpflichtung Neh 10 bzw. dem Schwur, die Gebote JHWHs zu halten und ihnen gemäß zu leben. Das ist wie ein neuer Bundesschluß, jetzt nicht mehr von einem für alle mit Gott auf dem Berg vollzogen (Ex 19f), sondern von vielen unterzeichnet und von allen, die es verstehen konnten mit Eid und Schwur bekräftigt (Neh 8,2f; 10,28).

---

[315] EMEYER, Judenthum 163.
[316] Gegen AJEPSEN, ZAW 66, 105: »Es ist wohl nicht nötig anzunehmen, daß dies Gefüge der Geschlechter stark erschüttert gewesen sei. Sie werden nur nicht mehr ausdrücklich genannt«.

Die nachexilische JHWH-Gemeinde ist demnach eine Gemeinschaft von »Bekehrten«, die sich von Babylonien bzw. den Heidenvölkern abgekehrt und JHWH zugekehrt hatten. Ohne eine solche persönliche Entscheidung gehört man nicht dazu. Daß man aus ihr auch wieder ausgeschlossen werden kann, wenn diese Entscheidung nicht durchgehalten wird (Esra 7,26; 10,8; Neh 13,28), bestätigt das Gesagte. Hier liegt auch der Grund für die Erstellung und Überlieferung eines derartig reichhaltigen Listenmaterials: Wenn in der nachexilischen JHWH-Gemeinde ein derart starkes personales Interesse vorhanden war, muß zwangsläufig ein Gemeindeverzeichnis geführt werden. Daß dabei nirgendwo Namen von Frauen erscheinen, sondern nur die Männer aufgezeichnet werden, verwundert nicht angesichts der damaligen soziologischen Verhältnisse. Frauen und Kinder gehören zu ihren Männern.[317] Stellen wie Esra 10,1; Neh 3,12 deuten jedoch an, daß auch in der Frage der Stellung der Frau ein Wandel im Gange ist.

Der terminus technicus für das Erstellen derartiger Listen ist שׂחי, ein Wort, das erst im nachbiblischen Judentum in den allgemeinen Sprachgebrauch eingegangen ist.[318]

> »Mit jḥś meldet sich somit eine Auffassung von Israel zu Wort, nach der über die ererbte Zugehörigkeit zum Volk hinaus eine eigene Zuschreibung zu Israel bzw. zu einer seiner Gliederungen erforderlich ist, damit einer voll zu 'Israel' gehört, eine Auffassung also, nach der sich die natürlich gegebene Volksgemeinschaft nicht mehr ohne weiteres mit der theologischen Größe 'Israel' deckt.«[319]

1.3 Propheten-Texte

Nachdem wir die Bücher Esra-Nehemia auf unsere Fragestellung hin, wer zur nachexilischen JHWH-Gemeinde gehört, untersucht haben, wollen wir die zu dieser Zeitepoche gehörenden Prophetentexte betrachten. Der auffallendste ist Jes 56,1-8. Er soll deshalb am Anfang stehen.

---

[317] Ab wann junge Männer selbständig in ein solches Namensverzeichnis aufgenommen wurden, ist nicht zu ergründen; spätestens die Eheschließung dürfte jedoch Anlaß dazu gewesen sein. Im rabbinischen Judentum allerdings war ein Junge bereits mit dreizehn Jahren volljährig.

[318] RMosis, ThWAT III 611; LXX versteht Esra 2,62 als Partizip nicht und transkribiert: μεθωεσιμ.

[319] AaO 614.

1.3.1 Jesaja 56,1-8

Dieser Textabschnitt bildet den Einsatzpunkt des drittes Komplexes im Jesajabuch, den wir seit BDUHM Tritojesaja nennen.[320] Die Frage seiner Einheitlichkeit, ob sich ein oder mehrere Verfasser dahinter verbergen,[321] kann nicht zufriedenstellend geklärt werden. Einmütigkeit hingegen besteht darin, daß die Texte Jes 56-66 aus frühnachexilischer Zeit stammen und eine deutliche Verwandtschaft zu Deuterojesaja aufweisen.[322]

V1   So hat JHWH gesprochen:
      Bewahrt die Rechtsordnung (משפט)
      und tut Gerechtigkeit (צדקה),
      denn nahe ist meine Rettung (ישוע), um zu kommen,
      und meine Gerechtigkeit (צדקה), um offenbar zu werden.
V2   Glücklich der Mensch (אנוש), der dies tut,
      und der einzelne (בן־אדם), der daran festhält,
      der den Sabbat bewahrt von dem Entweihen
      und seine Hand bewahrt vor dem Tun alles Bösen.
V3   Und nicht sage der Fremde (בן־הנכר),
      der sich JHWH angeschlossen hat:
      Trennen, ja trennen wird JHWH mich von seinem Volk!
      Und nicht sage der Eunuch (הסריס):
      Sieh, ein trockenes Stück Holz bin ich.
V4   Denn so hat JHWH gesprochen:
      Den Eunuchen, die meine Sabbate bewahren
      und erwählt haben, was mir wohlgefällt,
      die festhalten an meinem Bund (ברית),
V5   ich gebe ihnen in meinem Haus und in meinen Mauern
      Mal und Namen (יד ושם), besser als Söhne und Töchter.
      Einen ewigen Namen gebe ich ihnen,[323] der nie beseitigt wird.
V6   Und die Fremden, die sich JHWH angeschlossen haben,
      ihm zu dienen (שרת) und den JHWH-Namen zu lieben (אהב),
      ihm Knechte zu sein (עבד);

---

[320] BDUHM, Das Buch Jesaja, HAT III/1, 1892.

[321] S. u. 36f.

[322] FMAASS, Tritojesaja? BZAW 105 (1967) bestreitet sogar, daß eine Unterscheidung von Deutero- und Tritojesaja überhaupt sinnvoll ist.

[323] Lies לָהֶם mit BHS (1QIsᵃ).

alle, die den Sabbat bewahren vor dem Entweihen,
und die festhalten an meinem Bund,
V7   ich bringe sie zu meinem heiligen Berg
und erfreue sie in meinem Bethaus.
Ihre Brandopfer und Schlachtopfer
sind wohlgefällig auf meinem Altar.
Denn: Mein Haus wird Bethaus genannt werden
für alle Völker (לכל־העמים),
V8   Ausspruch JHWHs, des Herrn,
der sammelt die Verstoßenen Israels:
Noch weiter will ich sammeln
zu ihm seine Versammelten.[324]

RRENDTORFF hat jüngst darauf aufmerksam gemacht, daß die Frage der Texte Jes 56-66 »sich nur im Zusammenhang mit dem Jesajabuch im ganzen beantworten lassen« wird.[325] In seiner Studie »Zur Komposition des Buches Jesaja«[326] zeigt er die Verbindungslinien zwischen den drei Teilen (I: 1-39; II: 40-55; III: 56-66) auf und begründet das bereits 1983 abgegebene Urteil: »daß III nicht als selbständige Sammlung existierte, die an I und II angehängt wurde, sondern daß die Entstehung von III im Zusammenhang mit der Komposition des ganzen Jesajabuches gesehen werden muß.«[327]

Eines der verbindenden Themen neben Zion/Jerusalem und der Gottesprädikation »der Heilige Israels« ist dabei das Thema Gerechtigkeit (צדק/צדקה). Während der Begriff in I oft in Verbindung mit Recht (משפט) vorkommt, meist im parallelismus membrorum, und vor allem das menschliche Verhalten bezeichnet,[328] fehlt diese Verbindung in II ganz. Hier begegnet צדקה/צדק in Verbindung mit der Wurzel ישע und beschreibt überwiegend das Handeln oder Verhalten Gottes.[329] Der Unterschied ist deutlich.

---

[324] BHK schlägt statt עליו mit Targum נליו vor; so auch CWESTERMANN, ATD 249.

[325] RRENDTORFF, Einführung 209.

[326] VT 34 (1984) 295-320.

[327] RRENDTORFF, Einführung 211.

[328] Jes 1,21.27; 5,7; 9,6; 16,5; ferner 1,26; 5,23;11,4f; 26,10;
für JHWHs Handeln: 5,16; 26,9; 28,17.

[329] Jes 45,8; 46,13; 51,5.6.8; vgl. 41,2.10; 42,6.21; 45,13.19.21.23f; 48,18 mit שלום; 54,13f;
für das Verhalten von Menschen: 46,12; 48,1; 51,1.7.

Überraschend ist nun der Beginn des dritten Teiles. In 56,1 ist »der Sprachgebrauch der beiden ersten Teile eine Verbindung eingegangen.«[330] Dieser »hat also eine Schlüsselfunktion für die Komposition des ganzen Buches.«[331] Er ist die Überschrift für die Kap. 56-66 und gibt die Thematik an, um die es im folgenden geht:

> »Gericht und Heil gehören jetzt unlösbar zusammen und sind aufeinander bezogen. Die nachexilische Gemeinde hört eins nicht ohne das andere: Die Gerichtsbotschaft bleibt nicht das letzte Wort, aber das Heil ist noch nicht endgültig in Erscheinung getreten. Israel bleibt aufgefordert, Recht und Gerechtigkeit zur Durchsetzung zu bringen, weil JHWHs Heil und Gerechtigkeit sich verwirklichen wollen.«[332]

Der von uns zu untersuchende Text hat also programmatischen Charakter für Tritojesaja,[333] was sich nicht nur aus seiner Stellung ableitet, sondern auch inhaltlich-thematisch begründet ist. Die Frage ist allerdings, ob dieses Gewicht nur V1 zukommt oder für den ganzen Abschnitt Jes 56,1-8 gilt. Dazu betrachten wir zunächst die Gliederung des Textes:[334]

1. Botenformel
   Thema   V1
   Seligpreisung   V2
2. Klage des Fremden und Eunuchen   V3
3. Botenformel
   Antwort JHWHs an die Eunuchen   V4+5
   Antwort JHWHs an die Fremden   V6+7a
4. doppelte Begründung   V7b+8

Natürlich ermöglicht der Aufbau unseres Textes eine Abtrennung von V1+2 als selbständige Einheit, ebenso wäre auch ein Abtrennen allein des ersten Verses möglich.[335] Aber die Gründe überwiegen, Jes 56,1-8 als eine Einheit zu betrachten,[336] wobei das Halten des Sabbat die stärkste Ver-

---

[330] RRENDTORFF, Komposition 313.
[331] RRENDTORFF, Einführung 211.
[332] AaO 212.
[333] So auch CWESTERMANN, ATD 252; RSMEND, Entstehung 154.
[334] Ähnlich ESEHMSDORFF, Studien 542; ganz anders WKESSLER, Botschaft des AT 21: »a) V. 1; b) V. 2-7; c) V. 8«; CWESTERMANN, ATD 247ff trennt V1f von V3-8; ebenso GWALLIS, Gott und seine Gemeinde.
[335] So WKESSLER aaO; DERS., Studie 62.

knüpfung bildet: V2 wird in V6 wörtlich wiederholt und in V4a lediglich stilistisch, nicht aber inhaltlich abgewandelt. Weiterhin ist zu nennen, daß V4-7a erst positiv entfaltet wird, was einer ist, der »seine Hand vor dem Tun alles Bösen bewahrt« (V2b). Und die auf die Klage des Eunuchen bzw. Fremden gegebenen Antworten werden durch die Seligpreisung V2 erst ermöglicht; das אַשְׁרֵי wird ausgeweitet auf alle, die die genannten Bedingungen erfüllen, so daß jegliche Beschwerde verstummt. Die innere Einheit unseres Abschnittes wird hier besonders deutlich.

Gegen die Abspaltung von V1 ist einzuwenden, daß die imperativischen Verben שָׁמַר und עָשָׂה aus V1a in V2 in umgekehrter Reihenfolge wiederholt und entfaltet werden (עָשָׂה - 2a; שָׁמַר - 2b). Das ist dasselbe strukturelle Schema wie V3-7a, wo ebenfalls in chiastischer Manier zu den postulierten Klagen die Antworten gegeben werden (3b סָרִיס – 4f; 3a בֶּן־נֵכָר – 6.7a). Jes 56, 1-8 ist strukturell und stilistisch wie auch inhaltlich eine Einheit.

Damit erhebt sich die Frage, in welche Zeit der Text gehört. Seine radikale Botschaft hat verschiedentlich dazu geführt, in ihm einen späteren Nachtrag zu sehen,[337] jedoch ist immer wieder betont worden, daß man dabei über Vermutungen nicht hinauskommt.[338] ESEHMSDORF rechnet Jes 56,1-8 zu der von ihm postulierten dtr. Redaktionsschicht, die er allerdings ins 5. Jh. datiert.[339] Seit RRENDTORFFS Untersuchung[340] ist es kaum mehr möglich, Jes 56,1ff allzu stark von dem übrigen Tritojesaja-Korpus zu trennen, so daß auch der zeitliche Unterschied nicht allzu groß sein dürfte, wenn man 56,1-8 als spätere Zufügung betrachtet.[341]

Der Form nach handelt es sich um einen prophetischen Botenspruch; vom Inhalt her allerdings um eine priesterliche Tora, eine »Entscheidung des sakralen Rechts.«[342] Nach einer imperativischen Aufforderung mit

---

[336] So auch OEISSFELDT, Einleitung 462; RSMEND, Entstehung 154; GFOHRER, Einleitung 12. 422; ESEHMSDORF, Studie 529 u.ö.; auch CWESTERMANN, ATD 252, der V1f getrennt behandelt, sieht den Zusammenhang: »Die Auslegung hat 56, 1-2.3-8 als Einsatz eines Kap. 40-55 gegenüber neuen Wortes in einer veränderten Situation deutlich gemacht. Es hat programmatischen Charakter und eignet sich deshalb als Einleitung eines neues Corpus.«

[337] OEISSFELDT, Einleitung 462; WKESSLER, Studie 62, der 56,1-8 und 66,16-24 für eine Klammerung des Tritojesaja mit universalistischen Zügen hält.

[338] OEISSFELDT aaO 465.

[339] ESEHMSDORF aaO 557: man sollte »nicht zu weit in 5. Jh. heruntergehen.«

[340] RRENDTORFF, Komposition.

[341] GFOHRER, Einleitung 425 datiert 56,1-8: »Beginn des 5. Jh.«

[342] CWESTERMANN, ATD 249; GFOHRER aaO 422: »56,1-8 ist eine prophetische Tora«.

Begründung, die im Namen JHWHs ergeht, entfaltet die Seligpreisung V2, worum es geht: Das Tun der Gerechtigkeit, das Festhalten an JHWH bedeutet, den Sabbat zu bewahren und nicht zu entheiligen und nichts Böses zu tun im ethischen Sinne.[343] Da letzteres sehr allgemein bleibt, wird das Halten des Sabbat zum Konkretum beim Tun der צדקה (vgl. V4.6).[344] Daran kann man zuallererst erkennen, ob sich einer zu JHWH hält und Recht und Gerechtigkeit übt. Die nicht genau datierbare Bemerkung Jes 58,13f unterstreicht das nachdrücklich.[345] Deutlich wird damit die neue Situation der nachexilischen JHWH-Gemeinde beschrieben:

>»Der Sabbat, der im Exil zum Bekenntniszeichen geworden war, bekommt nach dem Exil darüber hinaus die Bedeutung eines entscheidenden Kriteriums für die Rechtgläubigkeit. Diese Bedeutung des Sabbat, wie sie sich bis in die Zeit Jesu erhalten hat, zeigt die Wandlung des Volkes zur Gemeinde; ob sich einer zu Jahwe hält, ist Sache seiner Entscheidung, und diese zeigt sich am auffälligsten an der Sabbat-Observanz.«[346]

Auch in den Forderungen, die an die Fremden und Eunuchen herangetragen werden, ist das Bewahren des Sabbat die einzige konkrete Anweisung, die expressis verbis ausgesprochen wird (V4a.6b). All die anderen Bedingungen haben recht allgemeinen Charakter. Die Sabbatheiligung wird *das* Erkennungszeichen eines JHWH-Gläubigen schlechthin.[347] Es kommt auf die »Einhaltung des Sabbats an, ob man zu Israel gehört oder nicht!«[348]

Der priesterliche Text Ex 31,12-17 zeigt deutlich, mit welcher Schärfe das Nichtbeachten des Sabbat verfolgt wird: Sterben, ja sterben soll jeder, der Arbeit tut am Sabbat (Ex 31,14b.15b), denn der Sabbat ist ein Zeichen zwischen JHWH und den Israeliten für alle Generationen (V13.16, vgl. Num 14,32-26). Ja, das »Tun des Sabbat« wird sogar ברית עולם genannt (V16b).

---

[343] רע meint hier das Böse im umfassenden Sinne, vgl. HJStoebe, THAT II 800.

[344] CWestermann, ATD 247 sieht durch die Ungleichartigkeit der beiden Vershälften V2b den Nachdruck auf 2bα gelegt.

[345] GFohrer, Einleitung 12; 425; CWestermann ATD, 248, und WKessler, Studien, 52 halten das Stück für einen späteren Zusatz.

[346] CWestermann, ATD 248.

[347] ELohse, σαββατον, ThWNT VII 5: »In der nachexilischen Gemeinde wird somit das Sabbatgebot geradezu zum wichtigsten Stück des göttlichen Gesetzes.« Vgl. FStolz, THAT II, 863-869; RdeVaux, Lebensordnungen II, 330ff; dort 402 weitere Lit.

[348] KSchubert/CThoma, Israel 89.

Ehe wir fragen, wie es zu dieser Betonung des Sabbat gekommen ist, sei auf einen auffälligen Tatbestand hingewiesen. In unserem Text fehlt nämlich jeglicher Hinweis auf die *Beschneidung*, die gewöhnlich genauso wichtig erachtet wird wie der Sabbat.[349] Warum wird sie dann aber hier nicht neben der Sabbat-Observanz zur Bedingung für die Aufnahme in die nachexilische JHWH-Gemeinde gemacht? Weshalb fehlt überhaupt in der nachexilischen Literatur außerhalb des Pentateuch dieses Thema der Beschneidung so völlig?[350]

Wahrscheinlich hat die Beschneidung im Exil nicht die Rolle eines Erkennungszeichens gegenüber den Babyloniern gespielt, sondern (nur) der Sabbat. Denn die Beschneidung ist ja auch nicht sichtbar im eigentlichen Sinne,[351] »und ihr Vollzug ist erst in nachtalmudischer Zeit ein öffentlicher Akt gewesen, der in der Synagoge stattfand, wobei die ganze Gemeinde anwesend war.«[352]

Ob aber einer den Sabbat hielt, das war allwöchentlich an seinem Verhalten zu erkennen. Möglicherweise hat auch die Sabbat-Observanz der Exilierten durch die aus Mesopotamien bezogene Beobachtung von Unglückstagen, an denen »es sich nicht gehört, irgendeine wünschenswerte Tat zu tun«, noch an Bekenntnischarakter gewonnen.[353] Sicherlich ist von hier der israelitische Sabbat nicht herzuleiten. Er wird viel eher eine Art Gegenbekenntnis gewesen sein, denn der Sabbat ist eine Wonne (Jes 58,13) und kein Unglückstag.[354]

Wir halten fest: In Jes 56,1-8 tritt uns eine Haltung entgegen, nach der praktisch jeder zur nachexilischen JHWH-Gemeinde gehören kann, der sich bereit erklärt, den Sabbat zu halten, und damit deutlich macht, daß er auch sonst dem Bund JHWHs entsprechend leben will.[355] Die Tür zur Ge-

---

[349] Z.B. BDuhm, Jesaja 381 »Die besondere Wertschätzung des Sabbaths (und der Beschneidung) als wichtigster Institution der Jahreligion«; ELohse, ThWNT VII 5: »Von nun an gewann neben der Beschneidung der Sabbat erhöhte Bedeutung«.

[350] Lediglich Jdt 14,10 und Est 8,17 (LXX) erwähnen die Beschneidung; siehe unter 3.2.2.

[351] Man denke nur an die diesbezüglichen »Kontrollen« in der NS-Zeit.

[352] OBetz, TRE 5, 723.

[353] RdeVaux, Lebensordnungen II, 331 nennt den 7., 14., (19,). 21.; 28. Tag des Monats als Unglückstage.

[354] RAlbertz, Religionsgeschichte 423f: Die Sabbatheiligung entwickelte sich von der Exilszeit ab »zu dem entscheidenden kultischen Bekenntniszeichen, mit dem die judäischen Familien allwöchentlich ihr Zugehörigkeit zur Jahwereligion unter Beweis stellen konnten (Ez 20,12.20; vgl. Ex 31,13.17).«

[355] GWallis, Gott und seine Gemeinde 187 bemerkt zu Recht, daß die Ausdrucksweise »an seinem Bund festhalten« nicht klar bestimmbar ist in ihrer Bedeutung.

meinde ist weit offen. Es werden keinerlei Bedingungen erhoben, die eine gewisse Gruppe von vornherein ausschließen würde. Nicht die Herkunft zählt, kein Nachweis einer Eintragung in ein Geburtsregister wird verlangt, die Beschneidung wird nicht gefordert. Im Gegenteil: Die Grundintention des Wortes Jes 56,1-8 ist die einer (mahnenden) Tröstung. Keiner soll klagen, der sich recht verhält. Niemand soll befürchten, ausgeschlossen zu werden aus der nachexilischen JHWH-Gemeinde, wenn er ein Mindestmaß an erfüllbaren Forderungen lebt, in deren Mittelpunkt die Sabbatheiligung steht.

Damit steht Jes 56,1-8 der deuteronomischen Weisung (Dtn 23,2-7) konträr entgegen, die verlangte, daß »ein durch Zerquetschung Entmannter oder ein am Glied Verstümmelter«[356] und ein »Bastard« sowie ein Ammoniter oder Moabiter unter gar keinen Umständen in den קהל יהוה eintreten dürfen.[357] Wer genau mit מַמְזֵר (V3) gemeint ist, entzieht sich unserer Kenntnis; die ausführliche Diskussion darüber bei den Rabbinen gibt Zeugnis davon, wie problematisch die konkrete Handhabung der hier vorliegenden Anweisung war.[358]

Die für uns entscheidende Fragestellung ist die nach der Beziehung der beiden Texte zueinander, nach dem Gewicht, das sie in der nachexilischen JHWH-Gemeinde hatten. Meldet sich in Jes 56, 1-8 vielleicht nur eine (häretische) Splittergruppe zu Wort, deren Sondermeinung der sonst geltenden Auffassung (Dtn 23) in der Praxis wenig anhaben konnte? Oder liegt uns in Jes 56, 1-8 die verbindliche Auffassung der nachexilischen JHWH-Gemeinde vor, die das dtn. Gesetz bewußt korrigiert?

Obwohl wir in dieser Frage wohl keine letzte Klarheit erhalten werden, gibt es doch Anzeichen, daß die zweite Auffassung den Vorzug verdient. Denn schon Dtn 23,8f wird dem Edomiter und Ägypter die Aufnahme in die Gemeinde ermöglicht. Und dabei spielt deren Herkunft nur bedingt eine Rolle – für den Ägypter wird sein Verhalten dem Fremdling Israel gegenüber positiv erwähnt. GvRAD hat darauf hingewiesen, daß hinter der Ausschluß- und Aufnahmepraxis eine kultisch-rituelle Argumentation steht (תעב - vgl. Dtn 7,26).[359] Der kultisch Unreine wird ausgeschlossen – letztlich entscheidet also bereits im Dtn nicht die Abstammung über die Zugehörigkeit zum קהל יהוה, sondern die Erfüllung der Sakralordnung.

---

[356] GvRAD, ATD 8, 103.
[357] סריס erscheint Dtn 23 nicht, ist jedoch der Oberbegriff zu den in V2 Genannten.
[358] Dazu JOACHJEREMIAS, Jerusalem zur Zeit Jesu II B 211ff.
[359] GvRAD, ATD 8, 104f.

Ähnlich argumentiert Jes 56,1-8. Zwar geht es hier nicht mehr um kultische Reinheit, aber doch auch um die Erfüllung von sakralen Bedingungen, um Aufnahme in die nachexilische JHWH-Gemeinde zu finden. In diesem Sinne sind die beiden Text verwandt, denn in der Negation würde Jes 56 heißen: Einen, der den Sabbat nicht bewahrt vor dem Entheiligen, sollst du nicht in die Gemeinde aufnehmen.

Die JHWH-Gemeinde hat eine deutliche Grenze – allein deren Ort hat sich im Laufe der Geschichte gewandelt. Während uns in Dtn 23 eine Gemeindeordnung vorliegt, die in ihrer ältesten Gestalt sicher in die vorstaatliche Zeit Israels zurückreicht,[360] haben wir in Jes 56,1-8 die über fünfhundert Jahre jüngere Auffassung der nachexilischen JHWH-Gemeinde vor uns, die in der Praxis gewiß mit der alten in Konfrontation geriet (Neh 13,1-3), aber wohl doch nicht nur die Meinung einer Sondergruppe war. Sie wäre sonst nicht an einer so exponierten Stelle als Einleitung des Tritojesaja-Komplexes tradiert worden.

In ihr meldet sich eine Auffassung von Gemeinde zu Wort, die auch sonst in Tritojesaja deutlich hervortritt: Zur JHWH-Gemeinde gehören die, die sich von ihrem Abgott bekehren (59,20); die demütigen und zerknirschten Herzens sind und Ehrfurcht haben vor seinem Wort (66,2; vgl. 57,15). Diese Knechte JHWHs (56,6; 65,13-15), die Gerechten (57,1; 60,21; vgl. 61,3.10; 64,4; 56,1f), stehen den Frevlern gegenüber (57,3-13.20f; 65,1-7.11f).[361] Diese Gegenüberstellung ist eine religiöse und hängt eng mit dem Gottesbild zusammen. Gott ist am Ende doch barmherzig; er kommt für Zion als Erlöser und beginnt um seiner Knechte willen von vorn (60,2; 61,1ff; 65,8f; vgl. 59,15-20; 63,17; 67,16ff u.ö.). Denn die Gemeinde der Zerschlagenen (57,15; 66,2) soll nicht eine Gemeinde der Niedergeschlagenen sein.

Umkehr ist der Weg zu JHWH und zur Gemeinde; die Heilsbotschaft kann nicht ohne Bußpredigt verkündigt werden. »Hier bildet sich ein durchaus theologisch begründeter, neuer Frömmigkeits- und Gemeindetyp heraus.«[362] Das wird auch besonders in der Kultkritik Jes 66,1-4 deutlich, wo ja der Tempelkult auf dem Zion angegriffen wird.[363] Derjenigen

---

[360] GvRAD, ATD 8, 105.
[361] GWALLIS, Gott und seine Gemeinde 183: »Das Tritojesajabuch spiegelt eine Gemeinde mit ausgeprägtem Selbstverständnis und einer deutlich erkennbaren Stoßrichtung wider. Sie hebt sich verhältnismäßig scharf von anderen Gruppierungen ab, scheint diese sogar bekämpft zu haben, wie sie selbst von jenen bekämpft worden ist.«
[362] GWALLIS aaO 199.

Auffassung wird entgegengetreten, die allein im Bau eines neuen Tempels das Heil sieht (Hag 2,18f).[364] Denn die Antwort des Menschen hat entscheidende Bedeutung (Jes 66,4a); aufs Hören und Tun kommt es an (V4b). Der Tempelkult wird von einem neuen Gottesdienstverständnis her kritisiert: »Wo das Gotteswort und die Antwort der Gott lobenden Gemeinde das Wesen des Gottesdienstes ausmachen, ist der heilige Ort als das Haus Gottes nicht mehr die unbedingte Voraussetzung des Gottesdienstes.«[365] Das ist die Art von Gottesdienst, aus der später die Synagoge erwachsen ist.

Fassen wir zusammen: In Jes 56, 1-8 tritt uns ein Gemeindeverständnis entgegen, das auch sonst in Tritojesaja bezeugt ist. Die Treue zu JHWH, das Festhalten an seinem Bund, das sich in allererster Linie in der Sabbatheiligung zeigt, ist die Bedingung für die Zugehörigkeit zur Gemeinde, ist die Voraussetzung für die Aneignung des Heils. »Die prophetische Heilspredigt ist endgültig in das Zeitalter der persönlichen Entscheidung eingetreten.«[366] Die Identität von Volk und JHWH-Gemeinde ist endgültig gesprengt. Die Zusage des Heils ist nicht (mehr) kollektiv, sie gilt nicht dem Volk allgemein, sondern »meinem Volk, das mich sucht« (65,10). Auf diesem Hintergrund ist es möglich, den vormals grundsätzlich Ausgeschlossenen die Aufnahme in die Heilsgemeinde zu gewähren, wenn sie die Bedingungen erfüllen, JHWHs Bund zu halten und den Sabbat zu heiligen.

Auffällig an dem hier vorliegenden Gemeindeverständnis ist die enge Verknüpfung zwischen Heilsaneignung und Gemeindezugehörigkeit. Darin aber wird wohl die Kontinuität sichtbar, in der die nachexilische JHWH-Gemeinde steht: Sie ist ein Neuanfang nach ergangenem Gericht. JHWH will aus Jakob ein (neues) Geschlecht hervorgehen lassen und aus Juda einen Erben (Jes 65,9; 59,20). Die in Jes 10,20f ergangene Verheißung erfüllte sich: »Ein Rest wird sich bekehren, der Rest aus Jakob zu dem starken Gott« (vgl. 7,3; 46,3).[367] Diesem »Rest«, mit dem sich die

---

[363] BDuhm aaO 437f denkt an den Garizim; CWestermann, ATD 327 weist das aufgrund der Verwandtschaft von 66,1f mit Ps 50 und 113,5f zurück, ebenso GWallis, Gott und seine Gemeinde 192f.

[364] WKessler, Studie 60 weist auf Hag 2,10-14 hin, so daß man keinen Gegensatz zwischen Tritojesaja und Haggai postulieren kann.

[365] CWestermann, ATD 328.

[366] WKessler, Studie 59.

[367] HWildberger, THAT II, 853 sieht in Jes 10,20-22 eine »Neuformulierung des Restbe-

nachexilische JHWH-Gemeinde identifiziert, gelten die Verheißungen, die dem Volk Gottes seit Urzeiten zugesprochen sind. Und JHWH selbst wird dazusammeln, wen immer er erwählt (56,8).

1.3.2 Sacharja 2,5-9

Im aramäischen Teil des Esrabuches werden die Propheten Haggai und Sacharja als Förderer des Tempelbaus in einem Atemzug genannt (5,1f; 6,14). Während Haggai die Ursache für die gegenwärtigen Notstände in der Tatsache sieht, daß die Verantwortlichen der JHWH-Gemeinde längst in ihren getäfelten Häusern wohnen, obwohl das Haus Gottes noch immer wüst daliegt und nicht wiedererrichtet worden ist (Hag 1,4.9f; 2,15f. 18f), stellt Sacharja den Ruf zur Umkehr in den Vordergrund: »Kehrt um zu mir, dann kehr ich mich zu euch« (Sach 1,3; vgl. Mal 3,7b). Das Thema Tempelbau wird erst Sach 4,6-10 ausführlicher behandelt.[368] Das Gewicht liegt mehr auf dem inneren Bau der JHWH-Gemeinde als beim äußeren Bau des Tempels (vgl. Jes 66,1f). WRudolph geht wohl nicht fehl, darin »eine Kritik der kurz zuvor ergangenen Verkündigung Haggais (2,4-9) als einer vorschnellen Rede« zu sehen.[369]

Damit steht Sacharja in der Tradition der großen Propheten vor ihm,[370] die das Gottesvolk zur Umkehr riefen (Sach 1,4ff). Allerdings zielt sein Bußruf nicht auf die Abwendung des Gerichtes, sondern ist begründet in der Zusage des Heils. JHWH zürnt nicht mehr (1,15b; vgl. 8,14), sondern ist »entflammt in mächtigem Eifer für Jerusalem und Zion« (1,14b).

In acht Visionen, die Sacharja in einer Nacht schaut (1,7f), zeigt JHWH seinen Plan auf, daß der Anbruch der Heilszeit beschlossen und alles vorbedacht ist, was geschehen muß. Daß dieses Tun Gottes eine Antwort fordert, ist die Begründung des Umkehrrufs: Weil JHWH Heil und Segen ansagt, »habt ihr diese Dinge zu tun: Redet die Wahrheit untereinander und übt heilendes Gericht in euren Toren ...« (8,16f). Nicht Israels Umkehr und Rechttun ist die Bedingung des Heils. Vielmehr ist

---

griffes aus nachexilischer Zeit«; dort weitere Lit.

[368] Vgl. KGalling, Serubbabel 67ff.

[369] WRudolph, Haggai 153.

[370] So auch KMBeyse 100ff; Sacharja als Apokalyptiker oder Epigonen zu bezeichnen, ist m.E. ein Fehlurteil.

JHWHs Heilshandeln die Ursache des Heils, deren notwendige Folge Israels Umkehr und Rechttun ist.

Für unsere Fragestellung, wer zur nachexilischen JHWH-Gemeinde gehört, interessiert vor allem das dritte Nachtgesicht Sach 2,5-9, der Mann mit der Meßschnur:

V5   Und ich erhob meine Augen und sah:
      Siehe, ein Mann, und eine Meßschnur in seiner Hand.
V6   Da sagte ich: Wohin gehst du?
      Und er sprach zu mir: Jerusalem auszumessen,
      zu sehen, wie seine Breite und wie seine Länge ist.
V7   Und siehe, als der Engel, der mit mir zu reden pflegte, hervortrat,
      da trat ein anderer Engel hervor, ihm gegenüber,
V8   und sagte zu ihm: Lauf, rede zu dem jungen Mann da und sprich:
      Offen (פרזות) soll Jerusalem daliegen wegen der Fülle
      von Menschen und Tieren in ihrem Inneren.
V9   Und ich selbst werde für sie – Ausspruch JHWHs –
      eine Feuermauer (חומת אש) sein ringsum und
      ich werde zur Herrlichkeit (לכבוד) in ihrem Inneren.

Die Vision knüpft an Sach 1,14b.16f an, wo das Engagement JHWHs für Jerusalem bereits ausgesprochen worden ist. CHJEREMIAS weist außerdem auf die Verwandtschaft mit Ez 40ff hin,[371] wo allerdings nur der Tempelbereich im Blick ist. Bei Sach geht es um die ganze Stadt, deren Grundrißmaße festgestellt werden sollen. Ob es dabei um die vorhandenen oder die geplanten Maße geht, bleibt offen. Der Sinn des Ausmessens aber liegt doch wohl in der Vorbereitung von Baumaßnahmen, die »selbstverständlich auch die Errichtung einer Stadtmauer einschließen.«[372] Doch der Mann, der die Stadt ausmessen will,[373] wird zurückgerufen. Eine Befestigung der Stadt im herkömmlichen Sinn ist nicht nötig, denn JHWH selbst wird eine Feuermauer sein um Jerusalem, das nach seinem Willen offen[374] daliegen soll.

---

[371] CHJEREMIAS, Nachtgesichte 164: Sach 2,5 vgl. Ez 40.3.5.
[372] AaO 166.
[373] M.E. kein Engel, so WRUDOLPH, Haggai 84, gegen CHJEREMIAS aaO 165.
[374] Zu פרזות vgl. Ez 38,11; Est 9,19; KBL[3] 909; WGESENIUS 658; WRUDOLPH, Haggai 83, Anm. 8a): פרזות ist acc modi; ausführlich bei CHJEREMIAS aaO 170.

Die Frage nach der geschichtlichen Relevanz dieser visionären Aussage liegt auf der Hand. »Was wurde aus den hochfliegenden Erwartungen des Propheten?« fragt WRudolph[375] und verweist auf den notwendigen Mauerbau Nehemias, in dessen Folge die Stadt sich nicht als zu klein erwies, sondern als zu groß für die Einwohner (Neh 7,4). Wird Sacharja nicht dadurch als falscher Prophet entlarvt? ChJeremias versucht die Spannung so zu lösen, daß aus Sach 2,9a »jedenfalls nicht zwingend zu erschließen« sei, »daß V6b auf den Bau der Stadtmauer zielt«, sondern die Zusage zu der Vorstellung von Zion-Jerusalem als Gottesstadt gehöre.[376] Generalthema der Vision sei der Wiederaufbau Jerusalems und nicht der Bau der Stadtmauer.[377] Die große Menschenmenge, die Zuflucht sucht, macht das notwendig.

Hier liegt der Grund für die neue Siedlungsgestalt der Stadt, die mit פרזות beschrieben wird.[378] In der großen Menge von »Menschen und Tieren«, wobei der Akzent auf »Menschen« liegt,[379] erfüllt sich die an die Erzväter gerichtete Verheißung der Volkwerdung.[380] Die Zusage, daß JHWH selbst zur Feuermauer für Jerusalem wird, hat seine Parallele in der Paradiesüberlieferung, wie כבוד יהוה an die Theophanieschilderungen erinnert. Der dritte traditionsgeschichtliche Hintergrund für Sach 2,5-9 ist die bereits erwähnte Ziontradition.[381]

Und von hier aus ist auch die Antwort zu suchen auf die Frage nach der geschichtlichen Relevanz der Vision. Auf dem von ChJeremias gewiesenen Weg weitergehend, hinter den Visionselementen Traditionslinien zu erkennen und nicht bei der Unmöglichkeit der Erfüllung dieses angesagten göttlichen Schutzes stehen zu bleiben, ergibt sich, daß in Sach 2,6.8 Jerusalem ein Bildwort für die JHWH-Gemeinde ist.

Zion-Jerusalem kommt auch sonst im Alten Testament als Bildwort für Israel bzw. die JHWH-Gemeinde vor. In seiner Studie »Zion-Jerusalem im Alten Testament«[382] hat GFohrer einen Abschnitt überschrieben mit:

---

[375] WRudolph, Haggai 86.
[376] ChJeremias aaO 167.
[377] ChJeremias aaO 168f weist ausführlich die Verwandtschaft des Textes mit Ez, Deuterojes und Jeremia nach.
[378] AaO 170: פרזות soll »die Siedlungsweise im frühnachexilischen Israel bezeichnen«, vgl. Ez 38,11.
[379] AaO 171: Mensch und Tier ist stereotyp-formelartige Wortverbindung für: alles Leben.
[380] AaO 172, vgl. z.B. Gen 15,5; 22,17; Jes 49,19f; 54,2.
[381] AaO 174f; vgl. Gen 3,24 sowie P und Ez.
[382] In: BZAW 115, 195-214; früher bereits in ThWNT VII 291-318.

»Symbol des Volkes oder der Gemeinde«. Dort weist er auf die Stellen hin, wo sich »der Begriff Zion-Jerusalem in einer Übergangsform von der Bezeichnung der Stadt zur Symbolisierung ihrer Bewohner« befindet.[383] Jerusalem wird personifiziert (Mi 7,8-10; Jes 51,17-23), was wohl zunächst die Bewohner Jerusalems meint. Doch von Jeremia an begegnen daneben »die Bezeichnungen der Stadt als Symbol des Volkes oder der Gemeinde.«[384] Besonders hervorzuheben ist dabei Deuterojesaja, der Jerusalem als Parallelismus für »mein Volk« verwendet (Jes 40,1f; 51,16 vgl. 48,2; 51,17ff).

Betrachten wir das Material in Sach 1-8. Dort kommt ירושלם 39 mal vor,[385] ציון dagegen nur 8 mal.[386] Sach 2,14 taucht die relativ häufige Wendung בת־ציון auf,[387] die eine symbolische Deutung gebietet. Auch Sach 2,11 verlangt eine symbolische Auslegung des Zion-Begriffes, der die in Babylon wohnenden Exulanten meint.[388] Während 7,7 nicht symbolisch gedeutet werden kann, liegt das doch für alle anderen Stellen im Bereich des Möglichen, da wir es vorwiegend mit Visionsberichten zu tun haben.[389]

Im ersten Nachtgesicht (1,7-17) sind beide Aspekte des Begriffs Zion-Jerusalem verknüpft: Während das Ausspannen der Meßschnur (V16b) als bautechnischer Ausdruck deutlich auf den tatsächlichen Aufbau des Tempels (V16a) und der gesamten Stadt hinweist, wird V12 Jerusalem parallel zu »Städte Judas« gebraucht, was deutlich neben dem Land an die Menschen denken läßt, die zu diesem Land gehören, auch wenn sie derzeit in Babylonien sind. Und wie der Tempelbau (V16a) nicht nur das Stadtbild verändert, sondern vor allem das kultische Leben der JHWH-Gemeinde, so gilt auch JHWHs Neuerwählung (V17), der das Gericht an

---

[383] AaO 221.

[384] AaO 221f: Jer 1,3; 4,11; 8,5; 13,9f; 14,19; auch 4,14; Ez 5,5; Thr 1,17; 2,1; 4,2; Jes 40,1f; 48,2; 51,16; 59,20; 65,19-25; Ps 76,68; 126,1; 128,5f; 149,2.

[385] MTSEVAT, ThWAT III 930ff.

[386] FSTOLZ, THAT II 544.

[387] 2Kön 19,21 = Jes 37,22; Ps 9,2; Jes 1,8; 3,16; 12,6; 52,2; 62,11; Jer 4,31; Thr 1,6; 2,1.4.8.10.13.18; 4,22; Mi 1,13; 4,10.13; Sach 9,9 (Joh 12,15).

[388] Wegen 2,14 gegen WRUDOLPH, Haggai 87, der ציון nicht als Vokativ, sondern als Akkusativ der Richtung versteht aufgrund von LXX (εις Σιων), »da Zion bei Sacharja im Unterschied zu Deuterojesaja immer nur (1,14.17; 2,14; 8,2f) die palästinische, nicht die exilische Volksgemeinschaft bedeutet«.

[389] CHJEREMIAS aaO 51 unterscheidet Symbol- und Situationsvisionen; aber auch das heißt nicht, daß in letzteren Zion-Jerusalem nicht symbolisch gemeint sein kann.

den Völkern parallel geht (V15), nicht allein einem topographischen Ort, sondern seiner Gemeinde, die Israel repräsentiert. So wird in 3,2 »JHWH, der Jerusalem Erwählende« geradezu zum Titel für den Gott Israels.

Die dritte Vision (2,5-9) greift diesen Gedanken auf und weitet ihn aus: Der Mann mit der Meßschnur[390], der 1,16 offensichtlich »wörtlich« verstanden hat, wird zurückgepfiffen. Denn das Ziel der Neuerwählung Jerusalems durch JHWH ist nicht eine abgegrenzte Größe Jerusalems, sondern eine offene Stadt[391]. Sach 2,15 spricht es expressis verbis aus: »Und viele Völker werden sich JHWH anschließen (לוה; vgl. Jes 56,3) an diesem Tag und ihm zum Volk sein« (vgl. 8,20-24).

Kapitel 8 nimmt dies wiederum auf, weitet es ins Eschatologische aus, und malt es in eindrücklichen Bildern vor Augen (bes. 8,4f 23).

Wir halten fest: Zion-Jerusalem bezeichnet in Sach 1-8 nicht allein die Stadt (so nur 7,7), sondern immer auch die Menschengemeinschaft, die dazugehört. Und das sind nicht nur die (ehemaligen oder jetzigen) Einwohner Jerusalems, sondern zu der Menschengemeinschaft, die den Namen Zion-Jerusalem trägt, werden auch Fremde aus allen Völkern gehören, wenn sie sich JHWH anschließen (8,22f).

Das dritte Nachtgesicht reiht sich gut in diese Vorstellung ein: Es gehören deshalb so viele Menschen zu Jerusalem (2,9), weil es offen ist für alle, die hinzukommen wollen. Und es soll und kann auch offen bleiben, weil JHWH selbst es schützt (2,10). Diese Vorstellung ist bereits von Jesaja vorbereitet, der den Schutz JHWHs für Zion an die Bedingung des Vertrauens auf JHWH knüpft (Jes 7,9; 28,16).[392] Dort ist eine symbolische Deutung für Zion-Jerusalem gefordert, denn nur Menschen können auf JHWH vertrauen. M.a.W.: »Es geht nicht mehr in erster Linie um den Schutz des Zion, sondern um den Schutz des Volkes, zu dem Jahwe in Beziehung getreten ist. Der Zion kann nicht mehr sein als ein Symbol für den Schutz, den Jahwe gewährt.«[393]

Wenn anders JHWH Zion-Jerusalem zur Rechenschaft zieht und sein Gericht ansagen läßt, dann zielt das nicht (nur) auf die physische Zerstörung von Bauwerken ab, sondern auf die Existenz Israels[394] analog dem

---

[390] 2,5 חֶבֶל מִדָּה statt קוה 1,16.

[391] Vgl. Jes 60,11.

[392] vgl. F.Huber, 233-240: Exkurs IV: Die Vorstellung vom Schutz Jerusalems durch Jahwe.

[393] AaO 240.

[394] Jes 1,21-26; 3,1-9; Ez 24,11; Zeph 1,12f und Jes 22,14; 32,14; Jer 14,16; 21,7.16; 32,3;

Motiv der Erwählung Zion-Jerusalems durch JHWH, was Ezechiel sehr deutlich ausmalt (Ez 16). Auch in diesen Stellen wird Zion-Jerusalem symbolisch verstanden werden müssen. Und gerade hier in Erwählung und Gericht an Zion-Jerusalem wird deutlich, daß eine symbolische Deutung ein eschatologisches Verständnis nicht automatisch impliziert. Die Prophetenworte Sacharjas wären fehlgedeutet, wenn man in ihnen allein eschatologische Aussagen sehen wollte. So wie die Wiedererrichtung des Tempels (1,16; 4,6-10) und die damit verbundene Investitur Josuas als Hoherpriester (3,1-9a) real zu erwarten sind, so ist auch mit dem persönlichen Schutz JHWHs und der Innewohnung der Herrlichkeit JHWHs in der nachexilischen JHWH-Gemeinde real zu rechnen (2,9).

So tritt Sacharja in 2,5-9 gerade der Vorstellung entgegen, Jerusalem erfahre den Schutz JHWHs dadurch, daß es unüberwindliche Mauern besäße (Jes 26,1; 62,6; vgl. 60,10). Hat bereits Mi 7,11-13 diese Vorstellung angefragt, in dem dort der Tag, an dem die Mauern wieder aufgebaut werden, mit dem Tag, wo sich die Grenze weitet, gleichgesetzt wird (V11), was ein Widerspruch in sich selbst ist, so ist in Sach 2,5-9 der Bau einer Mauer ganz abgelehnt. Denn das Völkerwallfahrtsmotiv ist zu dem Motiv des Schutzes Zion-Jerusalems durch JHWH hinzugetreten (Mi 7,12f; Sach 2,8; 2,15; 8,22; Ps 87,5f u.ö.). »Die anderen Völker werden durch die Anerkennung Jahwes zu Gliedern des Gottesvolkes werden; das Merkmal der Zugehörigkeit ist das Bekenntnis zu dem einen wahren Gott (Sach 2,15).«[395] Es ist eschatologisch nur dann vorstellbar, daß sich *alle* Völker zu Zion-Jerusalem, d.h. zu JHWH wenden (Sach 8,23), wenn es jetzt schon einige aus den Völkern gibt, die das tun. Daß dem so ist, haben wir bereits gesehen (Jes 56,1-8; Esra 6,21).

Sach 2,5-9 redet also nicht von der wirklichen Stadtmauer Jerusalems, sondern gehört in denselben Vorstellungskreis wie Jes 56,1-8: Jerusalem, d.h. die nachexilische JHWH-Gemeinde, soll offen daliegen, weil zu ihr nicht nur die alten (rechtmäßigen) Bewohner gehören, sondern eine Fülle von Menschen mit ganz unterschiedlicher Herkunft. Sach 2,5-9 will also nicht Anleitung zu politischem Handeln sein; wer es politisch versteht, wird zurückgerufen (V8a). Hier meldet sich ein neues Gemeindeverständnis zu Wort, das universalistische Züge trägt und deutlich einer falschen Abgrenzung der JHWH-Gemeinde entgegentritt.

34,2.22; 37f; Ez 9; 10,2.7 Mi 3,12.
[395] GFOHRER, Zion 233.

1.4 Die JHWH-Fürchtigen (ירְאֵי יהוה)

1.4.1 Die JHWH-Fürchtigen bei Maleachi

Im Buche Maleachi meldet sich neben Deuterojesaja die Stimme eines weiteren Propheten zu Wort, dessen Person ganz hinter seiner Botschaft zurücktritt. Jegliche biographischen Angaben, ja sogar sein Name bleiben uns unbekannt.[396] Fest steht allein, daß er in die Schar der exilisch-nachexilischen Propheten gehört[397] und daß seine Verkündigung JHWH-Wort an Israel ist (Mal 1,1).

Es ist auffällig, daß die Hörer Maleachis nicht mit »Israel« bezeichnet werden.[398] Neben anderen Formen der Anrede (Jakob, Juda, Jerusalem), die meistens direkt ohne irgendwelche Namensnennung geschieht (z.B. 1,2.10b; 2,2.17), führt 3,20 den Terminus ירְאֵי שְׁמִי ein, der deutlich an 3,16 (ירְאֵי יהוה) und 3,5 (לא ירֵאוּנִי) anknüpft. Damit wird ein neuer Akzent gesetzt, den wir herauszuarbeiten versuchen wollen. Fragen wir zunächst, wie der Text die JHWH-Fürchtigen weiter charakterisiert.

In Mal 3,16 ist ירְאֵי יהוה im Parallelismus mit חֹשְׁבֵי שְׁמוֹ gebraucht: Die JHWH-Fürchtigen sind die, die seinen Namen achten.[399] Folgerichtig ergibt sich daraus ירְאֵי יהוה in 3,20, denen Heil und Freudenjubel zugesagt wird. Sie werden den רְשָׁעִים gegenübergestellt (3,21; vgl. V15). V18 nennt sie צַדִּיק und עֹבֵד אלהים. Mal 3,5 charakterisiert ausführlich die, die »mich nicht fürchten«: die Zauberer, die Ehebrecher, die Meineidigen; diejenigen, die Tagelöhner, Witwen, Waisen und Fremde ausbeuten. Der Begriff ירְאֵי יהוה hat damit einen ganz starken ethischen Zug bekommen.[400] Damit steht er in derselben Linie, die schon bei Tritojesaja und Sacharja sichtbar wurde: JHWHs erneute Zuwendung gilt denen, die sich

---

[396] Ausführlich dazu WRUDOLPH, Haggai 247ff und GWALLIS, Wesen und Struktur, der bei מלאכי an einen Dolmetscherengel denkt.

[397] GWALLIS aaO 231.

[398] יִשְׂרָאֵל außer 1,1 noch 1,5, wo es um das Gebiet Israels geht; in 2,11 ist es Zusatz (vgl. WRUDOLPH, Haggai 268f Anm. 11b; in 2,16 ist es Teil einer Gottesbezeichnung; 3,22-24 ist Anhang.

[399] BHS schlägt וּלְחֹסֵי בְשְׁמוֹ vor: die Zuflucht suchen bei seinem Namen.

[400] HPSTÄHLI, THAT I, 777 weist auf den Zusammenhang mit der Formel »du sollst deinen Gott fürchten, ich bin JHWH« hin (Lev 19, 14.32; 25,17.36.43).

in Kult und Ethik so verhalten, wie es dem Willen Gottes entspricht. Der Erwählungsgedanke wird auf die JHWH-Fürchtigen beschränkt.

Nicht mehr das ganze Volk (Ex 19,5; Dtn 7,6; 14,2; 26,18), sondern nur, die JHWH fürchten, werden סגלה genannt.[401] In Ex 19,5f ist dieser Gedanke vorbereitet, denn auch schon dort ist vom Hören auf JHWHs Stimme und vom Halten seines Bundes als zwangsläufiger Folge der Erwählung die Rede, denn:»ein Königreich von Priestern, ein heiliges Volk sollt ihr mir sein« (Ex 19,6).[402]

Die hier bei Maleachi sichtbare Umakzentuierung ist keine Neuheit, sondern eine dem Erwählungsgedanken von Anfang an immanente Komponente, die hier lediglich konsequent zu Ende geführt ist. Das entspricht dem Grundanliegen Maleachis, der den kultischen und ethischen Mißständen in der nachexilischen JHWH-Gemeinde entgegentritt, damit die Frommen den religiösen Anfechtungen nicht erliegen und die Frevler den Weg der Umkehr entdecken und gehen (3,7; vgl. Sach 1,3), um nicht dem ewigen Gericht zu verfallen (3,21). Denn allerdings:»Die Reaktion auf Jahwes Liebe muß Dankbarkeit sein, die sich im Tun seines Willens und vor allem im festen Vertrauen auf ihn und sein Walten kundgibt. Daß es daran so fehlt, ist der große Kummer der Propheten.«[403]

Maleachi 3,13-22 darf nicht einseitig eschatologisch verstanden werden. Obwohl hier die Vorstellung vom Tag JHWHs eingeflossen ist,[404] darf das nicht dazu verleiten, den Anspruch an das Jetzt zu überhören. Die Hoffnung, daß JHWH an dem Tag, den er herbeiführen wird (V17), endgültig erweisen wird, daß allein die JHWH-Fürchtigen die Seinen sind, soll eindringlichst deutlich werden lassen, daß es *jetzt* gilt, seinen Namen zu fürchten, damit *dann* die Sonne der Gerechtigkeit über ihnen aufgehen kann.

Wir halten fest: Der Terminus יראי יהוה im Buche Maleachi hebt einen dem Erwählungsgedanken schon immer innewohnenden Akzent hervor, der jetzt in der nachexilischen JHWH-Gemeinde an Bedeutung gewinnt: Allein die JHWH-Fürchtigen sind die, denen die Verheißungen Gottes gelten – wer den Namen JHWHs nicht fürchtet, d.h. sich dementspre-

---

[401] Vgl. HWILDBERGER, THAT II 142-144.

[402] HWILDBERGER, aaO 143 lehnt zu recht ab, daß Ex 19,5 dtr Zusatz sei; vielmehr lag es dem Dtr bereits vor.

[403] WRUDOLPH, Haggai 296.

[404] Allerdings fehlt der terminus technicus יום יהוה.

chend verhält, verfällt dem Gericht. Aber noch besteht die Möglichkeit zur Umkehr, für Priester wie für Laien. Der Begriff עם[405] ist nicht mehr das Bezugswort für die göttliche Erwählung, sondern JHWH selber führt Buch (3,16).[406] Nicht der Nachweis einer Eintragung im Geschlechterregister Israels (Esra 2,59ff = Neh 7,61ff) spielt eine Rolle, sondern die Einschreibung im Buche Gottes ist entscheidend. Und das wird all denen zugesichert, die JHWH fürchten. Sie bilden die wirkliche JHWH-Gemeinde, die er sein Eigentum nennt.

1.4.2 Die JHWH-Fürchtigen in den Psalmen

In den Psalmen erscheint יראי יהוה sechsmal (Ps 15,4; 22,24; 115;11.13; 118,4; 135,20) und mit entsprechenden Suffixen, die sich auf JHWH beziehen, 16mal (Ps 31,20; 60,6; 119,74.79: יראיך; Ps 22,26; 25,14; 33,18; 34,8.10; 85,10; 103,11.13.17; 111,5; 145,19; 147,11: יראיו). Dazu kommen noch Ps 61,6 (שמך) und 66,16 (אלהים); insgesamt also 24 Belege.[407]

Außerhalb des Psalters erscheint das Verbaladjektiv von ירא noch in 2Kön 17,32.33.34.41; Jer 42,11.16; Ex 18,21; Koh 8,12 (אלהים) und Mal 3,16 (2x).20. Die Häufung in den Psalmen ist deutlich, ebenso die fast ausschließlich religiöse Verwendung: Das Verbaladjektiv von ירא bezieht sich (außer Jer 42,11.16) auf JHWH; es ist ein Terminus der religiösen Sprache, ein »terminus technicus des Jahve wohlgefälligen Verhaltens eines Frommen«.[408]

Wenn man die aufgeführten Stellen in ihrem Kontext betrachtet, ergibt sich folgendes Bild: Ps 22,24 verwendet יראי יהוה im Parallelismus mit כל־זרע יעקב und כל־זרע ישראל, V26 mit קהל רב (ähnlich 66,16). Hier sind die JHWH-Fürchtigen die Kultteilnehmer, die sich als der wahre Same Jakobs und Israels betrachten und jetzt das Bekenntnis des Beters hören sollen.[409]

---

[405] Nur Mal 1,4; 2,9.

[406] ספר זכרון kommt nur hier vor, vgl. aber Ex 32,32f; Jes 4,3; Ez 13,9; Ps 69,29; 87,6; WRudolph, Haggai 288.

[407] SMandelkern 504 zählt Ps 103,17 nicht mit; HFFuhs, ThWAT III 875 unterschlägt Ps 145,19; HPStähli, THAT I 775 zählt für den Terminus 27 Stellen, weil er Mal 3,16 (2x).20 dazunimmt.

[408] SPlath, Furcht Gottes 93.

[409] HFFuhs, ThWAT III 887 und HPStähli, THAT I 775 rechnen noch Ps 31,20 dazu, was m.E. nicht zwingend ist.

Der Hauptanteil der Stellen verbindet die JHWH-Fürchtigen mit dem Motiv der Zuwendung Gottes. Sie sind die Vertrauten JHWHs (Ps 25,14), denen seine Verheißungen gelten (vgl. 25,12); er gewährt ihnen Schutz und Bewahrung (31,20; 33,18; 34,8.10); sein Heil ist ihnen nahe (85,10); JHWH wird sie erhören und erretten (145,19; ähnlich 60,6; 61,6; 103,11.13.17; 111,5; 147,11). Eine Abwandlung erfährt dieses Motiv in Ps 119,74.79, wo die Weisung JHWHs im Vordergrund steht: Die JHWH-Fürchtigen warten auf sein Wort und kennen seine Weisung. Die יראי יהוה sind in diesen, vor allem späteren Psalmen[410] die »Frommen« (vgl. Ps 145,10), die JHWH-Treuen der nachexilischen JHWH-Gemeinde.

Die Verwandtschaft mit Maleachi ist unübersehbar. Sie tritt besonders deutlich in Ps 25,12-14 zutage: Auf die Frage, wer ein ירא יהוה sei, erwartet man eigentlich eine Beschreibung einer solchen Person. Doch der Psalmist antwortet ganz anders: »Er (JHWH) zeigt ihm den Weg, der er wählen soll. Er wird wohnen im Guten, und seine Nachkommen werden das Land besitzen.« (Ps 25, 12b.13) Das ist keine Definition eines JHWH-Fürchtigen, sondern das sind die Segnungen, die JHWH dem von ihm Erwählten zuteil werden läßt. יראי יהוה hängt mit dem Erwählungsgedanken so grundlegend zusammen, daß der Verweis darauf als Antwort dienen kann auf die Frage, wer ein JHWH-Fürchtiger ist. JHWH wendet sich denen zu, die sich ihm zuwenden. Hier wird die Konsequenz des durch Sach 1,3 und Mal 3,7 ergangenen Rufs zur Umkehr vorgestellt: Wer JHWH fürchtet – d.h. der Umkehr entsprechend lebt –, wird JHWHs uneingeschränkte Zuwendung erfahren. Sie gilt jetzt, nach dem Exil, nicht mehr wie selbstverständlich dem ganzen Volk, sondern den Frommen,[411] die von den Frevlern unterschieden werden. Man könnte das eine Art »Bekehrungstheologie« nennen.

Hierher gehört auch Ps 15,4, wo der Terminus יראי יהוה Objekt ist zu כבד: Dem wird Einlaß ins Heiligtum gewährt, der die JHWH-Fürchtigen ehrt und die Verworfenen (נמאס; vgl. Jes 54,6) verachtet. Setzt die Toreinlaßliturgie damit voraus, daß der Einlaß Begehrende auch ein JHWH-

---

[410] HPSTÄHLI, THAT I, 775.

[411] Für die bei HFFUHS aaO 887 und HPSTÄHLI aaO 775 unter b) genannte Bedeutung »das ganze Volk« finde ich keine Gründe. Die angeführten Stellen sind nicht zwingend so zu verstehen; zu 15,4 (nur bei HFFuhs) s.u.; für 60,6 ist עם 60,5 nicht wirklich parallel – gegen HPSTÄHLI; 61,6 ist von עם keine Rede; 85,9.10 schränkt ein universales Verständnis von עם gerade ein. Nur wenn »Volk« als religiöse Größe (=Bundesvolk) verstanden wird, ist eine Identität möglich; vgl. SPLATH 101.

Fürchtiger sein muß? Wenn man Ps 15,2-5 mit Mal 3,5 vergleicht, wird man das bejahen können. Allerdings ist Ps 15 nicht eindeutig als nachexilisch zu datieren, obwohl die Ausdrücke נמאס, ירָאי יהוה und die Verwandtschaft mit Mal dies nahelegen.[412] Der ethische Anspruch an die Kultteilnehmer ist überdeutlich, die notae des צדיק werden ausführlich beschrieben (vgl. Ps 24). Gottesdienst und Leben müssen übereinstimmen, sonst ist aller Kultus wertlos (vgl. Jes 58). »Nicht die Herr-Herr-Sager, sondern die Gottes Willen thun, haben bei ihm Gast- und Hausgenossenrecht.«[413]

HFFuHs' Behauptung: »Die Cstr.-Verbindung zeigt das Verbaladjektiv in adj. Funktion zu JHWH als Subj., d.h. jir'ê JHWH bedeutet weniger 'die (den) JHWH verehren' als vielmehr 'die (als) Verehrer JHWH (zugehören)'«, ist zu einseitig.[414] Natürlich sind JHWH-Verehrer auch JHWH-Zugehörige, aber sie werden eben zu solchen, wenn sie JHWHs Willen tun. In dem Terminus ירָאי יהוה ist (mindestens latent) der Imperativ »Du sollst deinen Gott fürchten« enthalten (Mal 3,5; vgl. Lev 19,14.32; 25,17.36.43).[415]

Daß JHWH-Furcht nicht die Voraussetzung für JHWHs erwählendes und rettendes Handeln ist, steht außer Zweifel. Immer hat JHWHs Tat das Primat, aber JHWH-Furcht ist die notwendige Antwort des Menschen, um JHWHs gnädige Zuwendung aufrecht zu erhalten und erneut zu erleben (vgl. Ps 5,8; 130,4: Bei dir ist die Vergebung, damit man dich fürchte.). Dem, der JHWH nicht fürchtet, droht Gottes Zuwendung als Gericht!

SPLATHs Beobachtung: »Die Aussagen, welche die Gottesfürchtigen charakterisieren, betreffen merkwürdigerweise ausschließlich das Verhalten und die Stellung der Gottesfürchtigen zu Jahve und Jahves Handeln an ihnen, nicht aber die aktive Äußerung ihrer Gottesfurcht im Verhalten zum Nächsten, also nicht ihre sittlichen Qualitäten«,[416] steht dem nicht entgegen, wie er selbst bemerkt: »Die sittliche Äußerung der Gottesfurcht ist deshalb in den Psalmen also erst eine zweitrangige Frage oder besser ein Faktor, der sich von selbst versteht und nicht erwähnt oder gar zum Gegenstand einer Forderung erhoben zu werden braucht.«[417]

---

[412] HJKRAUS, BK XV/1, 111 denkt an »ein beim vorexilischen Festkult übliches Zeremoniell«.
[413] FDELITZSCH, Psalmen 148; vgl. HJKRAUS, BK XV/1, 116.
[414] HFFuHS aaO 887.
[415] HPSTÄHLI aaO 777.
[416] SPLATH 96.
[417] AaO 97.

In Ps 115,11.13; 118,4 und 135,20 begegnet uns der Terminus in einer drei- bzw. viergliedrigen Aufzählung, einer Aufforderung zum Lob (115,11; 118,4; 135,20) bzw. der darauffolgenden Zusage des göttlichen Segens (115,13). ישראל בית (בית) – בית־אהרן – (בית הלוי – (בית יהוה – יראי יהוה werden nacheinander genannt. Die entscheidende Frage ist nun, ob die JHWH-Fürchtigen eine dritte (bzw. vierte) Personengruppe neben den Vorhergenannten darstellen oder ob יראי יהוה summierender Ausdruck für die vorhergenannten, nach bestimmten Gesichtspunkten differenzierten Personengruppen ist.

Vom Textbefund her ist zunächst beides möglich, jedoch ist die Übersetzung: »alle, die ihr den Herrn fürchtet«[418] falsch, da כל im Text nicht erscheint. AWEISER[419], HJKRAUS[420] und vor ihnen schon ABERTHOLET[421] sahen in den JHWH-Fürchtigen an unseren Stellen eine Bezeichnung für Proselyten und führen dazu Apg. 10,2.22; 13,16.26; 16,14; 18,7 ins Feld, was allerdings hier wohl doch nicht als Argument heranzuziehen ist. SPLATH[422] und JBECKER[423] votieren für die andere Auslegung, daß יראי יהוה Sammelbegriff für die verschiedenen Kultteilnehmer sei. HPSTÄHLI[424] schließt sich dem an, während HFFUHS[425] die Frage offen läßt.

Doch betrachten wir den Text: Ps 115 stellt JHWH den Götzen der Völker gegenüber und damit auch die JHWH-Treuen den Götzendienern. Dabei wird JHWH nicht אלהי ישראל genannt, sondern אלהינו בשמים (V3; vgl. auch V15f), was an die in persischer Zeit geläufige Bezeichnung »Himmelsgott« (Esra 1,2 u.ö.) erinnert. Die Beschreibung der Götzen V4ff ist verwandt mit dem »Spottlied auf die Götzenherstellung« Deuterojesajas (Jes 44,9ff).[426] Deshalb liegt eine Datierung des Psalms in nachexilische Zeit nahe.

Wenn diese »Liturgie« am zweiten Tempel mit wechselnden Stimmen zelebriert worden ist, was V9-11 besonders greifbar erscheint,[427] dann ist

---

[418] So die Einheitsübersetzung und die »Bibel in heutigem Deutsch«.

[419] AWEISER, ATD 15, 481; vgl. 474, wo er die andere Auslegungsmöglichkeit zugesteht.

[420] HJKRAUS, BK XV/II, 789.786.

[421] ABERTHOLET, Stellung 182.

[422] SPLATH 102f.

[423] JBECKER, Gottesfurcht 160.

[424] THAT I 775.

[425] ThWAT III 888.

[426] CWESTERMANN, ATD 19, 117; vgl. HJKRAUS aaO 788.

[427] AaO 785f.

die Wahrscheinlichkeit groß, daß die יראי יהוה neben ישראל und בית־אהרן eine dritte Personengruppe darstellen.

In Esra 2 = Neh 7 haben wir eine ähnliche Einteilung gesehen: Männer des Volkes Israel, d.h. die Laien, werden zuerst genannt, dann folgen die Priester (und Leviten - vgl. Ps 135,20) und danach die verschiedenen Tempeldiener und die Sonderfälle. Analog dieser Liste könnte Ps 115,11 יראי יהוה die niederen Tempeldiener und die Sonderfälle bezeichnen. V12-13 unterstreichen das: יברך erscheint viermal, wobei das erste Glied der Aufzählung die Summierung der folgenden ist: JHWH segnet uns – d.h. er segnet das Haus Israel, er segnet das Haus Aaron, er segnet die (sonstigen) JHWH-Fürchtigen. V13b greift auf V12 zurück: Alle segnet er, die Kleinen und die Großen, d.h. Frauen und Kinder und jeden, der sich zur JHWH-Gemeinde hält.

Dem Psalm liegt auf jeden Fall ein Verständnis von Gemeinde zugrunde, daß alle in den Segen JHWHs und in den Kultus am wiedererbauten Tempel einschließen will, die JHWH verehren (V1) und sich von den heidnischen Götzen abwenden. Nicht allein für die, die rechtmäßig Anspruch darauf zu haben meinen, ist JHWH Hilfe und Schild, sondern für alle יראי יהוה, seien es Tempelsklaven oder andere Personen.

Ganz ähnlich liegen die Dinge in Ps 135. Die Verse 15-18 entsprechen fast wörtlich Ps 115,4-8. Nicht die nichtigen Götzen, sondern JHWH ist zu preisen; dazu werden die verschiedenen Personengruppen der JHWH-Gemeinde aufgerufen. Allerdings erscheint es hier durchaus möglich, die JHWH-Fürchtigen (V20b) als Summierung der Vorhergenannten aufzufassen, da im Gegensatz zu Ps 115,12 eine andere Summierung fehlt. Eventuell gibt V2 eine Antwort, wenn dort die im Tempel Befindlichen von denen in den Vorhöfen getrennt genannt werden. Beide Gruppe sind עבדי יהוה (V1b) – die im Vorhof würden dann den JHWH-Fürchtigen entsprechen.

Ps 118,2-4 ist am deutlichsten als ein liturgischer Wechselgesang zu erkennen, was auch in der späteren jüdischen Tradition bezeugt ist.[428] Die verschiedenen Gruppen, die in den Tempel einziehen,[429] werden zum Lob aufgefordert und antworten: כי לעולם חסדו (vgl. Ps 136). Dabei ist V1b wahrscheinlich von allen gesprochen worden, die Verse 2b.3b.4b dann von den jeweils verschiedenen benannten Gruppen.

---

[428] HJKRAUS aaO 802: Pesachim 119a.
[429] HJKRAUS aaO 802 rechnet Ps 118 »in den Bereich der Torliturgien« wegen V19f.26.

Gewiß sind die angeführten Überlegungen kein letzter Beweis dafür, daß Ps 115,11.13; 118,4; 135,20 mit ירַאי יהוה eine Personengruppe bezeichnet ist, die später Proselyten genannt wurde. Hält man an einem summarischen Verständnis des Begriffs ירַאי יהוה fest, sind damit jedenfalls die späteren Proselyten mitgemeint.

In jedem Fall aber wird hier eine neue, in der nachexilischen JHWH-Gemeinde geltende Abgrenzung derer beschrieben, die am Gottesdienst im Tempel teilnehmen: Die nachexilische JHWH-Gemeinde besteht nicht nur aus »Priestern« und »Israeliten«, sondern sie ist offen für alle, die JHWH fürchten, woher sie auch immer kommen. Jegliche an Abstammung und Herkunft orientierte Bedingung zur Teilnahme am Tempelgottesdienst ist verschwunden. Im Mittelpunkt steht die Treue zu JHWH – d.h. die Abwendung vom Götzendienst (Ps 115,4ff; 135,15ff; vgl. Esra 6,21; Neh 10,29) und die Hinwendung zu JHWH, der sich ihnen zugewandt hat (z.B. Ps 103,17), was ein dem JHWH-Willen entsprechendes Verhalten zur Folge hat (Mal 3,5.20f; Ps 15; 33,1.18; 103,17.18).[430]

Es sei noch auf ein stilistisches Argument aufmerksam gemacht, das die Bedeutung von ירַאי יהוה hervorhebt. Dieser Terminus steht an genannten vier Belegstellen immer an dritter (letzter) Stelle der Reihe.[431] In dem für das AT nicht so sehr häufigen Dreierschritt – viel häufiger begegnet der Zweierschritt[432] – liegt gerade auf dem dritten, dem letzten Schritt die Betonung. Hier wird das Wichtigste, das Neue, das gegenüber den ersten beiden Schritten andere genannt.[433] Zur nachexilischen JHWH-Gemeinde gehören auch Nichtisraeliten bzw. Halbisraeliten – wie es geborene Israeliten gibt, die nicht zu ihr gehören. »Die 'JHWH-Fürchtigen' bezeichnen stets die Gemeinde der JHWH-Verehrer.«[434], die nicht allein die Summe aus Priestern und gebürtigen israelitischen Laien ist. Wer JHWH fürchtet, kann Eingang in sie finden.

---

[430] So auch HFFuhs aaO 887f.

[431] Ps 135,19f gehört בית הלוי inhaltlich zu בית אהרון; der nur bei Levi erscheinende Artikel läßt außerdem vermuten, daß V20a späterer Nachtrag ist in Angleichung etwa an Esra 2 = Neh 7; wahrscheinlich ist auch hier ein dreigliedriger Ausdruck ursprünglich.

[432] Z.B. parallelismus membrorum; vgl. z.B. Ps 33,1; 107,2.

[433] Z.B. Mt 25,14ff und andere Gleichnisse Jesu; in Märchen und Witz begegnet dieses Stilmittel bis heute.

[434] HFFuhs aaO 887.

2 Die Bezeichnungen für die nachexilische JHWH-Gemeinde in Jerusalem

Ehe wir die Ergebnisse der Textuntersuchungen resümieren, wollen wir die verschiedenen Begriffe betrachten, mit denen das AT die sich in und um Jerusalem neu konstituierende Gemeinschaft bezeichnet. In der alttestamentlichen Forschung herrscht dieser neuen religiös-sozialen Größe gegenüber eine erstaunliche Begriffsunsicherheit. Eine Fülle verschiedener Begriffe wird für sie verwendet, z.B. (Jerusalemer) Kultgemeinde; jüdische Religionsgemeinschaft; JHWH-Gemeinde; Gemeinschaft »Israel«; jüdisches Gemeinwesen in Jerusalem; Bürger-Tempel-Gemeinde; oder gar »Tempelstaat«.[435] Das hat seine Ursache natürlich zunächst darin, aus welchem Blickwinkel man die Sache betrachtet, ob ökonomische oder politische, soziale oder theologische Kriterien dabei im Vordergrund stehen. Doch geht die Begriffsunsicherheit auf das Alte Testament selbst zurück, das für diese Größe erstaunlich verschiedene Begriffe verwendet. Die wichtigsten von ihnen wollen wir genauer betrachten. Dazu sei vor allem auf LRosts unverzichtbare wortgeschichtliche Untersuchung von קהל und עדה[436] sowie auf HCMVogts »Studie zur nachexilischen Gemeinde in Esra-Nehemia«[437] und HJFabrys »Studien zur Ekklesiologie des AT und der Qumrangemeinde« hingewiesen.[438]

2.1 גולה

Das Substantiv גולה ist 42 mal im AT bezeugt; davon 10mal bei Jeremia, 11mal bei Ez und 12mal in Esra (1,11; 2,1 = Neh 7,6; 4,1; 6,19.20.21; 8,35; 9,4; 10.6.7.8.16; in den hier untersuchten Schriften nur noch Sach 6,10).[439] Sein aramäisches Äquivalent גלותא erscheint Esra 6,16. Semasio-

---

[435] KHRengstorf, Erwägungen 162 redet vom »Tempelstaat«; WZimmerli; Planungen165 vom judäischen Restisrael als einer »Mutation zu einem Kirchenstaat«.

[436] LRost, Vorstufen.

[437] Werl 1966.

[438] Diss. habil. Bonn 1979; diese Arbeit war mir zu DDR-Zeiten leider nicht zugänglich.

[439] GLisowsky 318; HJZobel, ThWAT I, 1019; CWestermann/RAlbertz, THAT I 419; die andere Substantivbildung גלות erscheint in den hier untersuchten Schriften des AT nicht.

logisch ist wohl von zwei verschiedenen Verben auszugehen (von einem transitiven גלה I »aufdecken« und einem intransitiven גלה II »fortgehen, in die Verbannung geführt werden«).[440] CWESTERMANN und RALBERTZ weisen darauf hin, daß erst, als die Deportation ganzer Volksteile als Mittel der Eroberungspolitik in den Gesichtskreis Israels trat, גולה die Spezialbedeutung »Exil, Exulanten« erhielt; »erst in der dtr. Sprache ist es zum beherrschenden Terminus für die Exilierung geworden.«[441] Und damit verbunden ist eine neue Begriffsfüllung: גולה bezeichnet nicht allein die Gefangenschaft, sondern eben die in die Gefangenschaft Weggeführten, die Menschengruppe der Exulanten. So reden Jeremia und Ezechiel ihre Hörer mit גולה an (z.B. Jer 29,4.20; Ez 1,1; 3,11).

Im Buch Esra ist die Verwendung des Ausdrucks für eine Menschengruppe fester Sprachgebrauch; lediglich Esra 6,21 liegt die Bedeutung »Exil, Gefangenschaft« vor. Siebenmal taucht גולה in Zusammensetzung mit בני auf (Esra 4,1; 6,16 (aram.); 6,19.20; 8,35; 10,7.16), womit zweifelsohne eine Personengruppe gemeint ist. Nun könnte man aber gerade bei בני הגולה für גולה an der Bedeutung »Exil« festhalten und die personale Seite allein durch בני repräsentiert sehen wollen. Für Esra 4,1; 6,16.19f gibt das auch noch einen guten Sinn, da es sich dabei doch wohl um tatsächlich aus dem Exil Zurückgekehrte handelt. Aber die in Esra 10,7.16 mit בני הגולה Benannten sind wohl in der Mehrzahl bereits in Palästina geboren, so daß es geboten ist, הגולה personal zu verstehen im Sinne von »Nachkommen der Verbannten«. Auch in der Überschrift der Liste Esra 2,1 = Neh 7,6 ist גולה viel eher Personen- als Sachbezeichnung. Der folgende Relativsatz fordert geradezu das Verständnis »Exulanten«, wie auch die anderenfalls unvermeidliche Tautologie durch die Konstruktusverbindung mit שְׁבִי.

Die Entwicklung des Begriffs גולה läuft darauf hinaus, daß er zur Bezeichnung der gesamten nachexilischen JHWH-Gemeinde wird, wie das bei Esras Mischehenaktion der Fall ist (Esra 9,4; 10,6.7.16). Nicht allein die Nachkommen der Exulanten heißen jetzt גולה, sondern alle, die zur JHWH-Gemeinde zählen, unabhängig davon, ob ihre Vorfahren oder sie selbst tatsächlich in Babylonien waren oder nicht. Beim Chronisten bezeichnet der »Terminus 'Angehörige der Exulantenschaft' ... als eine Art Ehrentitel die wahre nachexilische Heimkehrergemeinde«.[442]

---

[440] CWESTERMANN/RALBERTZ, THAT I 419; anders KBL³ 183f.
[441] CWESTERMANN/RALBERTZ, THAT I 421.

Esra 10,8 redet von einem קהל הגולה, und es wird demjenigen der Ausschluß angedroht, der sich nicht innerhalb von drei Tagen in Jerusalem einfindet. Es gibt keinen Sinn, daß einer aus der Schar derer ausgeschlossen werden soll, die in Babylon im Exil gewesen sind. Denn ob man dazu gehört oder nicht, beruht auf historischen Tatsachen. Ein Ausschluß ist nur möglich aus einer Gemeinschaft, die einen institutionellen Charakter hat. קהל הגולה kann also nur die gesamte nachexilische JHWH-Gemeinde meinen.

Ebenso ist die Konstruktusverbindung מעל הגולה Esra 9,4; 10,6 zu verstehen: Die Last des Treuebruchs einzelner liegt auf der ganzen nachexilischen JHWH-Gemeinde. HCMVogt hat die Kapitel 9 und 10 des Esrabuches einer eingehenden Untersuchung unterzogen und die Verknüpfung des Terminus גולה mit dem Rest-Begriff aufgezeigt.[443] Er weist darauf hin, daß dem Begriff גולה ein Doppelaspekt innewohne, der Ansatzpunkt für seine theologische Verwendung wurde:

»Er hat einen negativen Aspekt insofern, als er die für ihre Sünden bestrafte Gemeinde bezeichnet und sie als 'die zur Strafe in die Gefangenschaft Geführten' charakterisiert ... Er hat aber vor allem auch einen positiven Aspekt, da er ein Titel der aus der Gefangenschaft befreiten Gemeinde ist und hauptsächlich 'die aus der Gefangenschaft Heimgekehrten' meint.«[444]

Wenn sich die längst im Lande Geborenen zur Zeit Esras bzw. des Chronisten גולה nennen, erinnern sie damit einerseits an die Notwendigkeit des göttlichen Gerichts und geben der Botschaft der Propheten recht, die dieses Gericht angesagt haben. Andererseits wird damit zum Ausdruck gebracht, daß die Existenz der nachexilischen JHWH-Gemeinde allein auf JHWHs erneuter, gnädiger Zuwendung basiert, die das Vergeltungsdogma durchbricht und sein Gerichtshandeln beendet. Der durch das Gericht hindurchgerettete Rest (Esra 9,8.13) wird zur Keimzelle des Neuen.

Damit kommt deutlich zum Ausdruck, daß die theologische Existenz der nachexilischen JHWH-Gemeinde nicht bei den im Lande Verbliebenen liegt, sondern in JHWHs erneutem Gnadenhandeln, dem zweiten Exodus, wurzelt. Die exilisch-nachexilischen Prophetenstimmen haben

---

[442] AHJGunneweg, Esra 158 zu Esra 8,35.

[443] HCMVogt 27ff; seine Folgerung גולה sei »in E 9-10 nämlich gleichzusetzen mit den Begriffen פליטה = Rest, שארית = Überbleibsel; יתר = Zeltpflock, מחיה = Wiederaufleben, גדר = Schutzmauer« halte ich für überzogen.

[444] AaO 41.

das deutlich ausgesprochen (Jer 31,31-34; Ez 11,14-21; 36,16ff u.ö.). Hier liegt auch die Ursache für die chronistische Darstellung der Exilszeit (2Chr 36,20), nach der das Land leergefegt war von Israeliten. Die Gründung der nachexilischen JHWH-Gemeinde wird als Schöpfungstat JHWHs verstanden, der durch seinen Geist Israeliten in Bewegung bringt (Esra 1,5) und nach vollstrecktem Gericht mit ihnen neu beginnt.

Es ist dabei m.E. auch einmal zu erwägen, ob bei גולה nicht mindestens im Hintergrund die andere Wortbedeutung (enthüllen, offenbaren) mitgeschwungen haben könnte. Das würde bedeuten, daß גולה auch die sind, denen sich JHWH erneut offenbart hat in der Errettung aus dem Gericht des Exils und die von seiner Offenbarung leben.

Zusammenfassend kann festgehalten werden, daß der Begriff, der ursprünglich soviel wie »Gefangenschaft, Exil« bedeutete, immer mehr zu einer Bezeichnung für eine Menschengruppe wird. Dabei gewinnt er an theologischem Bedeutungsinhalt. Er wird schließlich zur Selbstbezeichnung der nachexilischen JHWH-Gemeinde. Und die Tatsache, »zu dieser um den Jerusalemer Tempel vereinigten Gemeinschaft der Provinz Juda zu gehören, macht einen zum 'Heimkehrer'.« [445] Damit bekennt sich die nachexilische JHWH-Gemeinde zur Notwendigkeit des Gerichts einerseits und beruft sich auf die Rettung aus dem Gericht durch JHWH andererseits. Und sie grenzt sich ab gegen alle Versuche, die Existenz Israels am Gericht Gottes vorbei erklären zu wollen, denn außerhalb der גולה ist das Bundesvolk nicht (mehr) zu finden. Doch wer immer es will, kann sich absondern von der heidnischen Götzenverehrung und zum 'Heimkehrer' werden.

---

[445] HCMVOGT, aaO 43; ähnlich SMOWINCKEL, Studien III, 108, der die Gola den Sauerteig nennt, der die im Lande Verbliebenen geistig geprägt hat: »das hat sich in dem Sprachgebrauch Gemeinde = Gola Ausdruck gegeben«. AHJGUNNEWEG, עם הארץ 35: »Die wahre Israelgemeinde der nachexilischen Zeit, ja das wahre Israel im Gegensatz zu allen Heiden und den übrigen im Lande Verbliebenen ist nach dieser Vorstellung allein die גולה bzw. aram. גלותא. Auch dieser Begriff wird umgedeutet! Er bedeutet jetzt nicht nur die Wegführung, sondern ebenso auch und mehr noch die Heimkehr der im Gericht Gottes Gereinigten und aus dem Gericht Erretteten ... Sind die בני הגולה das wahre Israel, so sind sie es im Gegensatz zu allen bei ihrer Heimkehr im Lande Ansässigen, den עמי הארצות.«

2.2 קהל

Die Grundbedeutung des Wortes קהל ist »Versammlung, versammelte Menschenmenge«. Es ist dabei HPMÜLLER gegen LROST recht zu geben, der feststellt: »An keiner Stelle bezeichnet das Wort den Vorgang des Zusammenrufens.«[446] Das Ergehen eines Aufrufes steht wohl im Hintergrund, aber קהל bezeichnet eine Menschengruppe in ihrem Versammelt-Sein. Gen 49,6 bringt den Begriff neben סוד mit dem Krieg in Zusammenhang; die Wurzel קהל wird 1Kön 12,21; 2Sam 20,14 Q für das Zusammenrufen des Heeres verwendet (vgl. Ez 17,17; 23,24; 27,27 u.ö.). Seit der Königszeit bezeichnet es auch die Gerichtsversammlung (Jer 26,9.17; Ez 16,40; Spr 5,14; 26,26). Im Hintergrund stehen allerdings immer religiöse Anlässe, die zur Versammlung führen.[447]

Es ist also nicht verwunderlich, daß seit dem Deuteronomium der Terminus mit JHWH in Verbindung tritt und vom קהל יהוה die Rede ist.[448] Damit ist der Begriff ins Institutionelle abgewandelt. Hauptbelegstelle für קהל יהוה ist Dtn 23,2-9, wo der Terminus sechsmal vorkommt. Dieses »Gemeindegesetz«, auf dessen Inhalt wir bereits eingegangen sind,[449] verbietet gewissen Personen die Zugehörigkeit zum קהל יהוה, der eine fest umgrenzte Größe ist, die »wahre« JHWH-Gemeinde; קהל יהוה ist ihr terminus technicus. Sie ist am Horeb am יום קהל יהוה (Dtn 9,10; 10,4; 18,16) von JHWH begründet worden durch die Kundgabe des Gesetzes (vgl. Dtn 5,22; 33,4).

> »So wurde קהל יהוה im Deuteronomium wie bei Micha (2,5) Ausdruck dafür, daß die Gemeinde der Gegenwart in ihren Anforderungen an ihre Glieder den strengen Bedingungen entsprechen muß, die Jahwe an die an jener denkwürdigen Sinaiversammlung Beteiligten gestellt hat.«[450]

LROST leitet nun aus Dtn 23,2-9 ab, daß zum קהל יהוה nur die in rechtlichen Ehen geborenen, zeugungsfähigen Männer gehörten,[451] wogegen

---

[446] HPMÜLLER, THAT II 609; dagegen LROST, Vorstufen 5: »קהל ist mehr convocatio als contio«.

[447] HPMÜLLER, THAT II 613.

[448] Num 16,3; 20,4; Dtn 23,2.3.4.9; Mi 2,5; 1Chr 28,8; vgl. FJSTENDEBACH, 212: »Das Deuteronomium hat somit den ursprünglich untheologischen Begriff qahal theologisiert.«

[449] S. o. 88f.

[450] LROST aaO 13f; vgl. HPMÜLLER, THAT II 615, der קהל »Observantengesellschaft« nennt.

[451] LROST, aaO 13.

HPMÜLLER darauf hinweist, daß die Bedeutung »Kriegsschar« den Hintergrund zu Dtn 23 bildet: »Die genitale und genetische Integrität mag dabei ursprünglich Voraussetzung für die dynamische Kapazität der Kriegsschar gewesen sein.«[452] Aber: Jos 8,35 rechnet auch Frauen und Kinder sowie die Fremden zum כל־קהל ישראל, wobei die Grundbedeutung wieder deutlicher hervortritt: קהל ist die Versammlung, der Josua das Mosegesetz mitteilt – nicht so sehr eine Institution. Ähnlich ist der Ausdruck 1Kön 8,14.22.25 verwendet, wo er die der Tempelweihe beiwohnende Gemeinde bezeichnet, wobei קהל ישראל identisch ist mit קהל יהוה. Auch hierbei sind sicherlich die Frauen (und Kinder) nicht ausgeschlossen, wie ja die Abtrennung eines gesonderten Vorhofs der Frauen auch erst vom herodianischen Tempel bezeugt ist.[453] Die Frage ist, ob die Gemeinderegel Dtn 23,2-9 an diese erweiterte Verwendung von קהל anknüpft oder tatsächlich von einer reinen Männergemeinschaft ausgeht. Das Nichterwähnen der Frauen ist m.E. noch kein Beweis dafür, daß sie nicht mitgedacht wären. Es erscheint wahrscheinlicher, daß קהל hier die kultisch vollwertigen Männer *mit* ihren Frauen (und Kindern) meint; wie eben die untauglichen[454] bzw. fremden Männer *mit* ihren Familien ausgeschlossen sind aus dem קהל יהוה.[455]

In späterer Zeit können wir zwei nebeneinanderherlaufende Wortverwendungen beobachten: Einerseits bezeichnet Jer 44,15 קהל eine zufällig versammelte Menge; קהל wird zum reinen Quantitätsbegriff (vgl. Num 22,4; Ps 26,5; Gen 28,3; 35,11; Ez 23,24; 27,27; 32,3 u.ö.) ohne die Vorstellung eines aktuellen Versammelns. Andererseits bleibt קהל terminus technicus für die (aus kultischem Anlaß) versammelte JHWH-Gemeinde, wobei P den Korrelatbegriff עדה verwendet (z.B. Num 16,2ff).[456] Hierher gehören auch folgende acht Belegstellen im Psalter (22,23.36; 35,18; 40,10.11; 89,6; 107,32; 149,1), wo es in der Regel um ein Lobbekenntnis geht, das ein einzelner in der (großen) Gemeinde ablegt, die ihrerseits in

---

[452] HPMÜLLER, THAT II 615.
[453] HPRÜGER, BHH 2119; HHAAG, Bibellexikon 1725: »Der heilige Bezirk wurde neu organisiert und in Vorhöfe für die Priester, die (rituell reinen) Männer und die Frauen gegliedert«.
[454] Weshalb wird Dtn 23,2 ausdrücklich die Art und Weise der Entmannung genannt? Sind die auf andere Weise Zeugungsunfähigen (z.B. von Geburt an) damit nicht indirekt zur Gemeinde dazugerechnet?
[455] Gegen LROST aaO 13.
[456] Zu עדה s. 131-135.

das JHWH-Lob einstimmt. Ps 40,7ff wird dabei deutlich, daß dieser Bekenntnisakt, der mit einer Gehorsamserklärung zusammenfällt (V8b), an die Stelle der Opferhandlung tritt.[457] Damit liegt ein Gemeindeverständnis vor, das nicht mehr unabdingbar an den Tempelkult gebunden ist.

Num 19,20 wird ebenso auf die Abgrenzung der JHWH-Gemeinde hingewiesen, allerdings unter anderem Aspekt. Die kultisch-rituelle Reinheit, die Dtn 23 bereits den Hintergrund bildete, wird zum Maßstab des Ausschlusses aus dem קהל:»Wer aber unrein geworden ist und sich nicht entsündigt, ein solcher soll ausgerottet (כרת) werden aus der Gemeinde ... Das sei für euch eine Vorschrift für immer.« (V20f) Biologische bzw. ethnische Argumente sind verschwunden. Hier wird die Öffnung der Gemeinde in Jes 56,1ff vorbereitet (vgl. Num 15,15). Num 19,20 bildet den Zwischenschritt zwischen Dtn 23 und Jes 56.

In der persischen Zeit hat die theologische Verwendung von קהל an Bedeutung gewonnen. Während der Begriff in Hag, Sach und Jes 56-66 überhaupt nicht vorkommt, ist er in der Chronik und in Esra-Nehemia zum Hauptbegriff geworden.[458] Hier ist (כל ה)קהל)»das Modell für die Vollversammlung der jüdischen Kultgemeinde, wenn sie in epochalen Stunden der Heilsgeschichte vom König oder der nachexilischen Führung zu religiösen Zwecken zusammengerufen wird.«[459]

In Esra-Nehemia begegnet der Terminus קהל 11mal (Esra 2,64 = Neh 7,66; Esra 10,1.8.12.14; Neh 5,7: קהלה; Neh 5,13; 8,2.17; 13,1). Neh 13,1 zitiert dabei Dtn 23,4-6. Diese Belegstellen wollen wir etwas eingehender betrachten.

2.2.1 כל-הקהל als Summe einer Liste (Esra 2,64 = Neh 7,66)

Wie wir bereits sahen, haben wir in der Liste Esra 2 = Neh 7 ein Gemeindeverzeichnis vor uns, das wohl aufgrund der Inspektion Tattenais erstellt worden ist.[460] Am Ende der Liste steht der Ausdruck כל-הקהל כאחד.[461] Das

---

[457] Die zeitliche Einordnung der Psalmen ist z.T. unmöglich; Ps 40 scheint jedoch nachexilisch zu ein - vgl. HJKRAUS, BK XV/1, 309f: »So bringt der Dankende also vor Jahwe anstelle der Opfer eine Gehorsamserklärung gegenüber der תורה«.

[458] 1Chr: 7mal (3mal Verb); 2Chr: 26 mal (4mal Verb); Esra-Nehemia: 10mal.; vgl. HJFABRY, ThWAT VI 1208; HPMÜLLER, THAT II 611.

[459] HPMÜLLER, THAT II 617 – dort auch Belegstellen.

[460] S. o. 57f.

könnte zunächst einfach Quanitätsangabe sein. Doch die danach separat genannten Sklaven und Sänger lassen eine solche Begriffsfüllung nicht zu, denn sie werden von dem קהל gesondert aufgeführt, was vermuten läßt, daß קהל institutionelle Züge trägt. Vor allem die aufgeführten Sonderfälle bestätigen das (Esra 2,59ff = Neh 7,61ff). קהל ist hier nicht eine spontan zusammengetretene Menge, sondern Bezeichnung für die sich neu konstituierende nachexilische JHWH-Gemeinde in Jerusalem.[462]

2.2.2 Die Rechtsversammlung Neh 5

Die Leute (העם) und ihre Frauen erheben aufgrund der wirtschaftlichen und sozialen Nöte ein großes Klagegeschrei über ihre Brüder, die Juden (V1). Nehemia geht in zwei Schritten vor: Zunächst zieht er die Vornehmen (חרים) und die Vorsteher (סגנים) zur Rechenschaft. Doch offensichtlich hat er damit nicht den gewünschten Erfolg.[463] Deshalb bedient sich Nehemia nun der Form der Rechtsprechung, die die jetzt in und um Jerusalem existierende Gemeinschaft entwickelt hat: Er ruft die קהלה גדולה ein (V7); diese entscheidet, und die Schuldiggewordenen beugen sich der Entscheidung; »und die ganze Versammlung antwortete: 'So sei es!' und lobte JHWH. Und das Volk handelte entsprechend.« (V13b)

Die Begriffe קהל und עם sind hier parallel gebraucht, wobei קהל deutlich der Aspekt des Versammeltseins innewohnt, עם hingegen die Leute unabhängig von der Rechtsversammlung bezeichnet. Deutlich tritt in diesem Rechtsprechungsverfahren der Anspruch an den einzelnen hervor, wenn Nehemia durch Schwur und Verwünschung die Bedrücker verpflichtet, alles zurückzugeben und nichts mehr zu fordern (V12f). Dieser Anspruch geht letztlich auf JHWH selbst zurück; die Rechtsversammlung in Neh 5 ist kein rein politisches Gremium.[464]

---

[461] Num 1,2; 26,2 erscheint כל־עדה בני ישראל als Summe des Heerbannes Israels.

[462] So auch HCM VOGT 99.

[463] So auch W RUDOLPH, Esra 129.

[464] Gegen FJ STENDEBACH 212, der für קהל eine Doppelbedeutung festhalten will: »Neh 5,13 bezeichnet qāhāl die politische Vertretung der aus dem Exil Zurückgekehrten. Neh 8,2.17 steht qāhāl in einem kultischen Zusammenhang.«

2.2.3 Die Versammlung zur Klärung der Mischehenfrage (Esra 10,1-17)

Der Text berichtet von zwei Versammlungen. Die erste kommt spontan zustande: Um den weinenden Esra versammelt sich auf dem Tempelvorplatz eine Menschenmenge, die einstimmt in sein Klagen und aus der heraus der Entschluß gefaßt wird, energisch gegen die Mißstände vorzugehen (10,1-6). Der Schwur der Obersten verrät, daß die zunächst anonyme Versammlung doch Autorität besitzt, auf die sich Esra berufen kann. An zwei Stellen wird auf ihre Zusammensetzung hingewiesen. Männer, Frauen und Kinder gehören dazu (V1) bzw. Priester, Leviten und »ganz Israel« (V5). Die zuletzt genannte Gliederung ist uns aus dem Listenmaterial vertraut; die erste knüpft an Jos 8,35 an. Neh 8,2f werden ebenso die Frauen und »die Verstehenden« zum קָהָל gezählt.[465]

Wenn nun aufgrund des Beschlusses der ersten Versammlung eine zweite einberufen wird (V7ff), dann wird damit deutlich, daß die erste, trotz begrenzter Autorität, nicht repräsentativ ist für die nachexilische JHWH-Gemeinde, denn sie kann noch keine Entscheidung herbeiführen. Die neu einberufene Versammlung, bei der keiner fehlen soll, hat aber diese Autorität.

Wenn wir nun die verschiedenen Begriffe betrachten, mit der die beiden Versammlungen beschrieben werden, tritt uns die bereits erwähnte Begriffsunsicherheit wieder deutlich vor Augen. Folgende Begriffe bzw. Beschreibungen finden sich im Text:

קָהָל רַב־מְאֹד	–	V1
(כָּל הַ)קָּהָל	–	V8.12.14
הָעָם	–	V1.9.13
בְּנֵי הַגּוֹלָה	–	V7.16
אַנְשֵׁי־יְהוּדָה וּבִנְיָמִן	–	V9

Daraus läßt sich folgendes ableiten:

1. הָעָם wird V1 parallel zu קָהָל רַב־מְאֹד gebraucht; V13 ist von הָעָם רַב die Rede, was wohl am besten mit »viele Leute« wiederzugeben ist. Auch in V9 liegt dieses Verständnis vor: Die Leute ließen sich auf dem Tempelvorplatz nieder. עַם ist also reiner Quantitätsbegriff geworden, der anscheinend jegliche qualitative Bedeutung verloren hat. Nichts erinnert an

---

[465] S. o. 51f.

die Bedeutung »Bundesvolk, Verwandtschaft JHWHs«. Die Qualität des קהל wird durch גולה beschrieben (V8b), was theologischer Terminus geworden ist, wie wir sahen (vgl. V7.16). Darunter etwa nur die Karawane Esras verstehen zu wollen, ist unmöglich.

2. Die zweite, amtlich einberufene Versammlung (V7ff) wird V9 als כל־אנשי־יהודה ובנימן. beschrieben. Ist damit gesagt, daß an ihr keine Frauen und Kinder teilgenommen haben (dürfen)? Strenggenommen handelt es sich um eine Männerversammlung – die Sache, die verhandelt wird, betrifft ja auch die Männer. Jedoch ist wohl anzunehmen, daß nicht wenige der V1 genannten Frauen und Kinder, vielleicht als nicht stimmberechtigte Zuschauer, den Prozeß weiterverfolgt haben werden und bei der zweiten Versammlung anwesend gewesen sein werden. Die alten Stammesbezeichnungen Juda und Benjamin lassen die Verbindung zum Zwölfstämmevolk anklingen, als dessen legitime »Nachkommen« sich die hier aus religiösem Anlaß Versammelten verstehen.[466] Deshalb können sie auch auf JHWH, den Gott ihrer Väter, festgelegt werden (V10f).

3. Diese zweite Versammlung trägt institutionellen Charakter. Man hat den Eindruck, daß sie nicht zum allerersten Mal zusammengetreten ist. Sie kennt gewisse Spielregeln: Die Einberufung der Versammlung wird begleitet von nicht unerheblichen Strafandrohungen für den Fall des Nichterscheinens (V7f); wer das Wort ergreift, steht auf (V16); der ganze קהל kann vertreten werden durch ein Führungsgremium (שׂרים V14); und wenn gesagt wird, daß die ganze Versammlung antwortet, dann ist wohl kaum an einen Sprechchor zu denken, sondern vielmehr an den Vortrag eines einzelnen, der nach einer Aussprache das Ergebnis in Worte faßt, dem die anderen beipflichten (vgl. V2).

4. Der institutionelle Charakter des קהל kommt V8b am stärksten zum Ausdruck, denn der angedrohte Ausschluß kann sich nicht auf eine aktuelle Zusammenkunft beziehen.[467] Er setzt eine festgefügte religiössoziale Größe voraus, in deren Gemeinschaft man aufgenommen oder aus der man ausgeschlossen werden kann. Dabei ist die V7ff einberufene Versammlung als Repräsentation des קהל zu verstehen, der seine Angelegenheiten demokratisch unter Beteiligung aller regelt. Er kann ein Gremium beauftragen, eine spezielle Angelegenheit zu klären. Ein solches wird hier

---

[466] Zu ישראל Esra 10,1.2.5 s. o. 127-131. Eigenartiger Weise erscheint der Israel-Begriff im Bericht von der zweiten Versammlung V7ff nicht mehr.

[467] So auch HCMVogt 97: »In Abwesenheit ausgestoßen wird man aus einer feststehenden Organisation«.

ad hoc berufen.[468] Esra, der Priester, führt den Vorsitz.[469] Damit ist der Bedeutungswandel von קהל deutlich beschrieben. Der im Deuteronomium bereits angelegte institutionelle Charakter des קהל יהוה hat hier eine weitere Ausprägung und Ausweitung erfahren.

2.2.4 Die Versammlung am Wassertor (Neh 8)

Entsprechend der in Esra 10 beobachteten Bedeutung von קהל ist der Terminus auch in Neh 8 verwendet, wo er allerdings nur zweimal erscheint (V2.17). Frauen gehören dazu, ja sogar »jeder Verstehende« (כל מבין), worunter sowohl große Kinder als auch Fremde verstanden werden können (vgl. Jos 8,35). Das Verstehen dessen, was da verlesen und erklärt wird, wird geradezu zum Indiz für die zum קהל Gehörenden. Ihr Weinen ist Zeichen der Betroffenheit (V8f), wie auch dann die Freude die Ursache im Verstehen der kundgemachten Worte hat (V12). V17 qualifiziert den קהל durch die Rückkehr aus der Gefangenschaft; daß der Begriff גולה dabei nicht erscheint, verwundert. Auch hier werden verschiedene, den קהל repräsentierende Gremien genannt (V4.7.13), wobei sogar die Namen der einzelnen aufgezählt werden (V4.7).[470] Durch V13 ist nahegelegt, dabei an die führenden »Laien« zu denken und nicht an Kultpersonal (vgl. Esra 10,8.14). Deutlich sind auch hier wieder gewisse demokratische Spielregeln der Versammlung zu erkennen, wenn sich etwa bei Beginn der Gesetzesverlesung alle erheben (V5b) oder mit Esra eine Art von Präsidium auf einer Holztribüne Platz nimmt (V4).

קהל trägt auch hier deutlich institutionelle Züge; die Konturen sind allerdings ungenau, zumal von verschiedenen Versammlungen gesprochen wird. Jedoch wäre es zu wenig, קהל nur als Beschreibung des Versammeltseins an sich zu betrachten, denn diesen Vorgang drückt der Text verbal aus (אסף V1.13).

---

[468] Der Text Esra 10,16a enthält eine Schwierigkeit, die 3Esra durch Numerusänderung des Verbs löst (vgl. BHS). Doch legt V16a nahe, ויבדלו zu lesen und lieber vor אנשׁים ein ו einzufügen, was auch dem Sinn des Textes mehr entspricht; gegen WRUDOLPH, Esra 96.

[469] Esra 10,10; ein Hoherpriester, der damals mit Sicherheit im Amt war, wird nicht erwähnt.

[470] Die Zwölfzahl herstellen zu wollen, ist mit zu großen Texteingriffen verbunden; vgl. WRUDOLPH, Esra 146f: »die Zahl schwankt zwischen 12,13 und 14 je nach der Auffassung des Textes«.

Die entscheidende Frage für das Verständnis von Neh 8 und den Ausdruck קהל in diesem Text ist allerdings, wie man den Terminus העם versteht, der 12mal erscheint, davon 10mal in der Verbindung כל-העם
(V1.5(3x) 6.9(2x).11.12.13; ohne כל V9.16). Ist damit, wie HCMVOGT
vermutet, das Bundesvolk Israel gemeint?[471] Ist העם theologischer Terminus oder nicht? Um diese Fragen beantworten zu können, ist zunächst ein
Blick auf die übrigen Belege von עם notwendig.

2.3   עם

Ursprünglich war עם ein Verwandtschaftsterminus, der den Vatersbruder
bezeichnete.[472] Sehr früh schon hat es aber die Bedeutung »Sippe, Verwandtschaft« erhalten. Gewöhnlich wird es mit »Volk« übersetzt. Das
scheint auch auf der Hand zu liegen, ist aber gar nicht so sicher.[473]
    Sehr oft ist im AT die Verbindung von עם mit יהוה bezeugt.[474] Der
Ausdruck »Gottesvolk« ist ein Theologumenon von weitreichender Bedeutung und Wirkung; entsprechend reichhaltig ist die Literatur dazu.[475]
Wir wollen hier lediglich ausschnittartig Wortbedeutung und Wortver-
wendung für die persische Zeit betrachten.

2.3.1   עם in Esra-Nehemia

Von den insgesamt 75 Belegstellen[476] ist der Terminus עם nur an drei
Stellen direkt mit JHWH in Verbindung gebracht durch ein entsprechendes Suffix (Esra 1,3; Neh 1,10, 9,32); der Ausdruck עם יהוה erscheint ex-

---

[471] HCMVOGT 83 stellt für Neh 8,1b.13.16 fest: »העם ist also identisch mit dem Bundesvolk
    Israel«; ob das für die übrigen 9 Belege auch gelten soll, bleibt unklar.
[472] ARHULST, THAT II 290; ÉLIPIŃSKI, ThWAT VI 180: »Es handelt sich um ein Nomen der
    Verwandtschaft zum Ausdruck eines agnatischen Verhältnisses. Es gehört, mit Ausnahme
    des Äth., zum Grundvokabular der westsem. Sprachen und scheint von der Etymologie her
    mit der Präposition 'im(m) / 'am(m) verbunden zu sein, die ein Verhältnis der Nähe be-
    zeichnet: 'mit', 'bei'.«
[473] ARHULST, aaO 291; vgl. NLOHFINK, Beobachtungen, bes. 277.
[474] NLOHFINK aaO 276 zählt mit den Suffixformen 315 Belege + 34 Vorkommen in der Bun-
    desformel.
[475] ARHulst, THAT II 290-325 (Lit.: 295); besonders NLOHFINK aaO 275 Anm. 2 (Lit.).
[476] Nach GLISOWSKY 1073ff.

pressis verbis nicht. Die Hauptmasse der Belegstellen in Esra-Nehemia verwendet עם als Quantitätsbezeichnung (Esra 3,1.11.13; 8,15; 10,1.9.13; Neh 3,38; 4,7.8.13.17; 5,13; 7,4; 8,1.3.5.8.11.12; 13,1) und ist wohl am besten mit »Leute« wiederzugeben. Damit wird die aus Esra 10 gewonnene Feststellung bestätigt,[477] daß עם in nachexilischer Zeit profanisiert worden ist und nicht (mehr) die Bedeutung »Gottesvolk« besitzt. Die mit עם bezeichnete Menschenmenge wird durch andere Begriffe qualitativ bestimmt.

Ganz deutlich wird das Esra 4,4 wo dem עם־יהודה der עם־הארץ gegenübergestellt wird. Der in seiner uns vorliegenden Form auf den Chronisten zurückgehende Abschnitt Esra 4,1-5, dessen historische Hintergründe wohl nicht mehr genau rekonstruiert werden können, bezeichnet die sich gegenüberstehenden Gruppen folgendermaßen:

בני הגולה (V1)	Feinde von Juda und Benjamin (V1)
vertreten durch Serubbabel, Joschua und die Familienhäupter (V2.3)	die von dem assyrischen König Asarhaddon hierher Gebrachten (V2)
עם־יהודה (V4)	עם־הארץ (V4)

Der Terminus עם ist für beide Gruppen verwendet – schon deshalb kann er unmöglich mit dem Theologumenon »Gottesvolk« in direktem Zusammenhang stehen. Es legt sich auch hier das Verständnis »Leute« nahe.

Interessant ist allerdings, daß als Gegenbegriff zu »Feinde von Juda und Benjamin« (V1) nicht »Juda und Benjamin«, sondern nur עם־יהודה erscheint. Dabei kann יהודה als chronistischer Begriff hier natürlich die persische Provinz bezeichnen; für V1 ist das jedoch nicht gut möglich, da בנימן nie Provinzbezeichnung wurde. Es stehen also die alten Stammesbezeichnungen im Hintergrund: Juda und Benjamin sind der übriggebliebene Rest des Zwölfstämmevolkes Israel und somit Träger der Verheißung (vgl. Esra 10,9). Damit wird die Kontinuität des JHWH-Glaubens ausgedrückt. Weil die am Tempel Bauenden עם־יהודה, d.h. Judaleute (und Benjaminleute) sind, steht ihnen allein das Recht zu, JHWH, dem Gott

---

[477] S. o. 113f.

Israels, ein Haus zu errichten (V1). Die in V3 expressis verbis vorgebrachte Erklärung wird zwischen den Zeilen vom Chronisten theologisch untermauert: Die בני הגולה sind die rechtmäßigen Judaleute – nicht die, die in den letzten Jahren im Lande Juda wohnten. Diese »Landesleute« haben ihren Ursprung irgendwo (V2b). JHWHs Zuwendung aber, die im Kyrusedikt konkret geworden ist, gilt denen von Juda und Benjamin (vgl. Esra 1,5!), die dann auch Volk JHWHs genannt werden (1,3). So stellt der Chronist über die alten Stammesbezeichnungen die Verbindung zum erwählten Gottesvolk her, nicht über den Terminus עם.

Die anderen Wortverwendungen von עם in Esra-Nehemia bestätigen diese Sicht, daß die Identität der nachexilischen JHWH-Gemeinde mit dem vorexilischen Bundesvolk nicht durch עם ausgedrückt wird. In Neh 7,1.15; 10,35 bezeichnet עם in dem vom Bundesbuch her bekannten Sinn (Ex 22,34) die unteren sozialen Schichten.[478] Ähnlich wird der Terminus in den Listen verwendet, wo עם das »gemeine Volk« ist, die dem Tempelklerus gegenüberstehenden »Laien« (Esra 2,2 = Neh 7,7; Esra 2,70 = Neh 7,71f; Esra 8,15; 9,1; vgl. Neh 10,29.35).[479]

Obwohl Esra 2,2 = Neh 7,7 und Esra 9,1 (vgl. Esra 7,13) עם dabei mit dem Israelnamen verbinden, scheint עם untheologisch gebraucht. Wahrscheinlich wird einfach nur im Kontrast zu den anderen עמים vom ישראל עם geredet (Esra 9,1), denn der Plural עמים bezeichnet des öfteren die anderen Völker (Esra 9,1.2.11.14; 10,2.11; Neh 1,8; 10,31.32).[480]

Können wir diese säkularisierte Bedeutung von עם auch für Neh 8 festhalten? Mehrere Argumente sprechen dafür. Zunächst wäre HCMVOGTS These, »העם ist also identisch mit dem Bundesvolk Israel«[481], dahingehend zu hinterfragen, warum er sie nur für Neh 8,1b.13.16 gelten lassen will und warum das nicht auf alle 12 Belege in Neh 8 zutrifft. M.E. kann ein so gehäuft vorkommender Terminus innerhalb einer in sich geschlossenen literarischen Einheit nicht verschiedene Bedeutungen haben. Man müßte sich also für eine theologische oder für eine profane Bedeutung entscheiden. Letztere wird auch durch die Verbindung כל־העם nahegelegt, was soviel bedeutet wie »alle am Wassertor Versammelten«. V5.6.9.11.12 kann כל־העם unmöglich anders verstanden werden, wenn

---

[478] Vgl. 1 Sam 2,24; 2 Sam 14,13; NLOHFINK, Beobachtungen 291ff.

[479] Es gäbe keinen Sinn, daß Priester und Leviten jetzt nicht mehr zum Gottesvolk gehören sollten!

[480] Zum Begriff עם הארץ siehe unter 2.3.4. (Exkurs I)

[481] Vgl. Anm. 472.

davon die Rede ist, daß »alles Volk« aufsteht, antwortet, weint, beruhigt wird, ißt und trinkt. כל־העם ist eine zunächst nicht näher definierte, aus bestimmten Anlaß zusammengekommene Volksmenge.[482] Sie wird qualitativ bestimmt durch הקהל, bestehend aus Männern, Frauen und allen, die Verständnis haben (V2) bzw. כל־הקהל השבים מן־השבי (V17), die im selben Vers בני ישראל genannt werden.

Wir stoßen damit auf den Namen Israel[483], dem »von Haus aus eine besondere religiöse Würde eignet«[484] und bei dessen Verwendung wir in unserem Abschnitt Interessantes feststellen können. Neh 8,1.14 erscheint ישראל bzw. בני ישראל als Bezeichnung des durch Mose und die Gabe der Tora konstituierten Gottesvolkes, das der Wassertorversammlung gewissermaßen gegenübersteht. Diese wird zunächst noch nicht »Israel« genannt, sondern in die Entscheidung gerufen, wie sie sich der Israel anbefohlenen Mosetora (V1) und dem von JHWH durch die Hand Moses an die Israeliten ergangenem Gebot zur Feier des Laubhüttenfestes gegenüber verhalten will (V14).

Erst *indem* die am Wassertor versammelte Menschenmenge (עם) den Akt der Gesetzesverlesung erlebt und sich in großer Betroffenheit zur Mosetora bekennt und deren Geltung für sich anerkennt; erst *indem* der קהל der aus der Gefangenschaft Übriggebliebenen die Weisung für sich in Anspruch nimmt, beim Fest im 7. Monat Laubhütten zu bauen, und ihr folgt, werden sie בני ישראל genannt, wird die Wassertorversammlung gewissermaßen erst Israel (V17b). Erst in Kapitel 9 werden die sich Versammelnden בני ישראל genannt; in 8,1 hießen sie noch allgemein העם. Denn erst durch das Bekenntnis zur Weisung JHWHs an Israel, welches mit Eid und Schwur besiegelt wird (Neh 10,29ff), hat sich diese Gemeinschaft als echte »Nachkommenschaft« Israels, als זרע ישראל (Neh 9,2; vgl. 9,8; Esra 9,2) erwiesen.[485]

Wir halten fest: In Esra-Nehemia ist עם in erster Linie ein Quantitätsbegriff, der am besten mit »Leute« wiedergegeben werden kann.[486] Dieser

---

[482] Ähnlich οχλος (vgl. RMEYER, ThWNT V 582-590) und λαος (vgl. HFRANKEMÖLLE, EWNT II 837-848) im NT (bes. Evangelien), wo es ohne jede nationale Nuance benutzt wird.

[483] Ausführlich dazu 127-131.

[484] OEISSFELDT, Kleine Schriften IV, 98.

[485] Zu זרע ausführlicher 130.

[486] ÉLIPIŃSKI, ThWAT VI 191: »Der Begriff 'am wurde auch noch in einem weiteren Sinne gebraucht, ohne jede institutionelle Konnotation ... So kann 'am einen zufälligen Menschenauflauf, eine Menge bezeichnen.«

relativ häufigen Profanverwendung stehen verschwindend wenig Belege gegenüber, wo עם an dem Theologumenon »Gottesvolk« anknüpft. So kann man sagen, daß sich das theologische Gewicht von עם weg zu anderen Termini verschoben hat.

2.3.2 עם in der nachexilischen Prophetie

Zu allen Zeiten der Geschichte Israels waren die Propheten die entschiedensten Kritiker einer allzu vordergründig verstandenen Erwählung Israels durch JHWH. Ohne daß Israel auf JHWHs Erwählungshandeln antwortet, ist es nicht »sein Volk«. Hosea hat es am drastischsten ausgesprochen: כִּי אַתֶּם לֹא עַמִּי (Hos 1,9). Israel ist durch JHWHs Rettungshandeln in die Pflicht genommen (Am 3,2), und da es nicht umkehrt, wird nur ein Rest Geretteter übrigbleiben (Jes 10,21; vgl. 7,3; Am 5,15).

Für *Haggai* ist der Rest des Volkes zum theologischen Begriff geworden (Hag 1,12.14; 2,2). Diesem übriggebliebenen Rest wendet sich JHWH erneut zu (1,13); das Werk ihrer Hände will er gelingen lassen (2,4ff). Der Terminus »Gottesvolk« bzw. »mein Volk« fehlt bei Hag ganz.

Bei *Sacharja* sind vor allem zwei Belegstellen von Bedeutung. Sach 2,15 heißt es: »Und es werden sich viele Völker JHWH anschließen an jenem Tag und werden ihm zum Volk werden.« Die Bundesformel, die ursprünglich allein Israel galt, wird ausgeweitet auf Angehörige anderer Nationen. Zwar bleibt Juda und Jerusalem der Ansatzpunkt des Erwählungshandelns JHWHs (V16), aber es geschieht ein neues Erwählen (בחר עוד), und damit ist auch eine Neudefinition dessen verbunden, was עם יהוה genannt wird.[487] Das wird Sach 8,7f eindrücklich bestätigt: JHWH rettet sich sein Volk aus dem Lande des Sonnenaufgangs und -untergangs und verschafft ihm Lebensrecht in Jerusalem. Die Wiederholung der Bundesformel V8b unterstreicht das.

Gewiß, das hier Gesagte trägt eschatologische Züge; es darf jedoch nicht ausschließlich eschatologisch verstanden werden, der Kontext for-

---

[487] WRUDOLPH, Haggai 91 redet davon, daß sich der Prophet V16 selbst ins Wort fällt, um den Hörern, die bei der Bezeichnung der Heiden als JHWH-Volk erschrecken könnten, zu versichern: »Juda ist und bleibt Jahwes eigenes Erbteil«. M.E. wird mit עוד V16 gerade die wiederholte Erwählungstat beschrieben; V14.17 reden vom Kommen JHWHs (vgl. 1,17), d.h.: Nicht die Berufung auf die alte, sondern die Teilhabe an der neuen Erwählung zählt.

dert das.[488] D.h.: Mit JHWHs Heilshandeln darf »jetzt« (V11) gerechnet werden; »in diesen Tagen« (V15) will er Gutes tun. Das mit der Bundes-formel manifestierte Verhältnis JHWHs zu seinem Volk (V8) tritt nicht erst im Eschaton in Kraft, sondern jetzt. Aber nicht mehr das alte Bundes-volk ist JHWHs Gegenüber. Von dem ist nur ein Rest übriggeblieben. Jetzt gehören Menschen aus aller Herren Länder[489] zu »seinem Volk«, denn Jerusalem ist offen (2,8) und viele werden dorthin kommen und sich JHWH anschließen (2,15).[490]

In *Tritojesaja* ist das ganz ähnlich ausgedrückt, wie wir bereits sa-hen.[491] Eine Gegenüberstellung der beiden Belege von עם in Jes 56,1-8 bestätigt, daß »sein Volk« (V3 עמו) keine ethnische Größe ist. Fremde ge-hören dazu, weil sein Haus ein Bethaus für alle Völker geworden ist (V7b). Der dritte Teil des Jesajabuches verwendet das Theologumenon »Gottesvolk« in althergebrachtem Sinne nur in dem Volksklagepsalm 63,7 – 64,11, der mindestens im Einleitungsteil »deutlich an die deutero-nomistische Geschichtsdarstellung erinnert« (63,8.11.14; 64,8).[492] Die an-deren Stellen (56,3; 57,14; 58,1; 65,10.19.22)[493] legen eine Neufüllung des Terminus nahe, wie sie schon 56,1-8 anklang. Ausgangspunkt dafür ist zweifelsohne die alte Gottesvolksvorstellung.

Der Psalm Jes 63,7 - 64,11 dagegen verbindet die Erinnerung an JHWHs Rettungstat in der Frühzeit, an seine grundlegende Erwählung Israels[494] (63,8.11.14) mit der Vorstellung von JHWH als »Vater« (63,16; 64,7). Daß in diesem Zusammenhang JHWH גאל genannt wird (63,16; vgl. 62,12), läßt deutlich die Grundbedeutung von עם = »Verwandt-schaft« hervortreten. Der väterliche »Verwandte« JHWH übernimmt für seine Sippe (עם) Familienpflichten.[495]

JJSTAMM hat darauf hingewiesen, daß mit גאל (statt des neutraleren פדה) bei Deutero- und Tritojesaja die Kontinuität des JHWH-Verhältnisses ausgedrückt wird.[496] JHWHs jetziges Erlösungshandeln ist nur vorstellbar aufgrund seiner grundlegenden Rettung und Erwählung

---

[488] Sach 7,9f; 8.11.16f.
[489] V7 ist nicht auf Osten und Westen beschränkt; vgl. WRUDOLPH, Haggai 148.
[490] S. o. 91ff.
[491] S. o. 82ff.
[492] CWESTERMANN, ATD 19, 307.
[493] Nach NLOHFINK, Beobachtungen 267; Jes 63,11 ist textkritisch problematisch (vgl. BHS).
[494] Der Name Israel kommt in dem Volksklagepsalm nicht vor.
[495] Vgl. Ex 6,6; Spr 23,10f; Jer 50,34.
[496] JJSTAMM, THAT I 391; vgl. 62,12; 59,20; 60,16.

Israels. Indem er das גאל-Recht wahrnimmt, erlöst er, was ihm schon immer gehörte. So taucht denn auch im Kontext von גאל der Jakob-Name auf (59,20; 60,16; vgl. 58; 65,9). Dieser wird nun allerdings deutlich nuanciert, und darin liegt die Neufüllung des »Gottesvolk«-Begriffs durch Tritojesaja: Es geht nicht um die einfache Wiederherstellung einer alten, zerfallenen »Verwandtschaft«, sondern aus den alten Wurzeln, aus Jakob, will JHWH einen (neuen) Samen hervorgehen lassen (65,9); er kommt »für jene, die umkehren vom Abfall in Jakob« (59,20). JHWH schafft sich sein Volk zum Jubel (65,18f: ברא). Und dieses »sein Volk« wird 65,10 qualifiziert als עמי אשר דרשוני.

Was hier JHWH-Volk genannt wird, hat seine Wurzeln in »Jakob«; doch jetzt findet ein neues ברא statt; jetzt wird die Identität von »seinem Volk« neu bestimmt (56,3ff). Damit hängt wohl zusammen, daß der Ausdruck »meine Knechte« an die Stelle von »mein Volk« tritt (עבדים bzw. Suffixformen: 56,6; 63,17; 65,8.9.13(3x).14.15; 66,14). Der einzelne tritt stärker in der Vordergrund.

Es bleibt zu fragen, welche Bedeutung die beschriebene Neufüllung von עם יהוה für die nachexilische JHWH-Gemeinde hat, oder ob Tritojesajas Aussagen allein eschatologisch verstanden werden sollen. Wir haben das für Sach bereits erörtert. Ähnliches gilt hier: Natürlich sind die Aussagen ins Eschatologische geweitet, jedoch verlieren sie damit nicht ihren Anspruch an die Gegenwart. Gerade weil JHWHs eschatologisches Heilshandeln angekündigt wird, ist schon jetzt mit seiner Zuwendung zu rechnen. Gerade die Vision vom idealen »Gottesvolk«, von einem wirklichen Friedensreich JHWHs (65,20ff) ermöglicht es, schon jetzt עם יהוה zu sein. So ist es folgerichtig, daß sich die nachexilische JHWH-Gemeinde als legitimes עם יהוה betrachtet und die Verheißungen ihres Gottes für sich in Anspruch nimmt.

Am Ende dieser fragmentarischen Bemerkungen sei das nachexilische Verständnis von עם im Zusammenhang der Geschichte des Begriffs von der Frühzeit an betrachtet.

2.3.3 Bemerkungen zur Geschichte des Begriffes עם

Wegweisend hierfür ist die außerordentlich aufschlußreiche Untersuchung von N. Lohfink: »Beobachtungen zur Geschichte des Ausdrucks

עם יהוה«[497]. Er stellt zunächst fest, daß man wie selbstverständlich עם mit
»Volk« übersetzt und עם יהוה natürlich auf Israel bezogen hat, wobei es
sich erübrigte, nach dem Sitz im Leben zu fragen und Betrachtungen zur
Geschichte des Ausdrucks anzustellen.[498] NLOHFINK zeigt dann, daß der
Terminus עם יהוה, der gehäuft in den prophetischen Schriften vorkommt,[499] »hauptsächlich in die Sprechsituation des Dialogs zwischen
Jahwe und Israel, weniger in die Situation des objektiven Sprechens über
Israel« gehört.[500] Die ursprüngliche Situation des Ausdrucks ist also die,
in der JHWH *zu* Israel oder Israel *zu* JHWH spricht. NLOHFINK untersucht
dann die Verwendung des Ausdrucks in der Davidszeit und weist den
engen Zusammenhang von עם יהוה mit der Titulatur des נגיד nach.[501] Dort
ist עם parallel zu נחלה gebraucht. נחלה aber ist ein Bildbegriff und meint
Menschen, nicht ein Stück Land.[502]

> »Daher dürfte das parallele Wort עם auch schon ein Bild sein, das dann
> durch נחלה nur erweitert und ergänzt wird ... Dann ist Israel in der Gesamt-
> titulatur durch ein doppeltes Bild bezeichnet. Es ist 'Jahwes Verwandtschaft'
> und Grundbesitz'.«[503]

Nun fragt NLOHFINK, ob sich der Bildcharakter des Ausdrucks auf die
Dauer gehalten hat, und kommt zu der Feststellung, »daß das Bild der
Sippe von der bezeichnenden Sache her langsam verblaßte.«[504] Israel war
unter David Volk, Nation geworden und verwendete עם als Bezeichnung
dafür. Neben dieser Verwendung bezeichnet עם יהוה (vielleicht schon in
der Davidszeit) die untere soziale Schicht des Volkes.[505] Nach einer kur-
zen Untersuchung des Terminus beim Jahwisten[506] behandelt NLOHFINK

---

[497] Probleme biblischer Theologie (FS GvRAD) München 1971, 275-305.
[498] NLOHFINK 276f: »Eine monographische Studie zu Bedeutung und Gebrauch von עם יהוה
gibt es nicht«; ähnlich äußert sich HJFabry, סוד. Der himmlische Thronrat 100 Anm. 5.
[499] AaO 278: von den 359 Belegen 152 bei den Propheten.
[500] AaO 280 (vgl. 281): »Da die biblischen Erzähler selbst den Ausdruck עם יהוה kaum ge-
brauchen, ist anzunehmen, daß dann, wenn sie ihn in bestimmten Situationen bestimmten
Personen in den Mund legen, der Ausdruck tatsächlich in solchen Situationen von verschiedenen Personen gebraucht wurde.«
[501] AaO 283 mit Verweis auf WRICHTER, die nagid-Formel, BZ 9 (1965) 71-84 (Lit.).
[502] AaO 284 Anm. 42; vgl. 283 Anm. 36 (Belege).
[503] AaO 284f; Als Beleg führt NLOHFINK Num 21,29 an; außerdem erklärt dieses Verständnis,
warum עם יהוה später oft mit dem Vater-Sohn-Verhältnis zwischen JHWH und Israel verbunden wird, z.B. Dtn 32,6.9.36.43; 2Sam 7,24; Jes 63, 8.14; vgl. aaO 285 Anm. 43.
[504] AaO 286.
[505] AaO 291; vgl. o. 118.

sein Vorkommen in der Bundesformel.[507] Zusammenfassend hält er fest, daß עם יהוה »nicht eine geschichtlich erst werdende Wirklichkeit«[508] beschreibt, sondern: »Die mit עם יהוה bezeichnete Wirklichkeit ... ist vorgegeben.«[509]

Problematisch bleibt allerdings die Frage, wann eine Menschengruppe zum עם יהוה wird; konkret: ob Israel durch die Herausführung aus Ägypten zum עם gemacht wurde von JHWH (Ex 6,7 – P), oder ob JHWH Israel aus Ägypten herausführt, weil es sein עם ist (J+E).[510] Das gleiche Problem entsteht für den zweiten Exodus, die Rückkehr aus dem babylonischen Exil.[511] N.LOHFINK folgert: »Bei der Heimkehr aus dem Exil wird also die Wirklichkeit עם יהוה neu gesetzt. Doch wäre es wahrscheinlich vorschnell, daraus zu folgern, im Sinne dieser Texte seien die Exilierten nicht mehr der עם יהוה gewesen. Mindestens wird das niemals ausdrücklich gesagt.«[512]

Unsere Untersuchungen kamen zu dem gleichen Ergebnis. Die Gründung der nachexilischen JHWH-Gemeinde in Jerusalem setzt neu die Wirklichkeit עם יהוה, wobei deutlich an die Erwählung Jakobs angeknüpft wird. Dabei läßt sich die Verwendung von עם יהוה bei Sacharja und Tritojesaja nur so verstehen, daß der in der Königszeit in Vergessenheit geratene Bildwert des Ausdrucks wieder an Bedeutung gewinnt und in den Vordergrund tritt (vgl. Sach 2,15; 8,7f; Jes 56,3; 65,10). Über die Königszeit hinweg knüpft die nachexilische JHWH-Gemeinde an den Erzvätertraditionen an und versteht sich als »Verwandtschaft JHWHs«, weil sie durch JHWHs erneutes Rettungshandeln »sein Volk« geworden ist; eine Gemeinde, deren Mitglieder aus verschiedenen Völkern stammen, denn JHWH hat selbst die (falsche) ethnische Begrenztheit »seines Volkes« gesprengt (Jes 56,1-8).

Nicht ob man untereinander blutsverwandt ist, bestimmt die Teilhabe am עם יהוה, sondern ob man mit JHWH verwandt ist (vgl. Jes 63,8.16; Ex 19,6). »Israel ist demnach die Sippe, die zu Jahwe gehört, so wie andere

---

[506] AaO 294: »3. Der Jahwist: עם יהוה tritt in die Geschichtsdarstellung ein.«
[507] AaO 296ff: 34mal.
[508] AaO 300.
[509] AaO 301. Dtn 32,9; Jes 51,16; Ps 33,12 tritt der Ausdruck im Zusammenhang mit Schöpfungsaussagen auf.
[510] AaO 304; vgl. Dtn 4,1-40; 2Sam 7,23.
[511] Vgl. Jer 24,7; 32,38; Ez 11,20; 36,28; 37,23.27; Sach 8,8.
[512] AaO 302.

Völker ihrerseits die gleiche Vorstellung haben können und als 'am ihres Gottes betrachtet werden; die Vorstellung ist wohl gar nicht speziell israelitisch.«[513]

Der Terminus עם יהוה kehrt also zu seiner ursprünglichen Bedeutung zurück[514] und legt das falsche, in der Königszeit hinzugetretene ethnisch-nationale Verständnis ab.[515] So ist es umso verständlicher, daß Esra-Nehemia fast ganz auf den theologischen Begriff »Gottesvolk« verzichten und עם profan als Quantitätsterminus im Sinne von »Leute« verwenden[516]. So ist am besten ethnisch-nationalistischen Mißverständnissen vorgebeugt. Das theologische Gewicht der Aussage, daß die nachexilische JHWH-Gemeinde »Volk JHWHs« ist, geht jedoch dadurch nicht verloren. Sie wird nur auf andere Begriffe verlagert.

2.3.4 *Exkurs I:* Zum Gebrauch von עם־הארץ in nachexilischer Zeit [517]

Innerhalb der 13 Belegstellen in Esra-Nehemia erscheint der Singular עם־הארץ Esra 4,4 und außerdem mit Suffix Neh 9,10 (עם־ארצו); die übrigen Belege verteilen sich auf die Pluralformen עמי־הארץ (Esra 10,2.11; Neh 9,24; 10,31.32) und עמי־הארצות (Esra 3,3; 9,1.2.11; Neh 9,30; 10,29). In den Prophetentexten erscheint עם־הארץ in Hag 2,4 und Sach 7,5; in Tritojesaja ist der Ausdruck nicht belegt.[518]

---

[513] ARHULST, THAT II 306.

[514] ARHULST, aaO 315: »Israel ist von Anfang an mehr 'am Jhwh, 'am qādōš ... als 'Volk' im neutralen Sinn des Wortes, mehr eine Glaubensgemeinschaft. Von daher wird auch verständlich, daß Blutsverwandtschaft und gemeinsamer Besitz eines Landes und Territoriums, wie wichtig sie unter Umständen auch sein mögen, schlechthin nicht von konstitutiver Bedeutung sind. Vor allem ein eigenes Territorium als eigenes Besitztum nicht, weil Israel auch ohne dies 'Volk Gottes' ist. Es hat seine Existenz nicht dem Boden, sondern dem geschichtlichen Handeln Jahwes zu verdanken.«

[515] AaO 314f: »Ein isr. Selbstbewußtsein bedeutet für seine religiöse Aufgabe eine Gefahr, wenn es mit einem profanen Nationalgefühl verwechselt wird. Nicht das Ethnische, Naturhafte, ist entscheidend, sondern einzig und allein sein Verhältnis zu Jahwe.«

[516] ÉLIPIŃSKI, ThWAT 193f weist darauf hin, daß die »Essener und ihre Zeitgenossen in Palästina ... dem Wort 'am keine bestimmte theologische Bedeutung mehr beigemessen zu haben« scheinen.

[517] EWÜRTHWEIN bes. 51-71; AHJGUNNEWEG, עם־הארץ bes.29-36; weitere Lit. bei ARHULST, THAT II 299-301 (bes. III/2) und ÉLIPIŃSKI, ThWAT VI 177-194.

[518] EWÜRTHWEIN, 52ff nennt noch Jes 24,4; Hiob 12,24 und Dan 9,6, die er jedoch samt Hag 2,4 als für seine Untersuchung unbrauchbar ausscheidet. – Die Belege in 1/2 Chr wollen wir hier ausklammern, weil sie sich auf die vorexilische Zeit beziehen.

Man hat den Ausdruck עַם־הָאָרֶץ oftmals als terminus technicus verstanden, der »die zu einem bestimmten Territorium gehörige Vollbürgerschaft« bezeichne,[519] die im Besitz der bürgerlichen Rechte befindliche Oberschicht, wobei natürlich nur die zu politischem Handeln befähigten Männer gemeint seien. Betrachtet man die nachexilischen Belege, so bestätigt sich der von ARHULST angemeldete Zweifel an der Richtigkeit dieser Begriffsbestimmung, denn schon Gen 42,6; Num 14,9 (vgl. auch 2Kön 15,5; 16,15) liegt eine Beschränkung auf die Männer nicht vor.[520] Esra 10,2.11 und Neh 10,31 reden gerade von den Frauen.

Die andere Frage ist, ob EWÜRTHWEIN recht hat, wenn er auch für die nachexilische Zeit daran festhält, daß עַם־הָאָרֶץ terminus technicus ist (auch in den Pluralformen) und behauptet: »'amm ha'arez bezeichnet wie ehemals die Oberschicht, aber nun eben nicht die judäische, sondern andere.«[521] M.E. läßt sich eine Bedeutung im Sinne von »Oberschicht« nur für Esra 4,4 unter Umständen halten; doch wie unsere Erörterung bereits gezeigt hat, ist auch hier für עַם das Verständnis »Leute« näherliegend.[522] Alle anderen Stellen lassen keine mögliche Beschränkung auf die im Besitz der vollen Bürgerrechte befindliche Oberschicht erkennen.

In Hag 2,4 und Sach 7,5 ist wohl die gesamte frühnachexilische judäische Bevölkerung gemeint;[523] Neh 9,10 meint alle Ägypter, ansonsten sind die palästinensischen Nachbarvölker Israels gemeint, die z.T. namentlich aufgeführt werden (Esra 9,1; Neh 10,24).

So kann man עַם־הָאָרֶץ in nachexilischer Zeit nicht mehr als terminus technicus für die Oberschicht ansprechen; vor allem auch deshalb nicht, weil die Pluralbildung עַמֵּי־הָאָרֶץ dann mehrere Oberschichten eines Territoriums erkennen lassen würde.[524] Bereits Lev 4,27 (vgl. 20,2.4) ist der terminus-technicus-Charakter verlorengegangen, wobei קהל und עדה (4,13) sowie עם (4,3) Wechselbegriffe zu עַם־הָאָרֶץ geworden sind.[525] Auch EWÜRTHWEIN weist ja auf diese Stelle hin[526] und erkennt an, daß

---

[519] EWÜRTHWEIN 14.

[520] ARHULST, THAT II 299.

[521] EWÜRTHWEIN 56.

[522] S. o. 116ff; vgl. RALBERTZ, Religionsgeschichte 580 Anm. 23.

[523] ARHULST aaO 300.

[524] Gegen EWÜRTHWEIN 54, der sich so hilft: »Da es in jedem Territorium nur eine Mannschaft geben kann, ist die Form 'amme ha'arez nur als ungenaue Kurzform von 'amme ha'arazoth zu begreifen« (aaO 56).

[525] ARHulst aaO 300.

[526] EWÜRTHWEIN 47-50: »Anhang. Der 'amm ha'arez in den Zukunftsweissagungen des Eze-

dort עם־הארץ in der Tat nicht als terminus technicus in seinem bisherigen Sinn verwendet ist, »und zwar deshalb nicht, weil sie mit einer solchen Oberschicht nicht rechnen«.[527] Umso verwunderlicher ist, daß er für Esra-Nehemia am technischen Sinne festhält. Seine andere Behauptung: »Auf jeden Fall werden mit 'amm ha'arez in nachexilischer Zeit niemals Judäer bezeichnet«, erweist sich ebenfalls als Fehlurteil, denn er muß Hag 2,4 und Sach 7,5 dazu ausklammern. Sach 7,5 hat er aber als Belegstelle gelten lassen und die Gründe, Hag 2,4 als falsch überliefert zurückzuweisen, sind völlig aus der Luft gegriffen.[528]

עם־הארץ in nachexilischer Zeit ist also weder auf die Männer eines bestimmten Territoriums, noch auf seine Oberschicht, noch auf die Feinde der nachexilischen JHWH-Gemeinde beschränkt, sondern bezeichnet schlicht die Leute eines bestimmten Landes, die Bevölkerung insgesamt. Der Kontext weist aus, ob es sich dabei um Ägypter (Neh 9,10), Judäer (Sach 7,5; Hag 2,4), Samaritaner (Esra 4,4) oder andere handelt. Wie עם überhaupt ist auch עם־הארץ profanisiert worden. Daß es vor allem die der nachexilischen JHWH-Gemeinde gegenüberstehenden Gruppierungen bezeichnet[529] und in späterer Zeit dann die Leute, die das Gesetz nicht kennen,[530] ist eine Entwicklung, die gerade erst auf dem Hintergrund der Profanisierung des Begriffes möglich geworden ist.

2.4 ישראל

Der Name ישראל[531] ist im gesamten AT mehr als 2500 mal belegt[532] und hat im Laufe der Geschichte verschiedene Bedeutungsveränderungen erlebt. Immer hat ihm jedoch eine religiöse Dimension innegewohnt, die auch dort nicht verschwand, wo er politisch-staatsrechtlicher Terminus wurde (vor allem als Bezeichnung des Nordreichs), denn Israel hat sich

---

chiel und in Lev 4,27.«
[527] AaO 49.
[528] AaO 54; so schon WRudolph, Haggai z. St., der sich auf RKittel, Geschichte III, 1929, 499 Anm. 3 beruft.
[529] Im selben Sinne גוי־הארץ Esra 6,2; vgl. Neh 5,17; AHJGunneweg, עם־הארץ 34f: »Gemeint sind die Heiden und überhaupt alle, die nicht zur Heimkehrergemeinde gehören.«
[530] Vgl. ARHulst, aaO 301; AHJGunneweg, aaO 36.
[531] Zu Bedeutung und Etymologie ausführlich HJZobel, ThWAT III 986-1011 (Lit).
[532] HJZobel aaO 888: 2514 mal.

selbst immer als Volk JHWHs verstanden, das JHWH geliebt, erlöst, erwählt, errettet hat und das er zur Umkehr ruft. Im Deuteronomium sind alle diese Aussagen verdichtet:

> »Israel, das ist der Name 'der Gemeinschaft, für die die Bindung an Jahwe das wichtigste ist' (ARHulst, 103).«[533]

Nachdem die Konzentration auf das Religiöse es ermöglicht hatte, daß sich die Exulanten in Babylon Israel nennen; Israel also ein Name wird, »der die Zugehörigkeit zur JHWH-Gemeinde ausdrückt und damit so etwas wie ein Glaubensbekenntnis darstellt«[534], ist nun die Frage zu stellen, wie der Name in nachexilischer Zeit verwendet wurde und ob es erneut einen Bedeutungswandel gab.

Es ist auffällig, daß in frühnachexilischer Zeit der Terminus offenbar in den Hintergrund tritt. In Hag fehlt er ganz. In Proto-Sacharja finden wir ihn nur zweimal (Sach 2,2; 8,13); beide Stellen beziehen sich jedoch auf die Vergangenheit, wenn sie nicht überhaupt sekundär sind.[535] In Tritojesaja erscheint er sechsmal (Jes 56,8; 60,9.14; 63,7.16; 66.29), wobei 63,16 den Ahnherrn meint und 60,9.14 »Israel« Teil einer Gottesbezeichnung ist (קדוש ישראל).

LRost hat aus diesem Befund geschlossen, daß die nachexilische JHWH-Gemeinde zunächst »zur Sicherung ihrer Eigenart von sich aus auf den 'Israel'-Namen verzichtet« habe,[536] weil aus politischer Sicht die Bezeichnung Juda viel näher lag und aus theologischer Sicht die Zion/Jerusalem-Tradition aufgenommen wurde.[537] Das trifft den Sachverhalt[538] und bestätigt in gewissem Maße für ישראל, was wir bereits für עם festgestellt haben, daß nämlich das theologische Gewicht auf andere Begriffe verlagert worden ist. Allerdings war das beim Israel-Namen nicht von allzu langer Dauer, denn Maleachis Redaktoren verwenden ihn wieder (Mal 1,1.5; 2,11.16; 3,22).[539] Auch die Nachträge Sach 2,2; 8,13 gehören nach LRost hierher.[540] Dieser »Tatbestand, der gut dazu paßt, daß

---

[533] HJZobel aaO 1008, der hier ARHulst, Der Name 'Israel' im Deuteronomium, OTS (1951) 65-106 zitiert.

[534] Ebenda.

[535] LRost, Israel 94f, wo er für Sach 2,2 vor allem auf 2,4 verweist; vgl. auch BHS.

[536] AaO 114.

[537] S. o. 93f.

[538] So auch HJZobel aaO 1009.

[539] LRost aaO 96 hält nur Mal 1,5 für »ganz unbestritten«.

in der Chronik ebenso wie in Esra und Nehemia die Vorliebe für den
'Israel'-Namen wächst«, kündet davon, daß die nachexilische JHWH-
Gemeinde nunmehr ein starkes Interesse daran hat, »ihre Verbundenheit
mit dem Volk der Wüstenwanderer zu unterstreichen.«[541] Wir wollen das
an den Belegen in Esra-Nehemia prüfen.

Esra hat den Terminus ישׂראל 40mal; in Neh erscheint er 22mal. Mehrfach bezeichnet er das vorexilische Gottesvolk, greift also in die Vergangenheit zurück (Esra 3,11; 5,11; 6,17; 8,29; Neh 1,6; 8,1; 10,34;
13,2.18.26). Eine eigenartige Verwendung des Israel-Namens findet sich
in Esra 2,2 = Neh 7,7; Esra 7,13; 9,1, wo עם ישׂראל die den Priestern und
Leviten gegenüberstehenden »Laien« bezeichnet. Die gleiche Verwendung finden wir in Esra 6,16; 10,25; Neh 11,3 (1Chr 9,2) – hier jeweils
ohne den Zusatz עם –, während Neh 11,20 die »Laien« mit שׁאר ישׂראל bezeichnet. Wie bereits festgestellt, kann unmöglich gemeint sein, daß der
Tempelklerus nicht mehr zu Israel gehöre.[542] Es scheint vielmehr so, daß
der Prozeß der Profanisierung auch vor dem ehrwürdigen Israel-Namen
nicht halt gemacht hat und er, bedingt durch seine starke Bindung an עם,
zum bloßen Unterscheidungskriterium zu den עמי־הארץ wurde, denen gegenüber die »Leute von Juda« determiniert werden sollten (Esra 4,4 vgl.
V3!).

Daneben verwendet die nachexilische JHWH-Gemeinde den Israel-
Namen als Selbstbezeichnung für die Gesamtheit des »Volkes JHWHs«
(Esra 7,10; 10,1.2; Neh 10,34; 12,47; 13,3.10 u.ö.). Sie kann das tun, weil
der Gott, den sie verehrt – und der in persischem Munde »Himmelsgott«
(Esra 1,2; 7,12) genannt wird –, der »Gott Israels« ist (Esra 1,3; 4,1.3;
6,21; 7,6; 9,15; vgl. auch 3,2; 5,1; 6,22; 7,15; 8,35; 9,4). Hier liegt wohl
auch der Grund dafür, daß die nachexilische JHWH-Gemeinde den Israel-
Namen nach anfänglicher Unsicherheit doch für sich in Anspruch nahm,
denn mit dem JHWH-Namen ihres Gottes ist der Israel-Name immer
schon mitgegeben.[543]

Die beiden großen Exilspropheten haben diese enge Bindung von
JHWH und Israel deutlich hervorgehoben.[544] Daran knüpft die nach-

---

[540] AaO 95.

[541] AaO 114.

[542] Vgl. auch Ps 115,9; 118,2; 135,18.

[543] Vgl. HJZOBEL aaO 998. Erstaunlicher Weise findet sich in Neh der JHWH-Titel »Gott Israels« nicht.

[544] HJZOBEL aaO 1008f; vgl. LROST aaO 74-92; WZIMMERLI, »Israel« im Buche Ezechiel, BK

exilische JHWH-Gemeinde an: Sie ist Israel, indem sie sich von JHWH ins Leben gerufen weiß (Esra 1,1; 7,6b.23.27f; Neh 2,8b), sich von JHWH ansprechen läßt (Mal 1,1) und sich seinem Gebot unterstellt, das er Mose für Israel befohlen hat (Neh 8,1.14; vgl. Esra 9,4; 10,2).

Es ist deutlich, daß ישראל keinerlei politische Bedeutung hat. Es bleibt zu fragen, ob dem Terminus noch eine ethnische Komponente innewohnt. Das scheint vor allem Esra 2,59 = Neh 7,61 der Fall zu sein und ist wohl auch für Esra 2,2 = Neh 7,7; Esra 7,13; 9,1.2; 10,1; Neh 13,3 nicht ganz auszuschließen. Nun haben wir Esra 2,59 = Neh 7,61 ausführlich untersucht[545] und festgestellt, daß die Abstammungskriterien letztlich nicht über die Aufnahme in die nachexilische JHWH-Gemeinde entscheiden, so daß wir sagen können, daß bei der Übernahme des Israel-Namens als Selbstbezeichnung für die nachexilische JHWH-Gemeinde die ethnische Komponente in den Hintergrund trat und immer mehr an Bedeutung verlor. Das ist z.B. an Esra 10,1ff zu verfolgen, wo die spontan zusammengetretene Versammlung קהל מישראל heißt.[546] Für die weitaus repräsentativere Versammlung (V7ff) jedoch fehlt der Israel-Name völlig.[547] Denn die »Hoffnung für Israel« (V2; vgl. Jer 14,8; 17,13) ist allein in JHWH begründet und in einem erneuten Bund mit ihm.

So bringt auch זרע ישראל Neh 9,2 (vgl. Esra 9,2) nicht Blutsverwandtschaft zum Ausdruck, sondern זרע ist Verheißungsterminus im Sinne von Jes 6,13 und hat einen gewissen Bildwert:[548] Wie von der eingebrachten Ernte ein Rest bewahrt wird als Same zu neuer Aussaat, so hat JHWH einen »Rest« von Israel durch das Gericht hindurch bewahrt, um mit diesem »heiligen Samen« neu anzufangen. זרע beschreibt dabei »den Zusammenhang in der Geschichte unter demselben Gott und seiner Führung in Gericht und Heil, die zukunftsgerichtete Entfaltung der den Vätern von JHWH geschenkten und verheißenen Gaben und die Gewißheit, in diesem Erbe zu stehen und es auf sich beziehen zu dürfen.«[549]

XIII/2, 1258-1261; DERS., Israel im Buche Ezechiel, VT 8 (1958) 75-90: »Die Majestät des göttlichen Namens, die über Israel, dem Eigentumsvolk steht, ... ist das verborgenste Geheimnis Israels«; ebenda 90.

[545] S. o. 59; interessant ist, daß bei den Priestern ohne Geschlechternachweis (Esra 2,61-63 = Neh 7,63-65) das Wort 'Israel' nicht erscheint.

[546] S. o. 51f.

[547] Ausführlich 113f.

[548] Auch W.RUDOLPH, Esra 154 wehrt sich dagegen, daß Esra 9,2a vielfach dahin verstanden wird, »als hätten die Israeliten nur bei dieser Versammlung unter sich sein wollen«; vgl. H.D.PREUSS, ThWAT II 685, der deshalb »Nachkommen« in Anführungszeichen setzt.

Wir halten fest, daß in der nachexilischen Zeit für den Terminus ישראל kein eindeutiger Sprachgebrauch festzustellen ist.[550] Nach anfänglich bewußtem Verzicht auf den Israel-Namen hat die nachexilische JHWH-Gemeinde ihn zwar als Selbstbezeichnung verwendet, doch haben daneben immer andere Begriffe eine entscheidende Rolle gespielt.[551] Außerdem bezeichnet ישראל die Laien im Gegensatz zum Tempelklerus, oder es ist das vorexilische Gottesvolk gemeint. Die festgestellte Begriffsunsicherheit bei der Bezeichnung der nachexilischen JHWH-Gemeinde wird am Israel-Namen besonders greifbar.

Wo ישראל dennoch die Gesamtheit der nachexilischen JHWH-Gemeinde meint, sind die politisch-nationalistische und die ethnische Komponente stark in den Hintergrund getreten.[552] Die religiös-theologische Bedeutung des Israel-Namens steht im Vordergrund. Damit knüpft der nachexilische Sprachgebrauch an die ursprüngliche Bedeutung in vorstaatlicher Zeit an: Allein der JHWH-Glaube konstituiert Israel.[553] Wir haben das bei der Verwendung des Israel-Namens in Neh 8f gesehen,[554] und das wird auch Esra 6,17 deutlich: Indem die nachexilische JHWH-Gemeinde das Sühneopfer vollzieht und sich der Tora unterstellt, tritt sie legitim das religiöse Erbe des Zwölfstämmevolkes der Exodusgeneration an; indem sie die am Sinai ergangenen Satzungen JHWHs über sich anerkennt (Mal 3,22), konstituiert sie sich (neu) als Israel.[555] In dieser Konzentration auf das Religiöse liegen später auch die Wurzeln für das Israel-Verständnis von Qumran, wo »das 'Israel' als Gottesgemeinde aus einem größeren Israel ausgegrenzt wird.«[556]

---

[549] HDPREUSS, ThWAT II 686; ähnlich AHJGUNNEWEG, Esra 162, der ebenfalls »heiliger Same« in Anführungszeichen setzt, dann aber doch eigenartiger Weise bei einer biologischen Begriffsfüllung bleibt.

[550] HJZOBEL, aaO 1009: »Im Blick auf die nachexilische Prophetie ist nichts wirklich Eindeutiges festzustellen«.

[551] Hier ist auch auf יעקב hinzuweisen: Jes 58,1; 59,20; 65,9; Mal 1,2; 2,12; 3,6.

[552] HJZOBEL, Selbstverständnis 293 bemerkt, daß vor dem Exil im israelitischen Selbstverständnis »das Schwergewicht mitunter leicht etwas zugunsten nationalistischer oder denen ähnlicher Tendenzen verschoben wird.«

[553] AaO 286 formuliert HJZOBEL für die Bileamlieder: »Nur von Jahwe her und zu Jahwe hin vermag Israel sein es von den anderen Nationen unterscheidendes Proprium zu finden«.

[554] S. o. 119.

[555] Vgl. HCMVOGT aaO 55; seine Zahlenspielerei (53: in Esra 4-6 ist Israel 12mal enthalten, was »kein reiner Zufall« sei, sondern auf die 12 Stämme hinweise) ist m.E. überzogen.

[556] HJZOBEL, aaO 1012.

2.5 *Exkurs II:* עדה – ein priesterlich-ekklesiologischer Neuentwurf[557]

Das Nomen עדה, das in der hier untersuchten Literatur nicht vorkommt – lediglich das Verb erscheint Neh 6,2.10[558] – geht auf den Verbalstamm יעד »bestimmen«, im *niph* »sich versammeln« zurück. LRost hat in seiner nach wie vor wegweisenden Studie[559] den אהל מועד zum Ausgangspunkt seiner Untersuchung gemacht und stellt nach einleitenden Bemerkungen über die Bedeutung der Wurzel יעד zunächst die Gegensätze in der Zeltauffassung von E und P heraus.

Während bei E (Ex 33, 7-11; Num 11f) das Zelt außerhalb des Lagers steht und Ort der Begegnung mit JHWH ist, also »zum Typ der Erscheinungstempel« gehört,[560] ist es bei P in den Mittelpunkt des Lagers gerückt und Wohnstätte JHWHs geworden (Ex 25ff; 35ff; 40,34f). Nicht mehr nur ein einzelner sucht JHWH, sondern: »Jetzt in der Priesterschrift tritt zu diesem einzelnen ganz Israel, die Volksgemeinde.«[561] Diese nennt P עדה, weil bestimmte Bedenken gegen das Wort עם vorzuliegen scheinen, das »die bevorrechtete Männerschicht« bezeichne.[562]

> »Denn die Lage im Exil hat der Gola offensichtlich die Augen für die Rechtsfülle, die das Wort עם barg, geöffnet und damit die Verwendung von עם für die Zeit der Wüstenwanderung unmöglich gemacht. Daß man aber עדה zur Bezeichnung jener Männerschicht erwählte, die damals das Volksganze repräsentierte, das hat der אהל מועד und die daran geknüpfte Etymologie erreicht. Dem Gott, der zum Zusammentreffen am אהל מועד bereit ist, stellt sich die עדה gegenüber, wartend auf die Begegnung mit ihm.«[563]

So kommt LRost zu dem Ergebnis, daß עדה dem außerhalb von P üblichen עם entspricht und die Gesamtheit der Männer Israels umfaßt, soweit sie im Vollbesitz der gültigen politischen Rechte waren. עדה sei inner-

---

[557] Weitere Lit. bei Levy / JMilgrom / HRinggren / HJFabry, ThWAT V 1079-1093.

[558] MGörg, ThWAT II 702 verweist zu Neh 2,6 auf RSchiemann, VT 17 (1967) 368f (»let us covenant together«) – mit Hinweis auf die Parallelkonstruktion in Neh 6,7 – und bemerkt: »Auf jeden Fall ist ein zielorientiertes Treffen gemeint.«

[559] LRost, Vorstufen; bes. 32-86: III. עדה im Alten Testament.

[560] AaO 36.

[561] AaO 39.

[562] Ebenda.

[563] AaO 40; die Etymologie von אהל מועד hat P von E mit dem Begriff übernommen und stellt sie Ex 25,22; 29,42-46; 30,6.36; Num 17,19 vor (aaO 38). Daß sie dem Zeltverständnis von P so sehr widerspräche, ist m.E. übertrieben; man kann auch jemandem begegnen, der schon da ist; der da wohnt, wo man ihn treffen will.

halb von P einfach Ersatz für עם.[564] Dann erörtert er die Gliederung der עדה in Stämme, Sippen und Vaterhäuser und formuliert als Ergebnis:

> »Der Verfasser der Priesterschrift, der seinerseits in einer Zeit lebte, die das Zerbrechen der Sippenorganisation und deren Ersatz durch die Vaterhäuser (בית אב) erlebt hatte, ersetzte zuerst den עם durch die עדה, wohl deshalb, weil er als Glied der nachexilischen Gemeinde, die staatlich unselbständig geworden war, die Bindung an das Heiligtum, den אהל מועד, für das Entscheidende ansah und den Stämmen der Wüstenwandererzeit das Wort עם, das in der Verbindung עם־הארץ den souveränen Besitz eines Territoriums forderte, nicht zuerkennen konnte. Er ersetzte aber auch das Wort שבט für den Stamm, dem in seiner Zeit keine politische Gruppe mehr entsprach. Die Gründe dafür sind nicht mehr durchsichtig. Doch ist mit der Möglichkeit zu rechnen, daß die auch im Akkadischen in der Bedeutung 'Stock' vorhandene Wurzel sbt während des Exils einen Beigeschmack bekommen hatte, der seine Verwendung ausschloß. Die Sippenorganisation erkannte er an; aber die Vorstellungen von dem Wesen der Sippen fangen bei ihm an, unscharf zu werden. Neu führt er in die Überlieferungen von der Wüstenzeit und der Landnahme den ihm aus der Gemeindeorganisation seiner Zeit geläufigeren Begriff des Vaterhauses ein, ohne allerdings ihm zuliebe die Sippen zu tilgen, so daß gerade hier Unsicherheit und Schwanken zu beobachten ist.«[565]

Nach einer Untersuchung der Ämter[566] und Funktionen der עדה faßt LRost seine Ergebnisse folgendermaßen zusammen:

> » 1. עדה ist eine von der Priesterschrift neu gebildete Bezeichnung für die um den אהל מועד sich scharenden Israeliten, von diesem Zeltheiligtum denominiert.
> 2. Sie gliedert sich in 'Stämme' (מטה) und 'Vaterhäuser' (בית אב)
> 3. An der Spitze der עדה steht Mose selbst, an der Spitze der 'Stämme' der 'Fürst' (נשיא); die 'Vaterhäuser' leitet das 'Haupt' (ראש).
> 4. Die עדה deckt sich in ihren Betätigungen mit dem עם. Nur vermeidet P, die עדה in den Krieg ziehen zu lassen, und verwendet hier das Wort עם.
> 5. Die עדה ist demnach Volksgemeinde, Rechtsgemeinde, Kultgemeinde.
> 6. Das Bestreben der Priesterschrift, eine kultisch reine Gottesgemeinde darzustellen, gibt dem Wort eine theologische Bedeutung, die freilich nicht über die von עם hinausgeht.«[567]

---

[564] AaO 40: »Frauen und Kinder gehören nicht zur עדה«, woran auch Num 20,2ff nichts ändere.

[565] AaO 59.

[566] Diese Untersuchung von Ältesten, Fürsten und Häuptern aaO 60-76 bleibt unbefriedigend, da mehr die Begriffe und ihre Entwicklung dargestellt werden, als daß sie eine Beziehung zu עדה hätten; so gibt LRost 61 selbst zu, »...daß die große Zeit der 'Ältesten' – vor der Priesterschrift liegt«.

LRosts sechste These ist von unserer Untersuchung von עם her anzufra-
gen, denn עדה scheint eher bewußte Korrektur, als bloßer Ersatz für עם
gewesen zu sein, da עם einerseits als national-politischer Terminus, andererseits aber in seiner völlig profanen Verwendung doppelt mißverständ-
lich geworden war. So mußte die auszudrückende Wirklichkeit anders benannt werden, und P greift zu dem wohl aus Ugarit bekannt gewordenen
Begriff עדה.[568] Indem in P Israel עדה genannt wird, werden damit theologische Akzente gesetzt und nicht nur Bekanntes anders formuliert.

Hinter עדה verbirgt sich ein ekklesiologischer Neuentwurf,[569] dessen
innere Spannung jedoch darin besteht, daß nicht klar zu erkennen ist, wo
die Grenzen zwischen historischem Hintergrund der Überlieferung aus
der Wüstenzeit,[570] der Beschreibung der zur Zeit existierenden nachexilischen JHWH-Gemeinde und den Hoffnungen für die zukünftige Gestalt
derselben liegen.[571] Die wesentlichen Akzente dieses ekklesiologischen
Neuentwurfs aber sind klar erkennbar:

1. עדה ist in erster Linie eine religiös bestimmte Größe,[572] denn:

2. JHWH wohnt inmitten der עדה. Streng gegliedert steht das Lager um
den אהל מועד, der das Zentrum der Gemeinde ist (vgl. Ez 37,27 [vgl.

---

[567] AaO 84f – Die anschließende Untersuchung der 24 Vorkommen außerhalb von P bringt
nichts Neues.

[568] Levy/JMilgrom, ThWAT V 1080: עדה ist wohl keine Wortneuschöpfung der Priesterschrift, wie LRost behauptete. Im Ugaritischen sind ʿdt und mʿd zur Bezeichnung der Versammlung (der Götter) belegt.

[569] Vgl. AKuschke, Lagervorstellung 99: »Es mag etwas Wahres dran sein, wenn ROST behauptet, daß die Ähnlichkeit der Situationen der Gola mit der der Wüstenwanderer, nämlich im Fehlen des Grundbesitzes und d.h. der physisch-nationalen Grundlage der Existenz, nahegelegt habe, für den nicht mehr zutreffenden Begriff עם den ʿErsatzʾ עדה zu
schaffen. Aber der Grund liegt u.E. doch tiefer. Es ist im Gang der Untersuchung wohl
schon soviel deutlich geworden, daß wir es mit einem Werk ausgesprochen theologischen
Charakters zu tun haben, mit dem Werk von Priestern oder eines Priesters, der über Gottes
Handeln an der Welt und insbesondere an Israel reflektierend und aus den Erfahrungen der
Vergangenheit die theologischen Konsequenzen ziehend, ein Bild der Volksgemeinde kon-
struiert, wie sie seiner Meinung nach in der idealen Mosezeit ausgesehen hatte und wie sie
eigentlich sein sollte – oder von ihm erwartet wurde ... עדה ist also im Gegensatz zu עם
in erster Linie Kultgemeinde«.

[570] Levy/JMilgrom, aaO 1082 vermuten, daß die עדה eine alte Einrichtung sein müsse, »die
sicher vor die Königszeit zu datieren ist und vielleicht sogar vor die Landnahme.«

[571] Vgl. RSmend, Entstehung 57f: »So stellt P eine gewaltige Rückprojektion dar, in der der
jetzige Zustand in das sinait. Gewand gehüllt wird – in manchem wohl auch ein gewünsch-
ter Zustand; P dürfte auch Zukunftsprogramm sein.«

[572] Vgl. GSauer, THAT I 745 (4c).

Offb 21,3]; Jer 31,31-34).[573] JHWHs ureigenste Absicht ist damit verwirklicht (vgl. Ex 29,43-46; Jer 56,7). Klarer als in diesem JHWH-
zentrischen Bild (Num 2)[574] kann das Wesen »Israels« kaum beschrieben werden.

3. Wie das Lager, so ist auch die עדה selbst klar gegliedert, wobei das
entscheidende Strukturelement das בית אבות ist (vgl. Jos 7; Num 1).[575]

4. Der einzelne hat in der עדה ein ziemliches Gewicht. Das kommt einerseits durch die häufige Verbindung von בית ישראל mit עדה,[576] zum
zweiten durch die Betonung der rituellen Reinheit des einzelnen (Num
19) und zum dritten durch die angedrohte Ausrottung aus der Gemeinde in bestimmten Fällen (Ex 30,38; Num 19,20) zum Ausdruck.

5. Ebenso wird wiederholt betont (vor allem beim Passa), daß für den
Fremdling wie für den Einheimischen das gleiche Recht gilt (Ex
12,48f; Num 9,14; 19,10).[577]

Verwunderlich bleibt, daß dieser von P neu eingeführte Begriff nur in P
und der verwandten Literatur vorkommt[578] und nicht z.B. vom Chronisten
übernommen wurde, obwohl dieser die בית אבות ebenso in den Vordergrund rückt. Handelt es sich dabei um eine bewußte Ablehnung des עדה -
Begriffes, oder kommt hier nur wieder die beobachtete Begriffsunsicherheit zum Vorschein? Jedenfalls zeichnet P mit Hilfe des עדה-Begriffes
nicht primär ein Bild der ältesten, vorstaatlichen Zeit Israels, wieviel alter
Stoff hier auch immer verarbeitet worden ist; sondern עדה »stellt ein Programm dar und zeichnet ein Idealbild für die nachexil. Gemeinde«.[579]

---

[573] Ausführlich AKUSCHKE, Lagervorstellung; vgl. KKOCH, ThWAT I 128ff (Lit.).

[574] KKOCH aaO 140: »Um der Heiligkeitswirkung wird das Zeltheiligtum mitten ins Lager gerückt ... Das so eingerichtete Segen und Sühne beschaffende Heiligtum ist das Ziel der
Wege Gottes mit Israel, ja mit der ganzen Schöpfung.«.

[575] LROST aaO 56ff hat die Bedeutung des »Vaterhauses« deutlich herausgestellt; s. u. 159ff.

[576] LROST aaO 78 Anm. 2) zählt »278 Vorkommen in P«, während »Israel« nur 23mal vorkommt, »Haus Israel« nur 6mal, aaO Anm. 3 und 4.

[577] Zu גר und נכר s. u. 148ff.

[578] LROST aaO 85ff.

[579] HRINGGREN, ThWAT V 1092.

3 Wesen und Struktur der nachexilischen JHWH-Gemeinde in Jerusalem

Aufgrund der Text- und Begriffsuntersuchungen wollen wir nun ein Bild von der nachexilischen JHWH-Gemeinde in Jerusalem zu zeichnen versuchen. Dabei soll es weniger um die Ausmalung historischer Details gehen als um das Aufzeigen der wesentlichen ekklesiologischen Grundlinien, wie sie uns die alttestamentlichen Überlieferungen erkennen lassen.

3.1 Die Entstehung der nachexilischen JHWH-Gemeinde in Jerusalem

3.1.1 Die historischen Hintergründe

Wenn R.Meyer »das Judenthum ... eine Schöpfung des Perserreiches« nennt,[580] hat das insofern seine Richtigkeit, als ohne den Herrschaftswechsel in Babylon und die damit wirksam gewordene neue Religionspolitik der Achämeniden die Entstehung der nachexilischen JHWH-Gemeinde in Jerusalem nicht denkbar wäre. Aber allein der persische Regierungserlaß des Kyrus gründete noch keine Gemeinde, ganz im Gegenteil. Wie wir gesehen haben, war das Kyrusedikt keineswegs der entscheidende Anstoß zu einer großen Rückwanderbewegung, vielmehr machte sich nur ein kleiner Haufe mit Schechbazzar auf den Weg, die Tempelgeräte zurückzubringen.

Die verschiedensten Vermutungen sind geäußert worden, weshalb nicht sofort nach 538 v.Chr. die meisten Exulanten in die alte Heimat zurückkehrten. Wie wir sahen, bringen die meisten Forscher den Hauptstrom der Rückwanderer mit dem Ägyptenfeldzug des Kambyses bzw. den Thronwirren nach dessen Tod in Zusammenhang. Sind sie mit dem persischen Heer nach Palästina gezogen? Oder konnte Kambyses erst nach dem Sieg über die Ägypter »den zahlreichen Bittgesuchen der in

---

[580] E.Meyer, Papyrusfund 1.

Babylonien lebenden Judenschaft Gehör schenken und ihre Rückkehr in die Heimat erlauben, zumal er mit der in Elephantine ansässigen jüdischen Kolonie keine schlechten Erfahrungen während seines Feldzuges gemacht hatte«?[581] Das würde allerdings voraussetzen, daß der Großteil der Exulanten schon lange sehnlichst auf eine Möglichkeit zur Heimkehr wartete.

Wie wir sahen, war das aber nicht der Fall, denn viele der deportierten Judäer waren inzwischen fest in die babylonische Gesellschaft integriert und dachten gar nicht daran, nach Judäa zurückzugehen. Eine ökonomische Motivation zur Heimkehr gab es also nicht,[582] und auch aus politischer Sicht gab es keine Gründe, in die kleine Randprovinz jenseits des Stroms überzusiedeln. Denn selbst wenn messianisch-zionistische Kreise 522 v.Chr. damit gerechnet haben sollten, daß der Zeitpunkt gekommen sei, das davidische Königtum in Jerusalem wieder zu errichten und Serubbabel zum König von Juda zu machen, um damit den Anbruch der messianischen Heilszeit heraufzuführen – die Niederschlagung der Unruhen durch Darius und nicht zuletzt das unterworfene Ägypten mußten jeden als politischen Phantasten erscheinen lassen, der auf eine Verselbständigung Judäas unter eigenem König reflektierte. Die Wandlung der Königserwartungen der Propheten Haggai und Sacharja sind beredtes Zeugnis dafür.[583]

So wird man mit ziemlicher Sicherheit sagen können, daß es eine allgemeine Heimkehrbegeisterung unter den babylonischen Juden nicht gegeben haben wird. Esras Levitenwerbung unterstreicht das (Esra 8,15ff). Was aber hat dann deportierte Judäer bzw. deren Nachkommen veranlaßt, nach Jerusalem zurückzukehren?

---

[581] KMBEYSE aaO 22. Die erwähnten Bittgesuche sind m.W. aus unseren Quellen nicht zu belegen; außerdem erscheint es unwahrscheinlich, daß jeder Heimkehrwillige eine (erneute) Genehmigung des persischen Hofs einholen mußte; wenn Esra und Nehemia das tun, hängt das sicher mit ihrer höheren Stellung zusammen.

[582] RALBERTZ, Frömmigkeit 272, Anm. E 177: »das Ausbleiben einer breiten Rückwanderung von Exilierten und Flüchtlingen in der Perserzeit ist ja auch ein indirekter Hinweis darauf, daß die wirtschaftlichen Möglichkeiten in Jerusalem wenig Anreiz boten, d.h. es war gar nicht möglich, eine größere Bevölkerungszahl zu ernähren.«; DERS., Religionsgeschichte 430: »So werden die meisten die Konsequenz gezogen haben, die nationalen Hoffnungen ad acta zu legen und ihr Glück im familiären Leben und beruflichen Fortkommen zu suchen.«

[583] Zum Ganzen KMBEYSE, Serubbabel, bes. 102f; »Der Bereich der Außenpolitik, die Welt des Krieges und des militärischen Erfolgs wird von ihm ferngehalten«.

Zunächst halten wir noch einmal fest, daß wir weder über die Größe der Rückwanderergruppen noch über den Zeitpunkt ihrer Heimkehr aus unseren Quellen etwas Genaues erfahren, ausgenommen die spätere Esra- bzw. Nehemiagruppe. Auch über deren Motive erhalten wir keine letzte Klarheit. Doch wird man annehmen dürfen, daß der möglich gewordene Tempelbau Motivation genug hätte sein müssen für eine Rückkehr in die alte Heimat. Oder sollten familiäre Gründe (Neh 1,2; 2,3) die Hauptrolle gespielt haben? Gewiß, man wird diese nicht unterschätzen dürfen, doch reichen sie aus? Wieso haben die deuteronomistischen Kreise so stark an Einfluß verloren, daß nicht das ganze Volk bereit war, zurückzugehen »in das Land, das JHWH deinen Vätern, Abraham, Isaak und Jakob zugeschworen hat, es dir zu geben« (Dtn 6,10)?

Der Chronist gibt uns auf die Frage nach der Motivation zur Rückkehr, die für ihn gleich nach 538 v.Chr. und unter großer Beteiligung geschah, folgende Antwort: »Alle, deren Geist Gott erweckt hatte, machten sich auf den Weg« (Esra 1,5).[584] Diese Antwort klärt zwar nicht die historischen Fragen, läßt uns aber erkennen, wie die nachexilische JHWH-Gemeinde selbst ihre Entstehung sah:

Nicht eine dem Volk Israel innewohnende Volksbegeisterung war der Beweggrund zum Aufbruch; nicht ein generelles Motiv zur Rückkehr ließ alle in Babylonien Bleibenden zu Ungehorsamen werden – jedenfalls wird ihnen das nirgendwo in der alttestamentlichen Überlieferung als Ungehorsam vorgeworfen –, sondern JHWH selbst setzte einen Neuanfang, indem er einzelne erweckte und in Bewegung brachte.

Daß es dazu eines kräftigen Impulses bedurfte, haben wir bereits gesehen. Der JHWH-Glaube hatte in der Zeit des Exils eine derart starke Wandlung erlebt, daß jetzt nicht mehr das Volk als ethnisch-nationale Größe als Ansprechpartner JHWHs erscheint, sondern der einzelne JHWH-Verehrer. Und dieser hatte die ganz persönliche Entscheidung zu fällen, ob er in Babylonien bleiben wollte oder nicht. Hier also, in dem Individualisierungsprozeß, der während der Exilszeit stattgefunden hatte, liegt der Grund, weshalb es keine kollektive Motivation zur Rückkehr gab und geben konnte. Diesen Prozeß wollen wir ein wenig deutlicher nachzeichnen.

---

[584] S. o. 45ff.

3.1.2 Der Prozeß der Individualisierung des JHWH-Glaubens

Schon immer gab es in der israelitischen Religion ein Gottesverhältnis des einzelnen. Das hat auf unterschiedliche Weise seinen Niederschlag im Alten Testament gefunden. Die früheste Stufe des JHWH-Glaubens, die uns in den Vätergeschichten überliefert worden ist (Gen 12-50), stellt sich uns als »Religion der auf sich gestellten, wandernden Familie« dar.[585] Und da es damals große politische Organisationsformen des gesellschaftlichen Lebens noch nicht gab, war die »persönliche Frömmigkeit« noch die Religion schlechthin.[586] Mit dem Zusammenschluß der seßhaft werdenden Stämme beginnend tritt uns dann die offizielle JHWH-Religion vor Augen, die ihre deutlichste Ausprägung in der Zeit der staatlichen Existenz Israels erfährt und in den großen Jahresfesten am Zentralheiligtum, dessen Priesterschaft Staatsangestellte sind, ihre wesentlichste Ausprägung findet.

R.ALBERTZ hat diese beiden »Sozialformen« der »persönlichen Frömmigkeit« und der »offiziellen Religion« ausführlich untersucht und deutlich voneinander abgesetzt, wobei er vor allem die Klagen des Volkes und des einzelnen sowie die theophore Namensgebung heranzieht und auch auf die Geschichte der beiden Sozialformen und den Wandel ihres Verhältnisses zueinander eingeht. Dabei verweist er auf die Auseinandersetzung um Kollektivismus und Individualismus im AT, die Ende des vergangenen und Anfang dieses Jahrhundert heftig geführt wurde und in deren Ergebnis sich allgemein durchgesetzt hat, daß das eigentliche Subjekt der alttestamentlichen Theologie das 'Volk Israel' sei.[587] Er formuliert zusammenfassend:

> »Es kann heute als communis opinio gelten, daß es einen Individualismus im modernen Sinne im alten Israel nicht gegeben hat, und zwar zu keinem Zeit-

---

[585] R.ALBERTZ, Frömmigkeit 165; DERS., Religionsgeschichte 53: »Die 'Väterreligion' ist somit nicht als Vorstufe, sondern als Substratum der Jahwereligion zu bestimmen.«

[586] Ebenda; vgl. 89: Die Gottesbezeichnungen der Väterreligion sind »nicht primär durch die nomadische Existenzform bedingt, sondern durch die Sozialform Familie«, wozu er WF.ALBRIGHTS Erklärung von פחד יצחק erwähnt, der den Gottesnamen mit palmyrenisch pahda »Familie, Clan, Stamm« und arabisch fahid »kleiner Teil eines Stammes« in Zusammenhang als »Verwandter Isaaks« wiedergibt (aaO 90).

[587] R.ALBERTZ, Frömmigkeit 4ff; klassischer Ausgangspunkt ist die These B.DUHMS (Die Theologie der Propheten als Grundlage für die innere Entwicklungsgeschichte der israelitischen Religion, 1875, 95): »Demnach ist das Volk Israel, wie es im Gegensatz steht zu allen anderen Völkern, aber auch zu den einzelnen Individuen das Subject der Religion«.

punkt seiner Geschichte. Die vielen Forscher, von B. Duhm bis G. von Rad, die gegenüber der Moderne eine stärkere Eingebundenheit des einzelnen Israeliten in die Gemeinschaft betonen, haben zweifellos grundsätzlich recht.«[588]

Dem ist zuzustimmen, wenn man in der Katastrophe von 587 v.Chr. das Ende des alten Israel sieht. Sicher kann man auch nach dem Exil nicht von Individualismus im modernen Sinne sprechen, doch die individualisierenden Tendenzen der Entwicklung sind nicht zu übersehen.[589] Das ist von Anfang an gesehen worden. Schon BDuhm wies darauf hin, daß das »sittliche, mit Gott persönlich und unmittelbar verbundene Individuum«[590] erst mit der prophetischen Religion ans Tageslicht trat und die Propheten es waren, die die alte Volksreligion grundlegend in Richtung auf eine Individualisierung umgestaltet haben. HGunkel sah einen Individualisierungsprozeß vom 8. Jh. ab als »Fortschritt vom 'Sozialismus zum Individualismus'.«[591] Und eben RAlbertz spricht von der »Rettung der Religion Israels durch die persönliche Frömmigkeit im Exil.«[592]

Das trifft exakt den Tatbestand, denn mit der Katastrophe von 587 v.Chr. hört die offizielle Religion Israels auf zu existieren. Nicht nur Jerusalem und der Tempel waren zerstört, die gesamte Volks- und Kultgemeinschaft war zerschlagen und brennende Fragen erhoben sich:

»Wie identifiziert man sich als Jude? Wer und was bestimmt diese Identifikation? Wie dient man seinem Gott, nachdem die von alters her geheiligten Mittel und Wege nicht mehr vorhanden sind? Ja, wie dient man überhaupt einem Gott, der die Zerstörung seines eigenen Heiligtums zugelassen hatte?«[593]

STalmons Fragen, die die ganze Tiefe der Krise hervortreten lassen, ließen sich noch erweitern. Der JHWH-Glaube war in eine Krise geraten, die in ihrem Ausmaß wohl kaum überschätzt werden kann. So formuliert RMosis aus theologischem Blickwinkel: »Das ganze Volk ist gleichsam ... 'exkommuniziert'.«[594]

---

[588] RAlbertz aaO 10.
[589] NFüglister, Strukturen 80 schlägt deshalb vor, statt von Individualismus von Individualität zu sprechen.
[590] BDuhm 1895 – zit. nach RAlbertz aaO 4.
[591] AaO 6.
[592] AaO 178-189.
[593] STalmon, Exil 44.

Doch damit war der JHWH-Glaube nicht endgültig am Ende. Denn die persönliche Gottesbeziehung des einzelnen bzw. der einzelnen Familie lebte weiter, egal, ob man zu den Deportierten gehörte, in Judäa geblieben oder nach Ägypten ausgewandert war. In den persönlichen Lebensbereichen wie Geburt, Krankheit, Tod wurde weiterhin das Mit-Sein Gottes geglaubt und erfahren.[595] Allerdings werden auch nicht wenige den JHWH-Glauben endgültig aufgegeben haben oder mindestens dem Synkretismus verfallen sein. Die Umkehrrufe der exilisch-nachexilischen Propheten wären sonst unnötig gewesen. Doch gerade in ihnen liegt die Eröffnung einer neuen Zukunft des JHWH-Glaubens.

Vor allem Ezechiel hat die bereits im Dtn zu vernehmende Mahnung zur persönlichen Hingabe (Dtn 6,4f) zugespitzt und die persönliche Verantwortung des einzelnen vor JHWH klar herausgestellt.[596] Seine Absage an eine falsche Erbsündenlehre (Ez 18) schließt die Forderung der persönlichen Bekehrung zu JHWH ein: »Werft von euch alle Sünden, die ihr gegen mich verübt habt, und schafft euch ein neues Herz und einen neuen Geist« (Ez 18,31). In der Prophetie Ezechiels, dessen Prophetenamt als Wächteramt definiert wird (Ez 33), ist »in neuartiger Weise der einzelne innerhalb des Hauses Israel ins Auge gefaßt«.[597]

»Es dürfte die endgültige Zerschlagung der Staatlichkeit des Restisrael in Juda/Jerusalem und die Ermächtigung des Propheten durch Jahwe, von weiterhin offener Zukunft zu reden, gewesen sein, die des Propheten Amt so entschlossen auf den Einzelnen ausgerichtet hat.«[598]

---

[594] RMosis, Exil 67.

[595] RAlbertz, Frömmigkeit 180: »Gottes Rettungs- und Segenshandeln am Einzelnen ging auch nach dem nationalen Desaster weiter. Während er für das Volk unerreichbar schien, war er hier, im alltäglichen Lebensbereich noch erfahrbar.« Vgl. CWestermann, Theologie 56 (EXKURS: Das Gottesverhältnis des Einzelnen im Alten Testament): »Im Exil hat die Familie und der Einzelne wieder eine für die Religion Israels tragende Bedeutung bekommen, die sie für die Diaspora immer behielt.«

[596] Das hat RAlbertz zu wenig gesehen, wenn er aaO 93 behauptet: »Die Gottesbeziehung des Einzelnen beruht gar nicht auf seiner Entscheidung, sondern auf seiner Erschaffung durch Gott ... Dem entspricht es, daß in der Gottesbeziehung des Einzelnen der ganze Komplex von Sünde, Zorn Gottes, Strafe und Vergebung zurücktritt.« Letztlich widerspricht er dem selbst, wenn er (197) bemerkt: »Das kreatürliche Erbarmen Gottes gilt nur für die, die sich überhaupt noch an Jahwe halten und zu seiner Gemeinde gehören.«

[597] WZimmerli, BK XIII/1, 84*. Es wäre zu fragen, ob mit Ezechiels Bezeichnung »Haus Israel« anstatt »Volk Israel« auch zum Ausdruck gebracht werden soll, daß jetzt das בית die prägende Größe des JHWH-Glaubens geworden ist.

[598] Ebenda.

WZIMMERLI nennt drei Schritte, die Ezechiels Verkündigung demjenigen weist, der ernsthaft die Frage stellt, was jetzt zu tun sei: Als erstes erwartet der Prophet »die uneingeschränkte *Anerkennung des gerechten göttlichen Gerichtes über Israel*« (Ez 6,9; 20,43f; 14,22f; vgl. 12,16).[599] Dieses Prophetenwort mündet zweitens »in den *Umkehrruf* als seinen eigentlichen Skopus aus« (14,1-11; 18; 33,10-20).[600] Damit ist die Abkehr von den jetzt in Babylonien neuerdings verehrten Götzen gemeint, nicht (nur) eine Revision des Geschichtsbildes der vorexilischen Zeit. Diese falschen Götter sollen als »Nichtse« erkannt (vgl. Jes 44,9-20) und JHWH allein verehrt werden (vgl. Jes 43,11), denn »Ich bin JHWH, euer Gott« (Ez 20,5.44). So bleibt der Umkehrruf Ezechiels auch nicht beim allgemeinen stehen, sondern die Umkehr will drittens »im *konkreten Gehorsam Ereignis*« werden (Ez 18,5-9.15-17; 33,14f).[601] Das ist der Weg, auf dem JHWH Zukunft eröffnet, denn nur denen, die seinen Umkehrruf annehmen, gilt die Verheißung des Neubeginns (Ez 20, 38-44).

Es darf hierbei nicht übersehen werden, daß der Initiator dieses Neubeginns allein JHWH ist, der »um seines heiligen Namens willen, daß er nicht entweiht würde vor den Augen der Heidenvölker« (Ez 20,9.14.22; 36,21f), so handelt. ER ist es, der ein Neues schafft (Jes 43,19); ER ist es der das neue Herz und den neuen Geist gibt (Ez 36,26; 37,14), daran besteht kein Zweifel.

Doch steht sich im Buche Ezechiel beides gegenüber, der sich erbarmende und vergebende Gott und der in die Entscheidung gerufene Mensch. JHWH gibt das neue Herz und den neuen Geist denen, die sich ein neues Herz und einen neuen Geist schaffen, (18,31) denn: »Wer sündigt, soll sterben« (18,20), aber: »Wer umkehrt, soll leben« (18,32). »So wird das alte, festgefügte Bundesvolk über den Weg der totalen Vereinzelung in eine neue Gemeinschaft hineingeführt.«[602]

---

[599] AaO 102*: »Daß Gott von den Gerichteten die Ehre gegeben und die Gerechtigkeit des Richters anerkannt wird, ist das Erste.«

[600] Ebenda.

[601] AaO 103*f

[602] HWWOLFF, Anthropologie 202 fährt fort: »Schon innerhalb des AT vollzieht sich damit so etwas wie eine Herauslösung des einzelnen aus einem Gesamtgefüge, indem er mit dem Willen Gottes konfrontiert wird. Die ihm von Gott zuteil werdende Liebe versetzt ihn dabei in eine neue Position, die als eine Art 'archimedischer Standpunkt' anzusprechen ist, der jedoch stets nur in Verantwortung gegenüber der übergeordneten Größe besteht. Es ist wohl nicht der geringste Beitrag der Bibel zur Anthropologie, daß der Mensch sich erst dann selbst versteht, wenn er ein einzelner wird, durch den Anruf der unvergleichlichen

»Nicht der Zusammenhang der Geschlechter, nicht die natürliche Gemeinschaft des Volkes und der Rasse, nicht der Anteil am bisherigen geschichtlichen Weg des Volkes bestimmt darüber, ob einer dem Leben zugehört, nicht
Geburt und Abstammung weist den einzelnen der Gemeinschaft derer zu, die
vor Gott als sein Volk leben dürfen, sondern die von Gott gebotene und gnä-
dig ermöglichte Entscheidung für ihn und für das Leben vor ihm ... In das
neu entstehende Gottesvolk nach dem Exil wird man nicht einfach hineinge-
boren, sondern 'hinzugefügt' oder als Glied 'eingeschrieben' (vgl. Ez 13,9), indem man die von Gott angebotene und ermöglichte Umkehr ergreift und sich
für das neue Heil entscheidet.«[603]

»Bisher hatte, um es einmal überspitzt zu sagen, der Einzelne an Jahwe geglaubt, weil er Israelit war. Es mußte aber dahin kommen, daß er Israelit war,
weil er an Jahwe glaubte. Sein Verhältnis zu Jahwe mußte also von einem
mittelbaren zu einem unmittelbaren werden.«[604]

Es bleibt zu fragen, ob dieser Individualismus Ezechiels bzw. der Propheten überhaupt, der den Hintergrund für die Entstehung der nachexilischen
JHWH-Gemeinde bildet, etwas wirklich ganz und gar Neuartiges innerhalb des JHWH-Glaubens war, oder ob in der Krisis nur das Wesentliche
wieder hinter aller staatlich-nationalistischen Verfälschung der israelitischen Religion zum Vorschein kommt. Eine Frömmigkeit, zu deren Eck-
pfeilern die Prohibitive gehören und in der es eine Fülle von kasuisti-
schen Weisungen für das Leben innerhalb des Kollektivs gibt, ist die
nicht ihrem Wesen nach auf den einzelnen ausgerichtet? Ist nicht gerade
das das Unterscheidende der JHWH-Religion gegenüber den anderen Religionen in Israels Umwelt, daß der einzelne vor seinem Gott steht und
zur Verantwortung gezogen wird (vgl. Jos 7)? Hat nicht bereits beim Prozeß der Volkwerdung Israels die Entscheidung des einzelnen Familien-
oberhauptes eine Rolle gespielt (Jos 24,15: »Ich aber...«)?
   Der JHWH-Glaube ruft seinem Wesen nach den einzelnen in die Verantwortung vor Gott. Das heißt nicht, daß jede Art von offiziellem Kult
eine Überfremdung gewesen sei. Der JHWH-Glaube ruft in die Gemeinschaft der JHWH-Gläubigen, sei es die Sippe, den Stamm, das Volk oder
die nachexilische JHWH-Gemeinde. Aber nie ist dabei der einzelne aus
seiner sittlichen und kultischen Verantwortung vor Gott entlassen.[605] So

---

Stimme herausgerufen aus angestammten Bindungen und zu einem neuen Bund berufen.«
[603] RMOSIS, Exil 69.
[604] LWÄCHTER, Gemeinschaft 26 fährt fort: »Daß dies tatsächlich geschah, ist in erster Linie
   dem Propheten Ezechiel zu verdanken.«
[605] RALBERTZ, Frömmigkeit 269 Anm. E 124 bemerkt in diesem Zusammenhang zu recht:

kann man denn auch mit LWächter sagen, daß »die kultische Gemeinschaft das erste ist; denn erst durch sie kam es zur Entstehung des
Volkes.«[606]

Wir halten fest: Der Prozeß der Individualisierung des JHWH-Glaubens
ist die theologische Voraussetzung zur Entstehung der nachexilischen
JHWH-Gemeinde in Jerusalem. Der durch die Katastrophe von 587 völlig
zerstörte offizielle JHWH-Kult wurde abgelöst von der persönlichen
Frömmigkeit des einzelnen, die von Anfang an zum Wesen des JHWH-
Glaubens gehörte. Diese Sozialform des JHWH-Glaubens, die in der
kleinsten sozialen Einheit, der Familie, lebte, überdauerte die Exilszeit
und ermöglichte auf dem Hintergrund des von den Propheten verkünde-
ten neuen Heilshandelns JHWHs den Aufbau einer neuen Gemeinschaft,
der nachexilischen JHWH-Gemeinde. Die exilisch-nachexilischen Litera-
turzeugnisse, wie Psalmen, Klagelieder, Sprüche, Hiob u.a., sind beredte
Belege für die Bedeutung der individuellen Frömmigkeit jener Epoche.[607]

3.2   Die nachexilische JHWH-Gemeinde in Jerusalem –
eine »Gemeinde der Gläubigen«?

Nachdem wir die Bedeutung der persönlichen Frömmigkeit für die Entstehung der nachexilischen JHWH-Gemeinde beschrieben haben, wollen
wir nun fragen, welche Rolle sie im Leben der Gemeinde gespielt hat.
Dazu sei zunächst noch einmal auf das starke personale Interesse aufmerksam gemacht, das die hier untersuchten nachexilischen Texte widerspiegeln. Am deutlichsten tritt es uns in dem reichhaltigen Listenmaterial
vor Augen, das uns relativ unversehrt überliefert ist. Wenn auch die persische Religionspolitik ihren Anteil an der Erstellung derartiger Namens-

---

»Wenn die Ausführungen richtig wären, die H.J. Kraus an anderer Stelle äußert: `Privat-
frömmigkeit gibt es in den Psalmen nicht. Jede Äußerung hat ihre Wurzeln und ihre Voraussetzungen, ihren Glaubensgrund und ihre Erfüllungsgewißheit in der Israel-Gemeinde',
Gottesdienst, 254, dann dürfte es einen Text wie Thr 3 (und auch seine Auslegung durch
Kraus) eigentlich nicht geben.« – Vgl. NFÜGLISTER, Strukturen 79ff.

[606] LWächter 23; vgl. auch EMeyer, Judenthum 222.

[607] Vgl. ABertholet, Wörterbuch der Religionen, 271 (Art.: Israelitisch-jüdische Religion):
»Psalmen, Sprüche Salomos und Hiob, die in der Hauptsache Erzeugnisse nachexilischer
Zeit sind, zeigen, wie der relig. Individualismus, der sich schon bei Jeremia und Hesekiel
Bahn gebrochen hatte, zunehmend an Spielraum gewonnen haben muß.«

listen gehabt haben mag (Esra 5,10),[608] ihr letzter Grund liegt im Gemeindeverständnis der nachexilischen JHWH-Gemeinde, in der es entscheidend auf den einzelnen und sein Tun und Lassen ankam.[609] Wenn z.B. derart viel Wert darauf gelegt wird, *alle* Schuldiggewordenen namentlich aufzuschreiben (Esra 10,18ff), dann steht dahinter ein Verständnis von Gemeinde, das mit völkisch-nationalen Kategorien nicht (mehr) zu erfassen ist.

Mit welchen Begriffen und Kategorien aber soll das Neue beschrieben werden, das in und um Jerusalem entsteht? Die festgestellte Begriffsunsicherheit im Alten Testament selbst und dann auch in der alttestamentlichen Forschung zeigt die Schwierigkeit an, vor der wir stehen. Gewiß man kann soziologische, ökonomische, politische oder andere Kategorien dazu heranziehen, doch wird man dabei nie aus dem Auge verlieren dürfen, daß die nachexilische JHWH-Gemeinde vom Wesen her JHWH-Gemeinde ist, d.h. der JHWH-Glaube ist ihr Konstitutivum schlechthin. Deshalb soll hier der Versuch gemacht werden, die nachexilische JHWH-Gemeinde ekklesiologisch zu beschreiben, wiewohl auch dies als Vereinseitigung betrachtet werden muß. Doch jedes Gesamtbild setzt sich aus Einzelheiten zusammen.

3.2.1 Die Rolle der persönlichen Entscheidung des einzelnen

Mit dem durch den Kyruserlaß ermöglichten Wiederaufbau des Jerusalemer Tempels war jeder Israelit in eine Entscheidungssituation gestellt, ganz gleich, ob er im Exil oder in Palästina lebte. Seine Haltung zu diesem Neubeginn in Jerusalem war gefragt. Für die Exulanten hieß das, ob sie von Babylonien nach Judäa auswandern wollten oder nur wohlwollend das Geschehen in der alten Heimat zu verfolgen gedachten. Für die im Lande Verbliebenen hieß das, ob sie sich am Tempelbau beteiligen wollten oder nicht; ob sie sich von den Kulten der Nachbarvölker abwenden und JHWH zuwenden oder in einem wie auch immer gearteten Synkretismus verharren wollten.

---

[608] S. o. 57f. – Ob auch später der persische Hof die Erstellung irgendwelcher Listen gefordert hat, wissen wir nicht.

[609] S. o. 78ff. – vgl. IELBOGEN, 236: »...der neue Geist forderte die persönliche Frömmigkeit, die Betätigung jedes einzelnen im religiösen Leben, den 'Gottesdienst im Herzen'«.

Wir wissen, daß es in beiden Fällen zunächst nur wenige waren, die sich für den Neuanfang entschieden. Denn diese Entscheidung hatte weitreichende Konsequenzen, sie schloß den gesamten Lebensvollzug ein. Und wer konnte garantieren, daß dem Neuanfang in Jerusalem tatsächlich Gelingen und Perspektive beschieden war?

In letzter Konsequenz könnte der Individualisierungsprozeß des JHWH-Glaubens auch dahin geführt haben, daß jede Familie ihren »Privatkult« als völlig ausreichend betrachtete und ein Zusammenschluß über den Rahmen der Familie hinaus gar nicht (mehr) notwendig erschien. So mag es einzelne Familien gegeben haben, die für sich eine klare Entscheidung zum JHWH-Glauben fällten, ohne zur nachexilischen JHWH-Gemeinde Kontakt zu halten. Das scheint in Babylonien eher möglich gewesen zu sein. Doch die meisten der in Babylonien bleibenden Israeliten haben offensichtlich den Neuanfang in Jerusalem gewünscht und unterstützt. Ihre Spenden zeigen das deutlich (Esra 1,6; 2,68f; 7,16; 8,28).

Es gab also mehrere Entscheidungsmöglichkeiten in dieser Anfangsphase der nachexilischen Epoche. Das fand auch darin seinen Ausdruck, daß neben der nachexilischen JHWH-Gemeinde in Jerusalem Diasporagemeinden in Babylonien entstanden und jüdische Sondergemeinschaften in Elephantine und später in Samarien, deren Entwicklung hier leider außer Betracht bleiben muß.

Für die nachexilische JHWH-Gemeinde in Jerusalem jedoch hatte die Tatsache von mehreren Entscheidungsmöglichkeiten zur Folge, daß das eigentliche Zentralanliegen des Tempelbaus gar nicht so zügig vonstatten ging. Das lag mit Sicherheit nicht nur an den zugesagten, aber nicht vorhandenen bzw. nicht gewährten Mitteln aus der Staatskasse, sondern eben auch an der Einstellung der Leute. Serubbabels konsequentes Vorgehen, unterstützt von Haggai und Sacharja, war nötig, um das Werk in Gang zu bringen. Und obwohl die Einweihung des Tempels 515 v. Chr. mit einem großen Passafest gefeiert wurde (Esra 6,14ff), waren Jahre später Esras und Nehemias Aktionen notwendig, um die nachexilische JHWH-Gemeinde zu konsolidieren.

Zur Zeit Esras wurde die Notwendigkeit einer persönlichen Entscheidung des einzelnen besonders deutlich: Bereits bei der Klärung der Mischehenfrage legt Esra größten Wert auf das persönliche Erscheinen der einzelnen und die namentliche Auflistung der Schuldiggewordenen.[610]

---

[610] S. o. 71f.

Das ist nur auf dem Hintergrund eines personalen Verständnisses von Schuld und Vergebung möglich (vgl. Ez 18).

Auch die Versammlung am Wassertor (Neh 8) endet mit einer persönlichen Entscheidung des einzelnen. Nicht mehr viele verschiedene Möglichkeiten sind offen, sondern durch das Verlesen der Tora wird jeder letztlich durch JHWH selbst vor die Alternative gestellt, zuzustimmen oder abzulehnen. Die nachexilische JHWH-Gemeinde konstituiert sich erneut mit dem schriftlichen Vertrag, den das Leitungsgremium unterschreibt und den jeder einzelne unter Eidesleistung für sich anerkennen muß, wenn er dazugehören will (Neh 10). Die verschiedenen Personengruppen, die das tun, werden eigens aufgezählt (V29). Das unterstreicht die Wichtigkeit dieser persönlichen Entscheidung, die nur akzeptiert wurde, wenn einer auch die nötige Einsicht besaß. Neh 10,29b macht ausdrücklich darauf aufmerksam, daß unter den vorher genannten Söhnen und Töchtern keine minderjährigen Kinder zu verstehen sind. Zur nachexilischen JHWH-Gemeinde kann nur gehören, wer eigenständig schwören kann.

Nicht wie beim Landtag in Sichem (Jos 24) in einer Generalerklärung für das ganze Volk geschieht die Zustimmung, sondern auf persönlicher Ebene. Nicht einer schließt den Bund mit JHWH für alle (Jos 24,25), sondern: »Wir sind die Vertragschließenden ...« (Neh 10,1).

Hinter diesem »wir« der nachexilischen JHWH-Gemeinde steht das »ich« jedes einzelnen, der nicht nur passiver Kultteilnehmer sein will, sondern der für das Funktionieren des Tempelkultes in Form regelmäßiger Abgaben persönliche Verantwortung übernimmt (Neh 10,33ff), und der im täglichen Lebensvollzug unter Beweis stellen will, was es heißt, nach den Weisungen JHWHs zu leben (10,31f).

Die nachexilische JHWH-Gemeinde ist eine Gemeinschaft von solchen, die sich persönlich entschieden haben. Alle zählen zu ihr, die sich der Verpflichtung anschließen. Und das ist nicht an irgendwelche Vorbedingungen geknüpft, weder nationaler, ethnischer noch politischer Art.[611]

---

[611] RALBERTZ, Religionsgeschichte 382 stellt bereits für die Exilszeit fest, daß der Verlust des Staatsverbandes zu einer »Durchlöcherung der Gruppengrenze nach außen« geführt hatte; damit war »die Zugehörigkeit zur eigenen Gruppe nicht mehr selbstverständlich gegeben, sondern mußte durch Entscheidung des einzelnen immer wieder bewährt werden. Zur Sicherung der eigenen Identität kam dabei dem religiösen Bekenntnis erhöhte Bedeutung zu. Das Israel der Exilszeit erhält somit erstmals Züge einer religiös konstituierten Gemeinde.«

3.2.2 Die Aufnahme von Fremden in die nachexilische JHWH-Gemeinde

Mit dem Individualismus der nachexilischen JHWH-Gemeinde ist notwendig ein Universalismus verbunden,[612] der bereits in Sacharjas Verkündigung zum Ausdruck kommt.[613] Offen soll »Jerusalem« daliegen – das heißt, jeder kann hereinkommen und dazugehören. Ja, eine erdrückende Menge von Fremden werden kommen und sagen »Wir wollen mit euch gehen, denn wir haben gehört, daß Gott mit euch ist« (Sach 8,23; vgl. 2,15). Indem Sacharja das für die Zukunft ansagt, ergibt sich die Frage, welche Stellung Fremde in der nachexilischen JHWH-Gemeinde hatten bzw. haben konnten.

Dazu müssen wir uns zunächst folgendes klar machen: Mit dem Ende der Exilszeit war im Lande Juda eine Situation entstanden, in der neu zu definieren war, wer ein Fremder ist. Aus der Sicht der autochthonen, nichtdeportierten Bevölkerung (ob sie Juden waren oder nicht) mußten die aus Babylonien Kommenden als Fremde erscheinen. Diese ihrerseits waren in Babylonien Fremde gewesen (Esra 1,4), auch wenn sie dort gegen Ende der Exilszeit in verschiedenste gesellschaftlichen Beziehungen eingebunden waren. Und sie bezeichneten die als Fremde, die sie jetzt in ihrem Erbbesitz vorfanden (Thr 5,2).[614] Allerdings dürfte sich das bald geändert haben, denn wir wissen, daß sich die nachexilische JHWH-Gemeinde aus Daheimgebliebenen und Heimkehrern zusammensetzte. Wer galt aber nun als »Fremder«?

Die Sache wird dadurch erschwert, daß das Hebräische verschiedene Wörter zur Bezeichnung eines Fremden kennt, deren Begriffsfüllung in der vorexilischen Zeit entstanden war. גר bezeichnete den Fremden, der sich für längere Zeit im Land und Volk aufhielt, im Gegensatz zum נכרי, der in keine dauernde Beziehung zu Land und Volk getreten war.[615] Aber Land und Volk als politische Größe waren zerbrochen, und damit war ein neuer Bezugspunkt zu suchen für das, was גר bzw. נכר genannt werden

---

[612] Vgl. E.Meyer, Judenthum 222: »Universalismus und Individualismus sind die Signatur der religiösen Entwicklung, welche unter dem Achämenidenreich beginnt«; ebenso R.Kittel, Geschichte 651: »internationaler Universalismus und nationfreier Individualismus gehen Hand in Hand.«

[613] S. o. 91ff.

[614] Vgl. A.Bertholet, Stellung 123ff.

[615] So A.Bertholet aaO 2; der Allgemeinbegriff זר kommt in der hier untersuchten Literatur nur Jes 61,5 vor in Parallele zu נכר ; vgl. KBL³ 268; R.Martin-Achard, THAT I, 522 führt unverständlicherweise Esra und Neh als Belege an.

sollte. Diesen Bezugspunkt bildet die nachexilische JHWH-Gemeinde, denn beide Begriffe werden jetzt stärker religiös verstanden.[616]
Vor allem bei גר läßt sich die Begriffswandlung deutlich erkennen. ABERTHOLET faßt sie so zusammen: »Ger ist ganz und gar ein religiöser Begriff geworden. Es bezeichnet den Nichtisraeliten, der unter Israel wohnt und in seine religiöse Verfassung ... aufgenommen ist.«[617]
Es ist nun erstaunlich, daß außerhalb des Pentateuch in der hier untersuchten Literatur גר nur zweimal vorkommt, wobei der Begriff Sach 7,10 an die Vergangenheit erinnert und wie Mal 3,5 den גר mit Witwen und Waisen der besonderen Fürsorge der anderen anbefiehlt.[618] In Anlehnung an Dtn 29,10; 31,12 hätte man גר auch z.B. Esra 10,1; Neh 8,3 erwarten können. Daß der Begriff nicht erscheint, liegt wohl einfach an der Unsicherheit, wer eigentlich גר und wer אזרח ist.

נכר hingegen ist reichlich belegt[619] und bezeichnet in der Regel das, wovon man sich zu trennen hat, wenn man zur nachexilischen JHWH-Gemeinde gehören will. Umso erstaunlicher ist, daß Jes 56,3 davon spricht, daß sich ein בן־נכר JHWH anschließen und zu seinem Volk gehören kann, Nehemia hingegen, wie vor ihm Esra, darauf bedacht ist, die nachexilische JHWH-Gemeinde von allem נכר zu reinigen (Neh 13,30). Es erhebt sich die Frage, unter welchen Bedingungen ein נכר zur nachexilischen JHWH-Gemeinde gehören kann.

Unsere Untersuchungen haben ergeben, daß dabei religiöse Gesichtspunkte im Vordergrund standen. Ohne Zweifel bestand die nachexilische JHWH-Gemeinde in ihrem Kern aus geborenen Israeliten. Aber sicherlich ist ABERTHOLET recht zu geben, wenn er betont:

> »Vielmehr muß mit dem Gedanken völlig aufgeräumt werden, als sei das israelitische Volk von Anfang an gänzlich für sich, abgesondert von allen Völkern und unvermischt mit Fremden gewesen. Als solches ist es nur künst-

---

[616] RMARTIN-ACHARD, THAT II 67 widerspricht sich selbst, wenn er behauptet, daß נֵכָר sich durchweg auf Fremdes im ethnischen Sinn beziehe, die Wendung בני/בן־נכר dagegen in priesterlichen Texten die Stellung des Fremden zum Kult beschreibe.

[617] ABERTHOLET, Stellung 174; vgl. 178: »In der Zeit zwischen P und dem Chronisten hat sich also der Schritt vollzogen: גר hat den spezifischen Sinn bekommen, in dem es später in die thalmudische Litteratur übergegangen ist ... es ist der Fremde überhaupt, der ihre Religion angenommen hat. In einem Worte: Der Ger ist der Proselyt geworden.«

[618] Text Mal 3,5 unsicher; vgl. WRUDOLPH, Haggai z. St.

[619] נכרי: Esra 10,2.10.11.14.17.18.44; Neh 13,26.27; נכר(בן־): Jes 56,3.6; 60,10; 61,5; 62,8; Mal 2,11; Neh 9,2; 13,30.

lich von Späteren dargestellt worden ...«.[620] Und über die während des Exils im Lande Verbliebenen urteilt er: »Es bestand aber jene Bevölkerung zum kleinsten Teil aus Vollblutjuden.«[621]

Ethnische Argumente entscheiden also nicht über die Zugehörigkeit zur nachexilischen JHWH-Gemeinde. Sie ist durch das Bekenntnis zum JHWH-Glauben konstituiert, das seinen deutlichsten Ausdruck in der Sabbatobservanz findet (Jes 56,1-18).[622] So werden bereits in der Serubbabelzeit Leute zum קהל gezählt, die nicht nachweisen können, daß sie »aus Israel« sind (Esra 2,59ff = Neh 7,61ff).[623] Zwar werden sie zunächst als Sonderfälle registriert, gehören aber doch zur nachexilischen JHWH-Gemeinde dazu. Und obwohl das Gemeindeverzeichnis Esra 2 = Neh 7 die Gemeinde mit Hilfe von Verwandtschaftstermini (בני) registriert, ist nicht die ethnische Herkunft das Kriterium zur Aufnahme in die Gemeinde, sondern die persönliche Entscheidung des einzelnen für JHWH, ob er geborener Israelit, Halbjude oder Angehöriger eines anderen Volkes ist. Wir haben es hier also »prinzipiell mit einer Wahlgemeinschaft zu tun, auch wenn ethnische Faktoren noch nachwirken.«[624] Man könnte das Ganze auf folgende Formel bringen:

Jeder נכרי, der bereit ist, ein גר zu werden, d.h. der sich der Tora JHWHs unterstellt und somit die Verfassung der nachexilischen JHWH-Gemeinde anerkennt, kann zu ihr gehören.[625] Damit ist die ethnische Begrenzung aufgehoben und die israelitische Religion in die Lage versetzt, Weltreligion zu werden.[626]

---

[620] ABERTHOLET, Stellung 7; vgl. Ex 12,38; Num 11,4; R.ALBERTZ, Religionsgeschichte 74.

[621] ABERTHOLET, Stellung 128; umso verwunderlicher ist, daß er doch von der Reinerhaltung des Blutes redet, wenn er für den Zweck der Liste Esra 2 = Neh 7 R.SMEND, Listen 6 zitiert: »Es sollte damit nicht nur den einzelnen Geschlechtern ihre Zugehörigkeit zur Gemeinde fortan verbrieft sein, sondern ebenso sollte damit umgekehrt die Vermischung der Gemeinde mit fremden Blut verhindert werden.«

[622] S. o. 82ff.

[623] S. o. 59ff.

[624] R.ALBERTZ, Frömmigkeit 191.

[625] Das wird beim Passagebot Ex 12,43.48f besonders deutlich; vgl. ABERTHOLET, Stellung 155. Nach Ez 47,22f, einer »nachträglich eingeschobenen Zusatzbemerkung«, sollen auch die גרים Ackerland erhalten: W.ZIMMERLI, BK XIII/2, 1218f; vgl. DERS.; Planungen 250.

[626] S.SAFRAI, Volk 8: »Das Zeitalter des zweiten Tempels ist die Epoche, in der die Judenheit sich aus einem nationalen Staatskörper in ein Weltvolk und in eine Weltreligion verwandelte.« Allerdings ist die jüdische Religion nie wirklich Weltreligion geworden.

Eigenartiger Weise fehlt bei den Forderungen, die an einen Fremden erhoben werden, die *Beschneidung*. Wie bereits festgestellt, kommt sie in den hier untersuchten Texten auch nicht vor.[627] Das ist umso verwunderlicher, weil allgemein angenommen wird, daß die Beschneidung im Exil ihre eigentliche Bedeutung erlangte als Unterscheidungsmerkmal zu den Babyloniern, die im Gegensatz zu den Ägyptern, Edomitern, Ammonitern, Moabitern und Arabern diese Praxis nicht kannten (vgl. Jer 9, 25; Ez 32,19.28.32).[628] Wenn aber diese These richtig ist, müßte man nicht dann an den Stellen eine Erwähnung der Beschneidung erwarten, die Fremden eine Aufnahme in die nachexilische JHWH-Gemeinde ermöglichen wollen (Jes 56; Esra 6,21 vgl. Ex 12,48; Neh 10,29 und vielleicht sogar Esra 2,59ff = Neh 7,61ff)? Müßte sie dann nicht eine der Forderungen in der Verpflichtungsurkunde Neh 10,31ff sein?

Gewiß, darf man aus dem Schweigen der Quellen nicht folgern, daß die Beschneidung in der nachexilischen JHWH-Gemeinde nicht geübt worden sei; jedoch scheint sie untergeordnete Bedeutung gehabt zu haben. Ihre fehlende Erwähnung läßt sich auch in der jüdisch-hellenistischen Literatur der späteren Zeit beobachten.[629]

So legt sich die Vermutung nahe, daß die Beschneidung erst in der Makkabäerzeit eine größere Bedeutung als Bekenntniszeichen erhielt, und sie erst dort dem Sabbat gleichgestellt wurde, der in persischer Zeit alleiniges Bekenntniszeichen war (Jes 56, Neh 10,32; 13,15-22).[630] Schon in der späteren Königszeit muß die Beschneidung an Bedeutung verloren haben, wenn Jeremia (4,4; 9,25 vgl. 6,10) und das Deuteronomium (10,16;30,6) im übertragenen Sinn von der »Beschneidung« der Vorhaut des Herzens bzw. der Ohren sprechen.[631]

Damit wird deutlich einem nationalistischen Verständnis der Beschneidung als ethnischem Zeichen der Volkszugehörigkeit und einer

---

[627] S. o. 87f; vgl. die Toreinlaßliturgien Ps 15 und 24, die auch nicht von der Beschneidung reden.

[628] Zum Ganzen: KGalling / GBrennecke, RGG³ I, 1090-92; HWissmann / OBetz, TRE 5, 714-724 ; CWestermann, Genesis 12-35, BK I/2 319f (Exkurs); GMayer, ThWAT IV 734-738; KRahner, LThK II, 289-292; HChrHahn, TBLNT I, 94-97; GvRad, ATD 2/4, 170ff; RdeVaux, Lebensordnungen I, 86ff.

[629] Diesen Hinweis verdanke ich Professor Traugott Holtz (Halle), der in seinem Gutachten eine eigene Untersuchung des Problems fordert.

[630] Vgl. OBetz, TRE 5, 717; KRahner, LThK II, 290.

[631] Ez 44,7.9 verbindet das Unbeschnittensein an Herz und Fleisch und macht es zum Kennzeichen desjenigen, der nicht ins Heiligtum darf.

daraus abgeleiteten Sonderstellung vor Gott widersprochen (Jer 9,25).
Die priesterliche Überlieferung des Pentateuch unterstreicht das deutlich,
wenn sie Gen 17 die Beschneidung als »Bundeszeichen« vorstellt und eine Gesetzesbestimmung erläßt, von der wir allerdings nicht wissen, »wo
sie entstand und wie sie tradiert wurde.«[632] Von vornherein kann aber
auch schon hier der Fremde beschnitten werden und zum »Bund« gehören (Gen 17,13.23);[633] d.h. bereits hier wird eine Gemeinde vorausgesetzt,
zu der Fremde gehören. Anderseits zeigt die Tatsache, daß eine derart
deutliche Bestimmung erlassen wird, wie unklar Praxis und Verständnis
der Beschneidung gewesen sein müssen.

Die Beschneidung ist also keinesfalls *das* ethnisch-nationale Kennzeichen des Judeseins in der persischen Zeit[634] gewesen, sondern sie hatte religiöse Bedeutung. Dabei bleibt unklar, ob auch Unbeschnittene zur nachexilischen JHWH-Gemeinde gehören konnten.[635] Die Passaregelung Ex
12,43.48f läßt erkennen, daß es Unbeschnittene gegeben haben muß,
wenn nur Beschnittene Passa feiern dürfen. Anderseits zeigt sich hier,
»daß die Beschneidung als das äußere Kennzeichen der Zugehörigkeit zur
israelitischen Gemeinden dem גר zwar nicht zur Pflicht gemacht, aber
doch nahegelegt wurde.«[636]

So können wir oben genannte Formel festhalten: Die nachexilische
JHWH-Gemeinde ist offen für jeden נכרי, der bereit ist, גר zu werden.
M.a.W.: Jeder Fremde, der sich dem JHWH-Glauben anschließt und die
Tora für sich anerkennt, wird hinfort zu Israel gezählt.[637] Denn: »Das glei-
che Gesetz gilt für den Einheimischen wie für den Fremden« (Ex 12,49;
Lev 24,22; Num 9,14; 15,14.15.16.29). Deutlicher als mit diesem Gebot,
das die ganze priesterliche Überlieferung des Pentateuch durchzieht,[638]

---

[632] C.WESTERMANN BK I/2, 318.

[633] Die hier genannten Sklaven dürften Nichtisraeliten gewesen sein.

[634] Ob sie das in der Königszeit war, wie G.MAYER ThWAT IV 738 annimmt, erscheint mir
zweifelhaft.

[635] Jos Ant XX 2-4 lassen das möglich erscheinen, wie ja weibliche Proselyten nie beschnitten
wurden, vgl. Jos Bell II 20,2.

[636] K.G.KUHN, ThWNT VI, 729f.

[637] A.S.GOLDSTEIN, Conversion 22f: »After the return from exile the Jerusalem community will
be restored, not only by the return of dispersed natives Jews, but also, according to an an-
onymous Third Isaiah, by the addition of new converts.« Er verweist dabei auf die Gottesfürchtigen in den Psalmen und vermutet (24): »There are Psalms, which seem to have been
specially composed for or perhaps by such Lord-feavers of proselytes.«

[638] Vgl. A.BERTHOLET, Stellung 167.

kann die Stellung des Fremden in der nachexilischen JHWH-Gemeinde nicht ausgedrückt werden.

3.2.3 Die Abgrenzung der nachexilischen JHWH-Gemeinde

Wenn einerseits die nachexilische JHWH-Gemeinde in Jerusalem offen ist für Fremde, die sich JHWH anschließen wollen, so muß dem andererseits eine klare Abgrenzung gegenüber schädlichen Fremdeinflüssen korrespondieren; das eine bedingt das andere, wenn die eigene Identität gewahrt werden soll. Wie deutlich man sich abzugrenzen wußte, zeigen das Gemeindeverzeichnis (Esra 2 = Neh 7) und die anderen Personenlisten, die allesamt von religiösen Kriterien bestimmt sind. Nur wer JHWH fürchtet und sich deshalb vom Götzendienst der Landesvölker trennt (Esra 6,21),[639] kann zur Gemeinde gehören. Neh 10,29 wird das zur Vorbedingung für die Annahme der konstituierenden Verpflichtung gemacht. Diese enthält an erster Stelle das Gebot, mit den Nachbarvölkern keine Ehen einzugehen (Neh 10,31). Da dieses Problem in Esra-Nehemia einen breiten Raum einnimmt, wollen wir es eingehender betrachten.

3.2.3.1 Die Mischehenfrage

Die in Esra 9f geschilderte Problematik hat nicht selten Forscher veranlaßt, ihre Historizität überhaupt zu bezweifeln.[640] Mindestens erhebt sich die Frage, von welcher Dauer und Wirkung die Aktion war, wenn bereits Nehemia mit demselben Problem zu tun hat (13,23ff). Auch läßt die spätere Zeit eine ganz andere Praxis erkennen. So kommt WTH IN DER SMITTEN zu dem Schluß, Esras gesamte Mission sei daran gescheitert, daß er die »reine« Gemeinde herstellen wollte, anstatt die Chance einer sozialen Integration durch Förderung der Mischehen zu nutzen.[641] Dem ist zu widersprechen, denn Esra wird der Begründer des Judentums schlechthin. »The role of Ezra in post-exilic history can hardly be overestimated.«[642]

---

[639] S. o. 45ff.
[640] Vgl. UKELLERMANN, Nehemia 66; MNOTH, 147; WTH IN DER SMITTEN, Esra 137; AHJGUNNE-WEG, Esra 171.179.183: »Eine präzisere historische Auswertung von E 10 wäre Spekulation.«
[641] WTH IN DER SMITTEN, Esra 146.
[642] KKOCH, Ezra 195.

Lassen wir den Text selbst zu Wort kommen. Bereits im ersten Vers wird die religiöse Dimension der ganzen Angelegenheit deutlich: »Das Volk Israel, die Priester und Leviten haben sich nicht abgesondert von den Völkern der Länder entsprechend deren Greuel« (Esra 9,1). Der Götzendienst der Nachbarn ist also der Bezugspunkt der Anklage (vgl. V11). Der durch eine Mischehe wahrscheinliche Abfall vom JHWH-Glauben, mindestens aber synkretistische Tendenzen sind die drohende Gefahr.

Dabei gab es im alten Israel eine Zeit, in der die Frage der Mischehe kein Problem war;[643] erst durch die Abgrenzung vom Baalskult der palästinensischen Bevölkerung wird sie gefährlich. Das Beispiel Ahabs, der die phönizische Prinzessin Isebel heiratet, ragt negativ heraus (1Kön 16, 29ff). Jedoch geschieht die Polemik Elias nicht wegen der Mischehe, sondern wegen des religiösen Abfalls.[644] Das wird auch Dtn 7,1ff; 20,17f zum Ausdruck gebracht: »Denn dein Sohn wird weggezogen hinter mir weg und anderen Göttern dienen...« (Dtn 7,4).[645]

Nun werden in Esra 9,1 wie in Dtn 7,1ff Völkernamen aufgezählt, die allerdings z.T. andere sind.[646] Trotzdem liegt es nahe, Dtn 7,4 im Hintergrund von Esra 9 mitzuhören als Begründung des Gebotes. Das würde allerdings bedeuten, daß es Esra nicht um die Erhaltung der Reinheit des Blutes geht,[647] sondern um die Bewahrung der nachexilischen JHWH-Gemeinde vor dem Abfall von JHWH. Damit das Volk dadurch nicht zum Götzendienst verführt wird, deshalb sind diese Ehebündnisse verboten.[648] So begründet es auch der Prophet Maleachi, der Juda vorhält, die »Tochter eines fremden (נכר) Gottes« geliebt und gefreit zu haben (Mal 2,11).[649]

Unverständlich bleibt dabei, weshalb nirgends erwogen wird, »die fremden Weiber in irgend einer Form zu vollberechtigten Mitgliedern der

---

[643] GKITTEL, Konnubium 31f: So heiratet »Mose eine Midianitin, Josef eine Ägypterin. Das wird als völlig normal empfunden: die Söhne, die die Ägypterin dem Josef gebiert, werden ausdrücklich in den Sippenverband aufgenommen« Ex 2,21; Gen 41,45ff; 48,5.8-10; vgl. WRUDOLPH, Esra 87f; AHJGUNNEWEG, Esra 168.

[644] GKITTEL, Konnubium 33.

[645] GKITTEL aaO 34 weist auf den interessanten Tatbestand hin, daß die Ehe mit einer kriegsgefangenen Frau aus einer entfernteren Stadt (Dtn 10,15) möglich ist (21,10-13). Vgl. aaO 50 die rabb. Umdeutung dieser Stelle!

[646] Neh 9,1 fehlen die Girgaschiter und Hiwwiter; dazugekommen sind die Ammoniter, Moabiter und Ägypter; nach WRUDOLPH, Esra 86.89 ist die Aufzählung Neh 9,1 sekundär.

[647] Gegen GKITTEL aaO 38, der im ganzen stark von nationalsozialistischem Gedankengut beeinflußt ist; vgl. seine Schlußbemerkung und sein Buch »Die Judenfrage«, Stuttgart 1934.

[648] EMEYER, Judenthum 126; ebenso AHJGUNNEWEG, Esra 161.168.

[649] Vgl. WRUDOLPH, Komm. z. St.

Gemeinde werden zu lassen«,[650] was WRudolph dazu veranlaßt »zuzuge-
ben, daß ihm [Esra] nicht nur die Reinheit des Glaubens, sondern auch
die Reinheit des Blutes Leitstern war.«[651] Doch erlaubt das Schweigen der
Quellen diese Folgerung?

Vielmehr lassen Ruth (1,16) und der später tausendfach geschehene
Proselytismus von Frauen vermuten, daß Esra nur die Ehen geschieden
haben will, wo kein Übertritt der Frau zum JHWH-Glauben erfolgte. Daß
die Geschiedenen, deren Zahl relativ klein ist,[652] namentlich genannt werden und die ad hoc gebildete Kommission ein Vierteljahr arbeitet, um die
reichlich 100 Fälle aufzuklären, unterstützt diese Vermutung, weil es
ziemlich wahrscheinlich macht, daß tatsächlich auch Fälle verhandelt
worden sind, bei denen man nicht auf Scheidung erkannte.[653] Nur dort
muß eine Trennung erfolgen, wo Synkretismus die Familien zu zerstören
droht.

Damit steht Esra in einer Linie mit den vorexilischen Propheten. Gewiß wirkt seine Aktion rigoros, doch sie ist nötig, weil die Verantwortlichen der nachexilischen JHWH-Gemeinde mit schlechtem Beispiel vor-
angegangen waren (Esra 9,2; vgl. 10,18). Trotz des Widerstandes einzelner[654] (10,15) schließt sich die Gesamtgemeinde der Sicht Esras an und
die notwendigen Trennungen werden vollzogen.[655]

Daß eine religiöse Motivation und nicht die Reinerhaltung des Blutes
den Hintergrund der Mischehenaktion bilden, bestätigt auch Neh 13,23ff.
Hätte nicht Nehemia sonst alle Übeltäter aus der Gemeinde entfernen
müssen, statt sich mit ihrer Züchtigung und der Warnung vor neuem Abfall zu begnügen? Dabei wäre unwichtig, ob es sich in diesem Fall nur um

---

[650] ABertholet, Stellung 137.

[651] WRudolph, Esra 89.

[652] S. o. 71f.

[653] WRudolph, Esra 97 bemerkt, daß bei einer Annahme von 75 Arbeitstagen der Kommission
»im Tagesdurchschnitt noch nicht einmal 2 Fälle erledigt« worden wären. Das bringt ihn
zu o.g. Vermutung. Seiner anderen Vermutung, »daß die folgende Liste nicht alle Schuldigen enthält«, ist nicht zuzustimmen.

[654] AaO 95: »Auch wird nicht klar, wogegen sich die Opposition richtet, gegen die Ehescheidungen und damit gegen Esra oder nur gegen den in 14 vorgeschlagenen modus proceden-
di.« Letzteres erscheint wahrscheinlicher; so auch AHJGunneweg, Esra 181.

[655] Vgl. auch 1Kor 7,15, wo Paulus trotz der Forderung des Herrn, daß die Frau sich nicht von
ihrem Mann scheiden lassen soll und der Mann seine Frau nicht verstoßen soll (V10f), unter bestimmten Umständen Ehescheidungen gestattet. Die Bindung an Christus ist offensichtlich der Bindung an den Ehepartner vorgeordnet, so daß diese gelöst werden kann,
wenn dadurch die Christusbindung gefestigt wird.

partielle Verirrungen handelt.[656] Wenn es um blutsmäßige Reinheit ginge, wäre Akribie angebracht. Die summarische, vermutlich sekundäre[657] Bemerkung Neh 13,30a will wohl nicht von einer Aktion berichten, in der Nehemia alle Halb- bzw. Nichtjuden aus der nachexilischen JHWH-Gemeinde ausgeschlossen hätte. Sie faßt vielmehr allgemein zusammen, was von ihm 13,4ff berichtet wurde: Er hat sich für den Vollzug der vor JHWH eingegangenen Verpflichtung eingesetzt und schädliche Fremdeinflüsse fernzuhalten versucht.[658]

Auch Neh 13,1-3 steht unserer Auffassung nur scheinbar entgegen. Die sich Neh 12,44 - 13,3 zu Wort meldenden, vermutlich späteren Stimmen[659] wollen den Eifer der nachexilischen JHWH-Gemeinde dokumentieren, mit dem die kultischen und ethischen Weisungen der Tora umgesetzt wurden. Was immer man im Gesetzbuch des Mose fand, wurde im Gemeindeleben verwirklicht (13,1). So stößt man auch auf Dtn 23, das frei zitiert wird. Es folgt die summarische Formulierung: »Da schieden sie כל־ערב aus Israel aus« (Neh 13,3), was genausowenig wie V30 auf eine ethnische Reinigungsaktion deutet, erlaubt doch gerade Dtn 23 den Angehörigen anderer Völker den Eintritt in die Gemeinde.[660] So kommt EMEYER dazu, V3 עֶרֶב = Beduinen zu lesen.[661] Die genaue Bedeutung des Wortes bleibt unklar (vgl. Ex 12,38),[662] und somit kann diese Stelle nicht zur Grundlage einer theologischen These gemacht werden.

Daß es in der nachexilischen JHWH-Gemeinde in Jerusalem immer wieder Bemühungen gab, synkretistische Tendenzen abzuwehren, daran sollte kein Zweifel bestehen. Und das konnte auch personelle Trennung bedeuten (Neh 13,8.28). Im Ganzen spürt man den Texten ab, daß die nachexilische JHWH-Gemeinde bei der Suche nach ihrer Identität auch immer noch auf der Suche ist nach der richtigen Abgrenzung. Daß dabei

---

[656] KGALLING, ATD 250; UKELLERMANN, Nehemia 94.

[657] WRUDOLPH, Esra 210 nimmt V30a nicht in den Text; KGALLING, ATD 252 bezieht die Bemerkung auf die Priester.

[658] כל־נכר ist hier nicht-personal zu verstehen; so auch KGALLING, ATD 252: »Und ich reinigte sie von allem fremden Wesen.«

[659] KGALLING, ATD 250; WRUDOLPH, Esra 202; UKELLERMANN, Nehemia 48.94.

[660] S. o. 88f.; gegen WRUDOLPH, Esra 202, der das energische Einschreiten der Gemeinde betont, die »auf einer Versammlung ... alle, die nicht jüdischen Geblüts waren, ausschied.«

[661] EMEYER, Judenthum 130 Anm. 2.

[662] KBL³ 829ff rechnet für ערב mit fünf homonymen Wurzeln; für עֶרֶב mit zwei; für עֲרָב mit zwei und für עֹרֵב mit zwei; außerdem עָרֵב und עָרֹב; vgl. WGESENIUS 614f, der von acht homonymen Wurzeln ausgeht.

universalistische (z.B. Sach 2,4-9; Jes 56,1-8) und separatistische Tendenzen (z.B. Esra 4,1-5; 9f; Neh 13) aufeinanderstoßen, liegt in der Natur der Sache.

3.2.3.2 Der Ausschluß aus der nachexilischen JHWH-Gemeinde

Wir müssen in diesem Zusammenhang noch auf ein weiteres Problem eingehen, auf die Frage nämlich, unter welchen Umständen ein bereits zu nachexilischen JHWH-Gemeinde Gehörender wieder aus ihr ausgeschlossen werden konnte. Wieder liefern die Quellen derart wenig Informationen, daß wir auf Vermutungen angewiesen bleiben.

In dem Schlußsatz des Artaxerxes-Erlasses Esra 7,26 wird unter anderem denen, die das Gesetz Gottes und das Gesetz des Königs nicht genau beachten, »Entwurzelung« (שְׁרֹשִׁי)[663] angedroht, was auf dem Hintergrund der persischen Religionspolitik kaum »Verbannung« bedeuten dürfte, sondern vielmehr (Gemeinde-)Ausschluß. Daß das Wort unklar war, beweisen die alten Übersetzungen.[664] Ob es sich dabei um eine kultisch-religiöse oder politisch-juristische Strafe handelte, wissen wir nicht. Klar ist aber, daß die Mißachtung der politischen wie der religiösen Gesetzgebung unweigerliche Folgen hatte, zumal alle in die Lage versetzt wurden, die Gesetze zu kennen (V25).

Esra 10,8 redet hingegen klar vom Ausschluß aus der JHWH-Gemeinde (בדל מקהל).[665] Das ist die Anwendung von 7,26. Ob in diesem Falle ein konkreter Ausschluß stattfand, wird nicht berichtet; V9 läßt das unmöglich erscheinen.

Nehemias entfernt später nicht nur den Ammoniter Tobia aus dem Tempel (13,8), sondern wirft auch den Hohenpriestersohn und Schwiegersohn des Horoniters Sanballat (13,28) aus der Provinz. Wenn letzeres auch religiös motiviert war, so steht doch Nehemias politische Autorität hinter beiden Vorgängen.

So können wir lediglich feststellen, daß es in der nachexilischen JHWH-Gemeinde in Jerusalem die Möglichkeit des Ausschlusses aus der Gemeinde gegeben hat. Sie war die letzte Möglichkeit von »Gemeindezucht« für den Fall, daß einer nicht einmal bereit war, über seinen Frevel

---

[663] Hapax leg. vgl. BHS.
[664] 3Esra: τιμωρια (Strafe, Züchtigung); LXX: εις παιδειαν (zur Erziehung); V: in exilium; AHJGunneweg, Esra 138 redet von einer »Ausstoßung aus dem Rechtsverband.«
[665] S. o. 113ff.

mit sich reden zu lassen. Viel häufiger wird es geschehen sein, daß der in Verfehlung Geratene umkehrte, Sühne erfuhr und seinen Lebensvollzug erneut unter die JHWH-Tora stellte.[666]

Wir fassen zusammen: Die nachexilische JHWH-Gemeinde in Jerusalem ist eine Gemeinschaft persönlich Entschiedener. Sie ist nicht durch ethnisch-nationale Kriterien begrenzt, sondern durch die Stellung der einzelnen Glieder zum JHWH-Glauben, die sich vor allem in der kultischen und ethischen praxis pietatis erkennen läßt. In diesem Sinn wird man sie als eine »Gemeinde der Gläubigen« bezeichnen können. Jeder, der bereit ist, die Tora für sich anzuerkennen, kann in sie aufgenommen werden. Ein Unbußfertiger kann auch wieder aus ihr ausgeschlossen werden.[667]

»Das wesentliche Merkmal der Zugehörigkeit zu 'Israel' war nicht mehr der Beweis oder die Behauptung der Abstammung von Menschengruppen, die das alte Israel gebildet hatten, sondern die Unterwerfung unter das 'Gesetz' als Willenskundgebung Jahwes. Israel fand eine neue Ordnung als eine Gemeinschaft, für die ein bestimmtes, 'kanonisches' Gesetz verpflichtend war und die – jedenfalls in der Perserzeit – einen staatlich garantierten Anspruch darauf hatte, nach diesem Gesetz beurteilt und gerichtet zu werden. Dieses neue Israel kann bei aller Kontinuität mit dem vorexilischen mit alten Maßstäben nicht mehr gemessen werden. Es ist mit dem ethnischen oder staatlichen oder religiösen Israel der 1. Hälfte des 1. Jahrtausends v.Chr. nur noch bedingt vergleichbar.«[668]

---

[666] Vgl. KKOCH, Sühne 225.
[667] Vgl. Dtn 22,21f; wo allerdings von der Tötung des Ausgeschlossenen gesprochen wird.
[668] HDONNER, Geschichte 431.

3.3 Die Strukturen der nachexilischen JHWH-Gemeinde in Jerusalem

3.3.1 Die Grundstruktur: Das בית אבות

Wie wir bereits bei der Untersuchung des Listenmaterials in Esra-Nehemia gesehen haben, sind in der exilisch-nachexilischen Epoche die ehemals das Volk Israel prägenden Struktureinheiten wie Stamm und Geschlechterverband zerbrochen bzw. in einem Auflösungsprozeß begriffen. Durch die Katastrophe von 587 v.Chr. wurden viele Verwandschaftsbeziehungen zerstört. Der Zusammenhalt innerhalb der Sippen war nicht mehr möglich, wenn sich einige Sippenangehörige in Babylonien, andere in Palästina und womöglich einige in Ägypten befanden. Die schwierigen Verhältnisse in der Exilszeit und zu Beginn der nachexilischen Epoche forderten deshalb die Bildung neuer sozialer Einheiten, in denen die Menschen Halt und innere Sicherheit finden konnten. Diese neue soziale Struktureinheit der nachexilischen JHWH-Gemeinde war das בית אבות des 6.-4. Jh. v.Chr., ein »agnatischer Verband, der eine Anzahl miteinander (real oder fingiert) verwandter Familien vereinte.«[669]

In der Frömmigkeit des einzelnen, wie sie in den Familien gelebt und praktiziert werden konnte, hatte der JHWH-Glaube die Krise der Exilszeit überstehen können.[670] So ist es nur folgerichtig, wenn die »Familie« nun auch in der nachexilischen JHWH-Gemeinde zur Grundstruktur ihrer inneren Organisation wurde.

In Esra-Nehemia erscheint wiederholt der Terminus בית אבות (Esra 2,59 = Neh 7,61; Esra 10,16; Neh 10,35), ein Begriff, der »Eigengut der nachexilischen Zeit war«[671] und aller Wahrscheinlichkeit nach auch erst in dieser Zeit entstanden ist,[672] denn alle übrigen Vorkommen gehören bis auf eine Ausnahme »der Priesterschrift oder dem Esra und Nehemia mit

---

[669] JPWeinberg 413. Er vergleicht das בית אבות mit dem im alten Nahen Osten bestehenden agnatischen Verband der »Hausgemeinde (höheren Ranges)« (414).

[670] RAlbertz, Frömmigkeit 178ff.

[671] JPWeinberg 401.

[672] So auch LRost, Vorstufen 58: »So bleibt es bei der eben ausgesprochenen Feststellung von der nachexilischen Entstehung des Begriffes und der eben gegebenen geschichtlichen Begründung durch den 587 erfolgten Zusammenbruch der Sippenorganisation«.

umfassenden chronistischen Werk« an.[673] Daß der Ausdruck sehr viel häufiger in seiner Kurzform אבות (Esra 1,5; 2,68; 3,12; 4,2.3; 8,1; 8,29; 10,16; Neh 7,69.70; 8,13; 11,13; 12,12.22.23) verwendet wird, zeigt, wie allgemeingültig und bekannt er damals gewesen sein muß.

Schwieriger dagegen ist die Frage zu beantworten, welche Gemeinschaftsgröße mit dem Terminus bezeichnet wird. Ist בית אבות ein »Geschlecht« bzw. eine Sippe[674] oder eine lokale Einheit[675] oder eine »Familie« bzw. ein »Familienverband«?[676] Das wird noch erschwert durch die Tatsache, daß an nur vier der 19 Belegstellen direkt vom בית אבות die Rede ist; an allen anderen Stellen geht es um die ראשי (בית) אבות, die »Häupter«, die Leitungspersönlichkeiten der בתי אבות.

Aus der Bemerkung Esra 2,59 = Neh 7,61, daß die Heimkehrer aus Tel Melach, Tel Harscha, Kerub, Addan und Immer ihre בית אבות nicht mitteilen konnten, ergibt sich jedoch, daß בית אבות nicht die »Kleinfamilie« (Kinder, Eltern, Großeltern) bezeichnen kann, denn den Namen ihres Vaters oder Großvaters hätten die hier Aufgeführten ja wohl nennen können. Dieselbe Schlußfolgerung ergibt sich aus Esra 10,16: Das hier ernannte Gremium zur Klärung der Mischehenfrage kann unmöglich alle Familienväter der »Kleinfamilien« meinen. Ebenso dürften die Brennholzlieferungen für den Tempel (Neh 10,35) nicht an die »Kleinfamilien« verlost worden sein; es wären sonst gar nicht alle Familien im Laufe eines Jahres an die Reihe gekommen, was V35b aber erwarten läßt.

So ergibt sich, daß das בית אבות eine Größenordnung haben muß, die zwischen der Kleinfamilie und der Gesamtgemeinde liegt. Die Liste in Esra 8 bestätigt diese Annahme, wenn dort zwischen 50 und 300 Männer bei den einzelnen »Häuptern der Familienverbände« eingeschrieben sind.[677] Außerdem läßt die Pluralbildung אבות darauf schließen, daß wohl mehrere בתי אב (=Kleinfamilien) zu einem בית אבות gehören.[678] Trotzdem bleibt der Begriff schillernd, denn Neh 11,13 sind mit ראשים לאבות sicherlich Familienväter gemeint, also »Häupter« von »Kleinfamilien«.

---

[673] LRost aaO 56.
[674] JPWeinberg 401 nennt als Vertreter dieser Ansicht IKAmussin, FBuhl, RKittel, JKlausner, JLiver, EMeyer, HZucker.
[675] Ebenda: SMowinckel, Studien I, 71-91.
[676] Ebenda: RdeVaux, KGalling, MNoth, DLPedersen.
[677] Weshalb JPWeinberg 406 nur von 50 bis 218 spricht, ist unklar.
[678] Singular (בית אבי) nur Neh 1,6.

Und in Neh 4,7 ist plötzlich von משפחה die Rede, was wohl kaum bedeuten kann, daß die alte Sippenstruktur noch existierte, sondern vielmehr andeutet, daß die Struktur der nachexilischen JHWH-Gemeinde »der Kult- und Rechtsgemeinde der vorstaatlichen Zeit nachgebildet zu sein scheint.«[679]

Die Entstehung der בתי אבות kann wohl frühestens zur Zeit Esras und Nehemias als abgeschlossen gelten, denn die Liste Esra 2 = Neh 7 ist noch deutlich an der vorexilischen Sippenstruktur orientiert,[680] obwohl mit der Registrierung bestimmter Gruppen unter ihrem Wohnort bereits ein Strukturwandel sichtbar wird. Aber erst die spätere Liste Esra 8 läßt klar das בית אבות als Strukturelement der JHWH-Gemeinde erkennen: Es hat eine Führerpersönlichkeit, bei dem alle Familienväter der Kleinfamilien eingeschrieben sind, die zum jeweiligen בית אבות dazugehören. Diese Mitgliederlisten der בתי אבות lassen deutlich werden, daß die Verwandtschaft der Familien keine Blutsverwandtschaft gewesen zu sein braucht; auch dürfte der ראש אבות kaum der gemeinsame Stammvater gewesen sein.[681] So kommt HDonner zu dem Urteil: »Diese Gemeinde verstand sich als eine Blutsgemeinschaft, obwohl sie das faktisch schon lange nicht mehr war und genau genommen weder je gewesen war noch hatte sein können.«[682]

Um das Wesen des בית אבות – am besten wohl mit »Familienverband« übersetzt – genauer zu beschreiben, liefern uns die Quellen nicht genügend Informationen. So ist es nicht sicher, ob ein Familienverband von einem oder mehreren Häuptern geleitet wurde. Wir wissen, daß der Familienverband Verpflichtungen zur Aufrechterhaltung und Durchführung des Tempelkultes zu erfüllen hatte (Neh 10,35ff). Auch wurden die einzelnen Mitglieder, wenn sie sich etwas hatten zu Schulden kommen lassen, für ihre Vergehen wohl zunächst im Familienverband zur Rechenschaft gezogen (Esra 10,16). Und sicherlich war auch hier der Ort, wo

---

[679] HJZobel, ThWAT V 90; AHJGunneweg, Esra 45 Anm. 5a: »die Termini sind zwar nicht ganz eindeutig definiert, deutlich ist jedoch, daß in nachexilischer Zeit das Vaterhaus als die gewachsene, organisch kleinste Zelle der Gemeinde (עדה) an die Stelle der משפחה trat.«

[680] Daß JPWeinberg 404 die Esra 2,3ff = Neh 7,8ff jeweils mit בני benannten Gruppen als בית אבות versteht, ist m.E. ein Fehlurteil.

[681] RKittel, Geschichte 656: »Seitdem ist das Judentum eine R e l i g i o n s gemeinde unter der Fiktion der B l u t s gemeinschaft.«

[682] HDonner, Geschichte 431.

man gemeinsame Toralesungen hielt und das Gelesene erklärte wurde (Esra 7,25; Neh 8,7f.13). Wahrscheinlich ist das בית אבות auch eine irgendwie lokal eingegrenzte Größe gewesen (Neh 11,3; vgl. 3,9.12.14 u.ö.).[683]

Familienverbände gab es unter Priesterfamilien (Neh 12,7.12) und unter Levitenfamilien (Neh 12,22.24) und gesondert davon die der Laienfamilien. Die Trennung zwischen Tempelklerus und übrigem Volk, die ja in den Listen immer wieder begegnet, ist auch hier nicht überwunden. Aber es ist deutlich, daß die Leitung der nachexilischen JHWH-Gemeinde nicht vom Tempelklerus, sondern von den »Häuptern« der »Familienverbände« ausgeübt wurde.

3.3.2 Das Leitungsgremium: Die ראשי (בית) אבות

Wie für die nachexilische JHWH-Gemeinde selbst, so müssen wir auch für deren Leitungsgremium eine große Begriffsunsicherheit feststellen, die in Esra-Nehemia deutlich zutrage tritt. Ganz verschiedene Termini werden verwendet, die nicht scharf voneinander abgegrenzt werden können,[684] zumal sie in ganz verschiedener Zusammenstellung begegnen (z.B. Esra 8,29; Neh 2,16; 10,1.15).

In den aramäischen Urkunden (Esra 4,8ff) ist von »Ältesten« (שבי – Esra 5,5.9; 6,7.8.14) die Rede, die neben dem Statthalter den Tempelbau verantworten. Nehemia dagegen redet in der Regel von »Vorstehern« (סגנים – Neh 2,16; 4,8.13; 5,7.15; 7,5; 12,40; 13,11; Esra 9,2) und von »Edlen« (חרים – Neh 2,16; 4,8.13; 5,7; 6,17; 7,5; 13,17); beide Begriffe dürften dieselbe Gruppe beschreiben,[685] die gegen den »Rest des Volkes« (Neh 4,8.13; 7,5) bzw. gegen die Priester (2,16) abgesetzt wird und wohl die sozial bessergestellten Kreise meint (5,7 vgl. 3,5). Daneben erscheint der Begriff »Fürst« (שר – Esra 8,29, 9,1.2; 10,5.8.14; Neh 3,15.16.17.18. 19; 10,1; 11,1; 12,31), der hier natürlich kein militärischer ist.[686] Hinzu

---

[683] Gewisse Ähnlichkeiten mit den Kibbuzim sind vorhanden, obwohl HKREISSIG 77ff herausgearbeitet hat, daß »Gemeineigentum an Boden und Tempelland« (86) minimal oder gar nicht vorhanden war.

[684] Vgl. EMEYER, Judenthum 122ff.

[685] So schon EMEYER aaO 132: »Die beiden Bezeichnungen 'Vornehme' und 'Vorsteher' – so etwa können wir das aus dem babylonischen *saknut* entlehnte *sagan* übersetzen – bezeichnen aber nicht etwa zwei verschiedene Kategorien, sondern beide dasselbe.«

[686] Militärisch: Neh 2,9; 7,2; Esra 7,28.

kommt Neh 11,9.14.22 noch »Aufseher« (פָּקִיד). Schließlich redet Neh
10,30 von »ihren vornehmen Brüdern« (אֲחֵיהֶם אַדִּירֵיהֶם), was auf dem
Hintergrund der in Neh 5 geschilderten sozialen Spannungen einen besonderen Klang hat. Der am häufigsten vorkommende Begriff aber ist
»Haupt« (רֹאשׁ – Esra 1,5; 2,68; 3,12; 4,2.3; 7,28; 8,1.16.17; 10,16; Neh
3,36; 7,69.70; 8,13; 10,15; 11,3.13.16.17; 12,7.24.46).[687]

Wenn auch die Begrifflichkeit unsicher ist, so kann doch als sicher
gelten, daß die nachexilische JHWH-Gemeinde ein Leitungsgremium besaß, das sich aus den Führungspersönlichkeiten der Familienverbände zusammensetzte.[688] Der Hohepriester spielt dabei als Leitungsfigur keine
herausragende Rolle, im Gegenteil, er fehlt bei den entscheidenden
Gemeindeversammlungen scheinbar ganz (Esra 10; Neh 8).[689] Seine Aufgabe wird wohl auf den Tempelkult beschränkt gewesen sein.[690] Das liegt
daran, daß der zweite Tempel nie wieder die Bedeutung erlangte, die der
salomonische Tempel hatte. RMosis nennt ihn deshalb »ein Provisori-
um«.[691] Wenn auch die Sühnewirkung des Tempelkultes, die vor allem im
Fest des Versöhnungstages zum Ausdruck kam, weiterhin eine wichtige
Rolle spielte:[692] Der Schwerpunkt des JHWH-Glaubens hatte sich zum
Leben gemäß der Tora und zur Gemeinde hin verschoben, wo der einzelne in seiner Verantwortung vor Gott gefragt war (Jes 66,1-4).[693]

---

[687] WAMBEUKEN, ThWAT VII 277: »... am wichtigsten aber ist seine integrative Funktion:
dem Haupt obliegt die Verantwortung für das Gemeinwohl und -handeln des sozialen Ver-
bandes.«

[688] EMEYER, Judenthum 134 vermutet, daß »das Collegium der 'Obersten' oder 'Vorsteher'«
etwa 150 Familienhäupter oder Älteste umfaßt. Seine Behauptung ebenda: »Es ist dieselbe
Verfassung, wie in vorexilischer Zeit, nur daß damals der König mit seinen Beamten über
ihnen stand – wie jetzt der persische Statthalter«, ist jedoch zurückzuweisen.

[689] Es sei denn, man sieht mit KKOCH, Ezra 190 in Esra den wirklichen, aaronidischen Hohenpriester.

[690] So auch HDONNER, Geschichte 417; vgl. ABENTZEN, 285: »Die Bewegung in Jerusalem, an
deren Spitze Ezra steht, ist eine ausgesprochene Laienbewegung, welche sogar einen revo-
lutionären Charakter hat. ... Und Ezra ist doch wohl letzten Endes mehr Schriftgelehrter
als Priester.«

[691] RMOSIS, Exil 70; vgl. HJKRAUS, Gottesdienst 269.

[692] Vgl. KKOCH, Sühne 238; vgl. auch JGAMBERONI, Tempel 94ff.

[693] SSAFRAI, Volk 56.

3.4. Die nachexilische JHWH-Gemeinde in Jerusalem – eine »theokratische Demokratie«

Das eigentliche »Herzstück« der nachexilischen JHWH-Gemeinde in Jerusalem waren die Gemeindeversammlungen (Esra 10; Neh 8), an denen alle teilnehmen konnten, sogar Frauen und Kinder, und die stets gottesdienstlichen Charakter trugen. Doch waren sie keine reinen Kultveranstaltungen, denn die Erörterung von Problemfällen des alltäglichen Lebens bildete einen wesentlichen Bestandteil. Die Tora stand dabei immer im Mittelpunkt. Sie wurde gelesen und erklärt mit dem Ziel, daß das Gehörte im persönlichen Lebensvollzug zur Anwendung kommen sollte.

Damit hatte die nachexilische JHWH-Gemeinde in Jerusalem eine Organisationsform gefunden, die für eine Religionsgemeinschaft typisch bleibt, die unter einer fremden Staatsmacht lebt und nicht mit der Staatsreligion identisch ist. Aus ihr erwächst das, was später Synagoge genannt wird.[694]

Wenn wir diese Organisationsform der nachexilischen JHWH-Gemeinde in Jerusalem »theokratische Demokratie« nennen, soll damit nicht der Vielfalt der Begriffe lediglich ein weiterer hinzugesetzt werden, sondern es sollen damit die beiden entscheidenden Wesenszüge betont werden, die diese Gemeinschaft prägten.[695] Sie war demokratisch im Sinne von THJACOBSENS »primitive democracy«, die mit unserem heutigen Demokratieverständnis natürlich nicht vergleichbar ist, sondern vielmehr an eine Organisationsform des vorgeschichtlichen Sumer anknüpft, in der ein »Rat der Ältesten« die Leitungsfunktionen innehatte, die höchste politische Autorität aber von der Versammlung aller erwachsenen freien Männer ausging.[696]

---

[694] SSAFRAI, Volk 52: »wir haben auch nicht den mindesten Anhaltspunkt für die Existenz einer Synagoge in Babylonien zu Beginn des Zweiten Tempels. Den Ausgangspunkt für die Entstehung der Synagoge haben wir vielmehr zu sehen in den Versammlungen des Volkes im Tempelvorhof zur Zeit von Esra und Nehemia, bei denen Abschnitte der Tora vor dem Volk zur Verlesung kamen. Bei Esra finden wir zum ersten Male eine Toralesung als gottesdienstliche Handlung.«

[695] »Theokratie« scheidet als Bezeichnung aus, weil es eine »reine« Theokratie ohne irdische Repräsentanz nicht geben kann; vgl. WTH IN DER SMITTEN, Gottesherrschaft 78f.

[696] WTHIEL, Entwicklung 137. Für die vorstaatliche Zeit treffe die Vorstellung der »primitiven Demokratie« für Israel nicht zu (140). – LEVY/JMILGROM, ThWAT V 1091 stellen für עדה fest, daß diese »wahrscheinlich eine wesentlich demokratische Einrichtung war.«

Ähnliche demokratische Verhältnisse spiegeln auch die Berichte über die Versammlungen der nachexilischen JHWH-Gemeinde in Jerusalem wider. Sie wurden von einem Präsidium geleitet (Neh 8,14) und gehorchten gewissen Spielregeln. Jeder hatte da das Recht, sich zu Wort zu melden (Esra 10,15), auch wenn er eine konträre Meinung vertrat.

Wenn WThiels Feststellung richtig ist, »daß die großen 'klassischen' Volksversammlungen im Alten Testament, der sogenannte Landtag von Sichem (Jos 24), die Tempelweihe Salomos (I Kön 8) und der 'Bundesschluß' Josias (II Kön 23,1-3), wenigstens in ihrer Stilisierung relativ späten Ursprung sind«, dann wäre das auch ein Beleg für die große Bedeutung der Gemeindeversammlung in der nachexilischen JHWH-Gemeinde.[697]

Letzte Instanz der nachexilischen JHWH-Gemeinde aber war JHWH selbst, durch dessen erneute gnädige Zuwendung es überhaupt möglich geworden war, diese Gemeinschaft in und um Jerusalem ins Leben zu rufen, wenn auch die Zugehörigkeit zu dieser »theokratischen Demokratie« von der persönlichen Entscheidung des einzelnen abhing.

Ihre inneren Spannungen, die WTh in der Smitten als Auseinandersetzung zwischen Hierokraten und Nationalisten[698] und OPlöger als »Spannungsverhältnis von Theokratie und Eschatologie«[699] beschrieben haben, werden durch die entscheidende Rolle des einzelnen geradezu heraufbeschworen.

Einer ausführlicheren Beschreibung der nachexilischen JHWH-Gemeinde in Jerusalem setzt der Mangel an Quellen seine Grenzen. Dennoch: In der nachexilischen JHWH-Gemeinde hatte »Israel« eine Existenzweise gefunden, die dem Wesen der JHWH-Religion mehr entsprach als Staat und Königtum, denn diese »zwar historisch mögliche, aber doch äußerst prekäre Organisationsweise Israels«[700] war von Anfang

---

[697] WThiel, aaO 138.

[698] WTh in der Smitten, Gottesherrschaft.

[699] OPlöger, Theokratie und Eschatologie.

[700] NFüglister, Mysterium Salutis IV/1, 48: »In der Tat ist denn auch der Staat und damit das Königtum im Gesamt der Israelgeschichte eine sowohl sekundäre als transitorische Erscheinungsform des Bundesvolkes: eine zwar historisch mögliche, aber doch äußerst prekäre Organisationsweise Israels.« – RAlbertz, Religionsgeschichte 455 weist auf die merkwürdige Tatsache hin, »daß die Ezechielschüler von völlig anderen theologischen Voraussetzungen her etwa zu der gleichen Einsicht kamen wie die Deuterojesajaschüler: daß die Verquickung Gottes mit der staatlichen Macht die Göttlichkeit Jahwes beschädigt und deswegen beide voneinander getrennt werden müssen.«

an zweifelhaft (1Sam 8). Und auch später haben die Nationalisten Israel keinen guten Dienst erwiesen, denn sie waren es, die es schließlich in die Katastrophe von 70 n. Chr. getrieben haben. Daß aber die damit verbundene, erneute Tempelzerstörung von der JHWH-Religion relativ unbeschadet überstanden werden konnte, hat seine Wurzeln in dem neuen Gemeindeverständnis, das in der nachexilischen JHWH-Gemeinde in Jerusalem aufgebrochen war.

Literatur

ACKROYD, PETER RUNHAM, Faith and its Reformulation in the Post-Exilic Period: Sources. Prophetic Material, ThD 27/4 (1979) 323-346

DERS., I & II Chronicles, Ezra, Nehemiah, London 1973

AHLEMANN, FRIEDER, Zur Esra-Quelle, ZAW 59 (1942/43) 77-98

ALBERTZ, RAINER, Persönliche Frömmigkeit und offizielle Religion – Religionsinterner Pluralismus in Israel und Babylonien, CThM 9, Stuttgart 1978

DERS., Religionsgeschichte Israels in alttestamentlicher Zeit, ATD Ergänzungsreihe Bd. 8/1 und 8/2, Göttingen 1992

ALBRIGHT, WILLIAM FOXWELL, Die Religion Israels, München-Basel 1956

DERS., Die Bibel im Lichte der Altertumsforschung, Stuttgart 1957

ALT, ALBRECHT, »Die Rolle Samarias bei der Entstehung des Judentums«. FS für OPROCKSCH, Leipzig 1934, 5-28 = Kleine Schriften II, München 1953, 316-337

ANDERSON, GEORGE W., »Israel; Amphictyony: 'AM; KAHAL; 'EDÂH«. Translating and Understanding the Old Testament (in honor of HERBERT G. MAY) ed. by HTHFRANK a.o., New York 1970, 135-151

BATTEN, LORING W., The books of Ezra and Nehemiah, Edinburgh 1913

BECKER, JOACHIM, Gottesfurcht im Alten Testament, AnBib 25, Rom 1965

BENTZEN, AAGE, Priesterschaft und Laien in der jüdischen Gemeinde des 5. Jahrhunderts, AfO 6 (1930/31) 280-286

BERTHOLET, ALFRED, Die Stellung der Israeliten und der Juden zu den Fremden, Freiburg i.B. und Leipzig 1896

DERS., Die Bücher Esra und Nehemia erklärt, KHC 19, Tübingen 1902

DERS., Das religionsgeschichtliche Problem des Spätjudentums, SGV 55, Tübingen 1909

DERS., (Hrsg.) Wörterbuch der Religionen, Stuttgart 1962

BEUKEN, WILLEM ANDRÉ MARIA, Haggai – Sacharja 1-8. Studien zur Überlieferungsgeschichte der frühnachexilischen Prophetie, SSN 10, Assen 1967

DERS. / DAHMEN, U., Art.: ראש I, ThWAT VII (3.-5.Lfg. 1990) 271-284

BEYSE, KARL-MARTIN, Serubbabel und die Königserwartungen der Propheten Haggai und Sacharja. Eine historische und traditionsgeschichtliche Untersuchung, AVTRW 52, Berlin 1971

BIALOBLOCKI, SAMUEL, Die Beziehungen des Judentums zu Proselyten und Proselyten-tum, Berlin 1930

BONHOEFFER, DIETRICH, Der Wiederaufbau Jerusalems nach dem Exil, JK 4/14, Dort-mund 1936, 653-661

BRIGHT, JOHN, Geschichte Israels, Düsseldorf 1966

CASCIARO, JOSE M., El concepto de 'Ekklesia en el A. Testamento, EstB 25, Madrid 1966, 317-348

CAZELLES, HENRI, La mission d'Esdras, VT 4 (1954) 113-140

CROSS, FRANK MOORE, A Reconstruction of the Judean Restoration, JBL 94 (1975) 4-18

DELITZSCH, FRANZ, Die Psalmen (Nachdruck der 5., überarb. Auflage, Leipzig 1894), Gießen/Basel 1984

DONNER, HERBERT, Geschichte des Volkes Israel und seiner Nachbarn in Grundzügen, ATD Ergänzungsreihe Bd. 4/1 und 4/2, Göttingen 1986

DUHM, BERNHARD, Jesaja, HKAT, Göttingen 1902

EISSFELD, OTTO, Einleitung in das Alte Testament unter Einschluß der Apokryphen und Pseudepigraphen sowie der apokryphen- und pseudepigraphenartigen Qumran-Schriften. Entstehungsgeschichte des Alten Testaments, 3., neubearb. Auflage, Tübingen 1964

DERS., »Jakobs Begegnung mit El und Moses Begegnung mit Jahwe«. Kleine Schriften IV, Tübingen 1968, 92-98

DERS., Volk und »Kirche« im Alten Testament, ThStKr 109, Berlin 1947, 9-23

ELBOGEN, ISMAR, Der jüdische Gottesdienst in seiner geschichtlichen Entwicklung, Hildesheim 1967[2]

ELLIGER, KARL, Die Einheit des Tritojesaja, BWANT III/9, Stuttgart 1928

DERS., Der Prophet Tritojesaja, ZAW 49 (1931) 112-141

FABRY, HEINZ-JOSEF, »סוד. Der himmlische Thronrat als ekklesiologisches Modell«. Bausteine biblischer Theologie (FS für GJBOTTERWECK), BBB 50 (1977) 99-126

DERS./HOSSFELD, FRANK-LOTHAR/KINDL, E.-M., Art.: קהל, ThWAT VI (1989) 1204-1222

FOHRER, GEORG, Geschichte der israelitischen Religion, Berlin 1969

DERS., Einleitung in das Alte Testament, begründet von ESELLIN, neubearbeitet von GFOHRER, Heidelberg 1979[12]

DERS., Das Alte Testament – Einführung in Bibelkunde und Literatur des AT und in Geschichte und Religion Israels, Bd. II/III (Gütersloh 1970), Nachdr. Berlin 1972

DERS., »Zion-Jerusalem im Alten Testament«. Studien zur alttestamentlichen Theologie und Geschichte (1949-68), BZAW 115, Berlin 1969, 195-241

FRANKEMÖLLE, HUBERT, Art.: λαος, EWNT II (1981) 837-848

FÜGLISTER, NOTKER, »Strukturen der alttestamentlichen Ekklesiologie«. Mysterium Salutis, Grundriß heilsgeschichtlicher Dogmatik, Bd. IV/1: Das Heilgeschehen in der Gemeinde, Einsiedeln/Zürich/Köln 1972, 23-98

FUHS, HANS FERDINAND, Art.: ירא, ThWAT III (1982) 869-893

GALLING, KURT, Studien zur Geschichte Israels im persischen Zeitalter, Tübingen 1964

DERS., Die Bücher der Chronik, Esra, Nehemia, ATD 12, Göttingen 1954

DERS., Erwägungen zur antiken Synagoge, ZDPV 72 (1956) 163-178

DERS., »Serubbabel und der Wiederaufbau des Tempels in Jerusalem«. Verbannung und Heimkehr (FS für WRUDOLPH), Tübingen 1961, 67-96

DERS./BRENNECKE, G., Art.: Beschneidung I und II, RGG³ I, 1090-1092

GAMBERONI, JOHANN, »Der nachexilische Tempel und der nachexilische Kult«, BiLi 45 (1972) 94-108

GERLEMANN, GILLIS, Art.: ישראל Israel, THAT I (1975²) 782-785

DERS. /RUPRECHT, E., Art.: דרש fragen nach, THAT I (1975²) 460-467

GESENIUS, WILHELM, Hebräisches und aramäisches Handwörterbuch über das Alte Testament, bearb. von FBUHL (unveränderter Neudruck der 1915 erschienenen 17. Auflage), Berlin/Göttingen/Heidelberg 1962

GOLDSTEIN, ALBERT S., »Conversion to Judaism in bible times«. In: MDEICHHORN (Hrsg.), Conversion to Judaism – a history and analysis, New York 1965, 9-32

GÖRG, MANFRED, Art.: יער, ThWAT III (1982) 697-706

GUNNEWEG, ANTONIUS HERMANN JOSEF, Geschichte Israels bis Bar Kochbar, Stuttgart 1972

DERS., Vom Verstehen des Alten Testaments – eine Hermeneutik, ATD-Ergänzungsreihe Bd. 5, Göttingen 1977

DERS., Die aramäische und hebräische Erzählung über die nachexilische Restauration – ein Vergleich, ZAW 94 (1982) 299-302

DERS., »עם הארץ: Vollbürger – Laien – Heiden«. Vom Amt des Laien in Kirche und Theologie (FS für GKRAUSE), Berlin / New York 1982, 29-36

DERS., Esra. Mit einer Zeittafel von ALFRED JEPSEN, KAT (Gütersloh 1985), Nachdr. Berlin 1985

DERS., Nehemia. Mit einer Zeittafel von ALFRED JEPSEN und einem Exkurs zur Topographie und Archäologie Jerusalems von MANFRED OEMIG (Gütersloh 1987) Nachdr. Berlin 1987

HAHN, HANS-CHRISTOPH, Art.: Beschneidung, TBLNT I (1967) 94-97

HAMP, VINZENZ, Art.: דין, ThWAT II (1977) 200-207

HEMPEL, JOHANNES, Gott und Mensch im Alten Testament, BWANT III/2, 1936[2]

HERRMANN, SIEGFRIED, Geschichte Israels in alttestamentlicher Zeit (München 1973) Nachdr. Berlin 1981

HUBER, FRIEDRICH, Jahwe, Juda und die anderen Völker beim Propheten Jesaja, BZAW 137 Berlin/New York 1976

HULST, A.R., Art.: עם/גוי Volk, THAT II (1976) 290-325

IN DER SMITTEN, WILHELM THEODOR, Esra. Quellen, Überlieferung und Geschichte, SSN 15, Assen 1973

DERS., Gottesherrschaft und Gemeinde. Beobachtungen an Frühformen eines jüdischen Nationalismus in der Spätzeit des AT, Frankfurt/M. 1974, EHS.T Bd. 42

JACOBSEN, TH., Primitve Democracy in Ancient Mesopotamia, JNES 2 (1943) 159-172

JAGERSMA, HENDRIK, Israels Geschichte zur alttestamentlichen Zeit, BKG 17, Konstanz 1982

JANSSEN, ENNO, Juda in der Exilszeit. Ein Beitrag zur Frage der Entstehung des Judentums, FRLANT 69 (NF 91) Göttingen 1956

JAPHET, SARA, The Supposed Common Authorship of Chronicles and Esra-Nehemia Investigated Anew, VT 18 (1968) 330-371

JENNI, ERNST, Aus der Literatur zur chronistischen Geschichtsschreibung, ThR 45 (1980) 97-108

JEPSEN, ALFRED, Nehemia 10, ZAW 66 (1954) 87-106

JEREMIAS, CHRISTIAN, Die Nachtgesichte des Sacharja, FRLANT 117, Göttingen 1977

JEREMIAS, JOACHIM, Jerusalem zur Zeit Jesu (Göttingen 1962[3]), Nachdr. Berlin 1963[3]

KAPELRUD, ARVID SCHOU, The Question of Authorship in the Ezra-Narrative – a Lexical Investigation, SNVAO.HF 1, Oslo 1944, 1-97

KELLERMANN, DIETER, Art.: גור, ThWAT I (1973) 979-991

KELLERMANN, ULRICH, Nehemia. Quellen, Überlieferung und Geschichte. Zur Auseinandersetzung zwischen zionistisch-messianischem und theokratischem Israel in nachexilischer Zeit, BZAW 102, Berlin 1967

DERS., Erwägungen zum Problem der Esradatierung, ZAW 80 (1968) 55-87

DERS., Erwägungen zum Esragesetz, ZAW 80 (1968) 373-385

KESSLER, WERNER, Gott geht es ums Ganze. Jesaja 56-66 und 24-27, BAT 19, Stuttgart 1960

DERS., »Studie zur religiösen Situation im ersten nachexilischen Jahrhundert und zur Auslegung von Jesaja 56-66« WZ(H).GS VI/1, Halle 1956, 41-74

DERS., Zur Auslegung von Jesaja 56-66, ThLZ 81 (1956) 335-338

KIPPENBERG, HANS G., Religion und Klassenbildung im antiken Judäa. Eine religions-soziologische Studie zum Verhältnis von Tradition und gesellschaftlicher Entwicklung, StUNT 14, Göttingen 1982²

KITTEL, GERHARD, Das Konnubium mit den Nicht-Juden im antiken Judentum, Forschungen zur Judenfrage 2, Hamburg 1937, 30-62

DERS., Die Judenfrage, Stuttgart / Berlin 1934

KITTEL, RUDOLF, Zur Frage der Entstehung des Judentums. Quellenstudien, Leipzig 1918

DERS., Geschichte des Volks Israel III, Stuttgart 1927

KLAMOTH, ERICH, Die jüdischen Exulanten in Babylonien, BZAW 10, Leipzig 1912

KOCH, KLAUS, Ezra and the Origins of Judaism, JSS 19 (1974) 173-197

DERS., Sühne und Sündenvergebung um die Wende von der exilischen zur nachexilischen Zeit, EvTh 26 (1966) 217-239

DERS., Art.: אהל, ThWAT I (1973) 128-141

KÖHLER, LUDWIG/BAUMGARTNER, WALTER, Lexicon in Veteris Testamenti Libros, Leiden 1958²

KÖHLER, LUDWIG/BAUMGARTNER, WALTER, Hebräisches und Aramäisches Lexikon zum Alten Testament, 3. Auflage, neu bearbeitet von W. BAUMGARTNER, Lfg. I Leiden 1967, Lfg. II 1974, Lfg. III 1983, Lfg. IV 1990

KÖHLER, LUDWIG, Der hebräische Mensch. Mit einem Anhang: Die hebräische Rechtsgemeinde, Tübingen 1953

KRAUS, HANS JOACHIM, Gottesdienst in Israel, München 1962²

DERS., Psalmen, BK XV 1/2 (4., durchgesehene und ergänzte Auflage, Neukirchen-Vluyn 1972) Nachdr. Berlin 1972

DERS., Theologie der Psalmen, BK XV/3, Neukirchen-Vluyn 1979

KREISSIG, HEINZ, Die sozialökonomische Situation in Juda zur Achämenidenzeit, SGKAO 7, Berlin 1973

KUHN, KARL GEORG, Art.: προσηλυτης, ThWNT VI (1959) 729f.

KUSCHKE, ARNULF, Die Lagervorstellung der priesterschriftlichen Erzählung – eine überlieferungsgeschichtliche Studie, ZAW 63 (1951) 74-105

LEVY/MILGROM, J./RINGGREN, H./FABRY, H.J., Art.: עדה, ThWAT V (1986) 1079-1093

LIPIŃSKI, E., Art.: עם, ThWAT VI (1989) 177-194

LISOWSKY, GERHARD, Konkordanz zum hebräischen Alten Testament, Stuttgart 1958[2]

LOHFINK, NORBERT, »Beobachtungen zur Geschichte des Ausdrucks יהוה עם«. In: HWWOLFF (Hrsg.), Probleme biblischer Theologie (FS für GVRAD), München 1971, 275-305

LOHSE, EDUARD, Art.: σαββατον, ThWNT VII (1964) 1-35

MAASS, FRITZ, Art.: טהר rein sein, THAT I (1975[2]) 646-652

DERS., Art.: טמא unrein sein, THAT I (1975[2]) 664-667

MANDELKERN, SALOMON, Veteris Testamenti Concordantiae Hebraicae utque Chaldaicae, Berlin 1925

MARTIN-ACHARD, ROBERT, Art.: נכר Fremde, THAT II (1976) 66-68

MAYER, G., Art.: מול, ThWAT IV (1984) 734-738

METZGER, MARTIN, Grundriß der Geschichte Israels, NStB 2 (4., überarb. und erw. Aufl., Neukirchen-Vluyn 1977), Nachdr. Berlin 1980

MEYER, EDUARD, Die Entstehung des Judenthums, Halle 1896

DERS., Der Papyrusfund von Elephantine, Leipzig 1912

MEYER, RUDOLF/KATZ, PETER, Art.: οχλος, ThWNT V (1954) 582-590

MOSIS, RUDOLF, Untersuchungen zur Theologie des Chronistischen Geschichtswerkes, FThSt 92, Freiburg 1973

DERS., »Das Babylonische Exil Israels in der Sicht christlicher Exegese«. In: RMOSIS (Hrsg.), Exil – Diaspora – Rückkehr, Schriften der Kath. Akademie in Bayern, Bd. 81, Düsseldorf 1978, 55-77

DERS., Art.: יחש, ThWAT III (1982) 610-614

MOWINCKEL, SIGMUND, Studien zu dem Buche Ezra-Nehemia, Bd. I und II Oslo 1964, Bd. III Oslo 1965

DERS., »'Ich' und 'Er' in der Ezrageschichte«. Verbannung und Heimkehr (FS für WRUDOLPH), Tübingen 1961, 211-234

MÜLLER, HANS-PETER, Art.: קהל Versammlung, THAT II (1976) 609-619

NOTH, MARTIN, Geschichte Israels (8. Aufl. Göttingen 1950) Nachdr. Berlin 1976

DERS., Überlieferungsgeschichtliche Studien, SKG.G 2, Halle 1957[2]

OEMING, MANFRED, Das wahre Israel: die »genealogische Vorhalle« 1Chronik 1-9, BWANT 128, Stuttgart 1990

OESTERLEY, W.O.E., »The Early Post-exilic Community«. ET 47 (1935/36) 394-398

PAURITSCH, KARL, Die neue Gemeinde: Gott sammelt Ausgestossene und Arme (Jesaja 56-66) AnBib 47, Rom 1971

PETERSEN, DAVID L., Zerubbabel and Jerusalem Temple Reconstruction, CBQ 36 (1974) 366-372

PLATH, SIEGFRIED, Furcht Gottes. Der Begriff ירא im Alten Testament, Berlin 1963

PLÖGER, OTTO, Theokratie und Eschatologie, WMANT 2, Neukirchen 1968[3]

DERS., Aus der Spätzeit des AT, Göttingen 1971

PREUSS, HORST-DIETRICH, Art.: זרע, ThWAT II (1977) 663-686

RAD, GERHARD VON, Theologie des Alten Testamentes, Bd. I: Die Theologie der geschichtlichen Überlieferung Israels, München 1958[2],

DERS., Theologie des Alten Testamentes, Bd. II: Die Theologie der prophetischen Überlieferung Israels, München 1960

DERS., Das erste Buch Mose. Genesis, ATD 2/4 (4., veränderte Aufl., Göttingen 1972), Nachdr. Berlin 1974

DERS., Das fünfte Buch Mose. Deuteronomium, ATD 8 (Göttingen 1965) Nachdr. Berlin 1965

RAHNER, KARL, Art.: Beschneidung, LThK II (1958) 289-292

RENDTORFF, ROLF, Das Alte Testament – eine Einführung, Neukirchen-Vlyun 1983

DERS., »Das 'Ende' der Geschichte Israels«. Gesammelte Studien zum AT (TB 57) München 1975, 267-276

DERS., Zur Komposition des Buches Jesaja, VT 34 (1984) 295-320

RENGSTORF, KARL HEINRICH, »Erwägungen zur Frage des Landbesitzes des zweiten Tempels in Judäa und seiner Verwaltung«. In: SWAGNER (Hrsg.), Bibel und Qumran (FS für HBRADTKE) Berlin 1968, 156-176

ROST, LEONHARD, Die Vorstufen von Kirche und Synagoge im Alten Testament – Eine wortgeschichtliche Untersuchung, BWANT IV/24, Stuttgart 1938

DERS., »Erwägungen zum Kyruserlaß«. Verbannung und Heimkehr (FS für WRUDOLPH), Tübingen 1961, 301-307

DERS., Israel bei den Propheten, BWANT IV/19, Stuttgart 1937

DERS., »Die Bezeichnungen für Land und Volk im Alten Testament«. FS für OPROCKSCH, Leipzig 1934, 125-148

ROWLEY, H.H., »The Chronological Order of Ezra and Nehemiah«. The Servant of the Lord and Other Essays on the Old Testament, Oxford 1956, 135-168

RUDOLPH, WILHELM, Esra und Nehemia samt 3. Esra, HAT 20, Tübingen 1949

DERS., Haggai – Sacharja 1-8 – Sacharja 9-14 – Maleachi, KAT (Gütersloh 1976) Nachdr. Berlin 1981

RÜGER, HANS PETER, Art.: Vorhof, BHH (1966) 2119

SÆBØ, MAGNE, Art.: Chronistische Theologie/Chronistisches Geschichtswerk, TRE 8 (1981) 74-87

DERS., Art.: Esra/Esraschriften, TRE 10 (1982) 374-386

SAFRAI, SHMUEL, Das jüdische Volk im Zeitalter des Zweiten Tempels (Information Judentum Bd. 1), Neukirchen-Vluyn 1980²

DERS., Die Wallfahrt im Zeitalter des Zweiten Tempels (Forschungen zum jüdisch-christlichen Dialog Bd. 3), Neukirchen-Vluyn 1981

SAUER, G., Art.: יעד bestimmen, THAT I (1975²) 742-746;

SCHAEDER, HANS HEINRICH, Esra der Schreiber, Tübingen 1930

SCHMIDT, WERNER H., Einführung in das Alte Testament, Berlin/New York 1982²

SCHNEIDER, HEINRICH, Die Bücher Esra und Nehemia, HSAT 4/2, Bonn 1959

SCHOTTROFF, WILLY, Art.: ידע erkennen, THAT I (1975²) 682-701

SCHUBERT, KURT / TOMA, CLEMENS, »Israel als Volk Gottes vom Babylonischen Exil bis zur Hasmonäerzeit«. Theologische Berichte III, Zürich/Einsiedeln/Köln 1974, 87-92

SEGAL, J.B., Popular Religion in Ancient Israel, JJS 27 (1976) 1-22

SEHMSDORF, EBERHARD, Studien zur Redaktionsgeschichte von Jesaja 56-66, ZAW 84 (1972) 517-576

SELLIN, ERNST, Geschichte des Israelitisch-Jüdischen Volkes II, Leipzig 1932

DERS., Die Restauration der jüdischen Gemeinde in den Jahren 538-516 – Das Schicksal Serubbabels. Studien zur Entstehungsgeschichte der jüdischen Gemeinde nach dem Babylonischen Exil, Bd. 2, Leipzig 1901

SMEND, RUDOLF (I), Die Listen der Bücher Esra und Nehemia, Basel 1881

SMEND, RUDOLF (III), Die Entstehung des Alten Testaments, Stuttgart 1978

SMITH, MORTON, »Das Judentum in Palästina während der Perserzeit«. Griechen und Perser – die Mittelmeerwelt im Altertum (Fischer Weltgeschichte, hrsg. HBENGSTON, Bd. 5), Frankfurt/M. 1965, 356-170

STÄHLI, H.P., Art.: ירא fürchten, THAT I (1975²) 765-778

STECK, HANNES ODIL, Das Problem theologischer Strömungen in nachexilischer Zeit, EvTh 28 (1968) 445-458

STENDEBACH, FRANZ-JOSEF, »Versammlung – Gemeinde – Volk Gottes: Alttestamentliche Vorstufen von Kirche?« Judaica 40 (1984) 211-224

STOEBE, HANS JOACHIM, Art.: רעע schlecht sein, THAT II (1976) 794-803

STOLZ, FRITZ, Art.: ציון Zion, THAT II (1976) 543-551

DERS., Art.: שבת auhören, ruhen, THAT II (1976) 863-869

STRÜBIND, KIM, Tradition als Interpretation in der Chronik, BZAW 201, Berlin/New York 1991

TALMON, SHEMARYAHU, »'Exil' und 'Rückkehr' in der Ideenwelt des Alten Testaments«. RMOSIS (Hrsg.), Exil – Diaspora – Rückkehr, Schriften der Kath. Akademie in Bayern, Bd. 81, Düsseldorf 1978, 31-56

THIEL, WINFRIED, Die soziale Entwicklung Israels in vorstaatlicher Zeit, Berlin 1980

TSEVAT, M., Art.: ירושלם, ThWAT III (1982) 930-936

VAUX, ROLAND DE, Das Alte Testament und seine Lebensordnungen, Freiburg i.B., Bd. I 1960; Bd. II 1962

VOGT, HUBERTUS C. M., Studie zur nachexilischen Gemeinde in Esra-Nehemia, Werl 1966

VOLZ, PAUL, Entstehung und Entwicklung der nachexilischen Gemeinde, ThStKr 86 (1913) 329-349

WÄCHTER, LUDWIG, Gemeinschaft und Einzelner im Judentum – eine Skizze, AVTRW 16, Berlin 1961

WALLIS, GERHARD, Die soziale Situation der Juden in Babylonien zur Achämenidenzeit auf Grund von fünfzig ausgewählten babylonischen Urkunden, Diss. phil. Berlin 1952 (masch.)

DERS., »Wesen und Struktur der Botschaft Maleachis«. Das ferne und das nahe Wort (FS für LROST), BZAW 105, Berlin/New York 1967, 229-237

DERS., Gott und seine Gemeinde. Eine Betrachtung zum Tritojesaja-Buch, ThZ Basel 27 (1971) 182-200

WEINBERG, JOEL P., Das bēit 'ābōt im 6.-4. Jh. v.u.Z., VT 23 (1973) 400-414

WELTEN, PETER, Geschichte und Geschichtsdarstellung in den Chronikbüchern, WMANT 42, Neukirchen 1973

WESTERMANN, CLAUS, Theologie des Alten Testaments in Grundzügen, ATD Ergänzungsreihe Bd. 6, Göttingen 1978

DERS., Das Buch Jesaja Kapitel 40-66, ATD 19, Göttingen 1966

DERS., Kurze Bibelkunde des Alten Testamentes, Stuttgart 1976[2]

DERS., »Exkurs zur Beschneidung«. In: Genesis 12-36, BK I/2, Neukirchen 1981, 319f.

DERS./ALBERTZ, R., Art.: גלה aufdecken, THAT I (1975[2]) 418-426

WILDBERGER, HANS, Art.: שאר übrig sein, THAT II (1976) 844-855

WILLI-PLEIN, INA, Israel als Bezeichnung eines nachisraelitischen Gottesvolkes, II. Jüdische »Restgemeinden« als »Wahres Israel«, Judaica 37 (1981) 148ff.

WILLI, THOMAS, Die Chronik als Auslegung. Untersuchungen zur literarischen Gestaltung der historischen Überlieferung Israels, FRLANT 106, Göttingen 1972

WISSMANN, HANS/BETZ, OTTO/DEXINGER, FERDINAND, Art.: Beschneidung, TRE 5 (1980) 714-724

WOLFF, HANS WALTER, Anthropologie des Alten Testaments (München 1977³) Nachdr. Berlin 1980

DERS.; Volksgemeinde und Glaubensgemeinde im Alten Bund, EvTh 9 (1949/50) 62-82

WÜRTHWEIN, ERNST, Der 'am ha'arez im Alten Testament, BWANT IV/17, Stuttgart 1936

ZIMMERLI, WALTHER, Ezechiel, BK XIII 1/2, Neukirchen-Vluyn 1979²

DERS., Grundriß der alttestamentlichen Theologie, ThW 3, Stuttgart 1975²

DERS., Planungen für den Wiederaufbau nach der Katastrophe von 587, VT 18 (1968) 229-255 = Studien zur alttest. Theologie und Prophetie, Ges. Aufsätze Bd. II (TB 51), München 1974, 235-246

ZOBEL, HANS-JÜRGEN, Das Selbstverständnis Israels nach dem Alten Testament, ZAW 85 (1973) 281-294

DERS., Art.: גלה, ThWAT I (1973) 1018-1031

DERS., Art.: יעק(ו)ב, ThWAT III (1982) 752-777

DERS., Art.: ישראל, ThWAT III (1982) 986-1011

DERS., Art.: משפחה, ThWAT V (1986) 86-93

DERS. / BEYSE, KARL-MARTIN, Das Alte Testament und seine Botschaft, Berlin 1984²

BEITRÄGE ZUR ERFORSCHUNG DES ALTEN TESTAMENTS UND DES ANTIKEN JUDENTUMS

Herausgegeben von Matthias Augustin und Michael Mach

Band 1 Jürgen Kegler/Matthias Augustin: Synopse zum Chronistischen Geschichtswerk. 2., erweiterte Auflage. 1991.

Band 2 Yehoshua Amir: Studien zum Antiken Judentum. Mit einem Geleitwort von Michael Mach.1985.

Band 3 Matthias Augustin: Der schöne Mensch im Alten Testament und im hellenistischen Judentum. 1983.

Band 4 Wolfram Herrmann: Ester im Streit der Meinungen. 1986.

Band 5 Karl Eberlein: Gott der Schöpfer - Israels Gott. Eine exegetisch-hermeneutische Studie zur theologischen Funktion alttestamentlicher Schöpfungsaussagen. 2. erweiterte Auflage. 1989.

Band 6 Dieter Vieweger: Die Spezifik der Berufungsberichte Jeremias und Ezechiels im Umfeld ähnlicher Einheiten des Alten Testaments. 1986.

Band 7 Siegfried Wagner/Herbert Breit: Die Menschenfreundlichkeit Gottes. Alttestamentliche Predigten mit hermeneutischen Überlegungen. 1986.

Band 8 Christian Streibert: Schöpfung bei Deuterojesaja und in der Priesterschrift. Eine vergleichende Untersuchung zu Inhalt und Funktion schöpfungstheologischer Aussagen in exilisch-nachexilischer Zeit. 1993.

Band 9 Sara Japhet: The Ideology of the Book of Chronicles and Its Place in Biblical Thought. 1989.

Band 10 Jan Heller: An der Quelle des Lebens. Aufsätze zum Alten Testament. Mit einem Geleitwort von Werner H. Schmidt. 1988.

Band 11 Hartmut N. Rösel: Israel in Kanaan. Zum Problem der Entstehung Israels. 1991.

Band 12 Hans Seidel: Musik in Altisrael. Untersuchungen zur Musikgeschichte und Musikpraxis Altisraels anhand biblischer und außerbiblischer Texte. 1989.

Band 13 Matthias Augustin/Klaus-Dietrich Schunck (Hrsg.): »Wünschet Jerusalem Frieden«. Collected Communications to the XIIth Congress of the International Organization for the Study of the Old Testament, Jerusalem 1986. 1988.

Band 14 Ithamar Gruenwald: From Apocalypticism to Gnosticism. Studies in Apocalypticism, Merkavah Mysticism and Gnosticism. 1988.

Band 15 Mathias Schubert: Schöpfungstheologie bei Kohelet. 1989.

Band 16 Siegfried Bergler: Joel als Schriftinterpret. 1988.

Band 17 Klaus-Dietrich Schunck: Altes Testament und Heiliges Land. Gesammelte Studien zum Alten Testament und zur biblischen Landeskunde. Band I. 1989.

Band 18 Nathan Schur: History of the Samaritans. 1989. 2. überarb. Aufl. 1992.

Band 19 Helmut Utzschneider: Künder oder Schreiber? Eine These zum Problem der "Schriftprophetie" auf Grund von Maleachi 1,6 - 2,9. 1989.

Band 20 Klaus-Dietrich Schunck/Matthias Augustin (Hrsg.): »Goldene Äpfel in silbernen Schalen«. Collected Communications to the XIIIth Congress of the International Organization for the Study of the Old Testament, Leuven 1989. 1992.

Band 21 Martin Remus: Menschenbildvorstellungen im Ijob-Buch. Ein Beitrag zur alttestamentlichen Anthropologie. 1993.

Band 22 Reinhold Then: "Gibt es denn keinen mehr unter den Propheten?" Zum Fortgang der alttestamentlichen Prophetie in frühjüdischer Zeit. 1990.

Band 23 Gerhard Wallis: Mein Freund hatte einen Weinberg. Aufsätze und Vorträge zum Alten Testament. 1993.

Band 26 Dieter Vieweger: Die literarischen Beziehungen zwischen den Büchern Jeremia und Ezechiel. 1993.

Band 29 Nathan Schur: History of the Karaites. 1992.

Band 30 Hans Volker Kieweler: Ben Sira zwischen Judentum und Hellenismus. Eine Auseinandersetzung mit Th. Middendorp. 1992.

Band 31 Lutz Bauer: Zeit des Zweiten Tempels – Zeit der Gerechtigkeit. Zur sozio-ökonomischen Konzeption im Haggai-Sacharja-Maleachi-Korpus. 1992.

Band 32 Udo Schwenk-Bressler: Sapientia Salomonis als ein Beispiel frühjüdischer Textauslegung. Die Auslegung des Buches Genesis, Exodus 1-15 und Teilen der Wüstentradition in Sap 10-19. 1993.

Band 33 Jürgen Kegler/Matthias Augustin: Deutsche Synopse zum Chronistischen Geschichtswerk. 1993.

Band 34 Stefan Stiegler: Die nachexilische JHWH-Gemeinde in Jerusalem. Ein Beitrag zu einer alttestamentlichen Ekklesiologie. 1994.

Band 35 Dietmar Mathias: Die Geschichtstheologie der Geschichtssummarien in den Psalmen. 1993.

Band 36 Wolfram Herrmann: Jüdische Glaubensfundamente. 1994.

Lutz Bauer

Zeit des Zweiten Tempels - Zeit der Gerechtigkeit
Zur sozio-ökonomischen Konzeption
im Haggai-Sacharja-Maleachi-Korpus

Frankfurt/M., Berlin, Bern, New York, Paris, Wien, 1992. 324 S., zahlr. Abb.
Beiträge zur Erforschung des Alten Testaments und des Antiken Judentums.
Herausgegeben von Matthias Augustin und Michael Mach. Bd. 31
ISBN 3-631-45230-6   br. DM 89.--

In der vorliegenden Arbeit werden die drei letzten Bücher des Zwölfpro-
phetenbuchs als kunstvoll gestaltete kompositionelle Einheit betrachtet.
Ein größerer biblischer Textbereich wird vorsätzlich synchron gelesen.
Dieses Experiment eröffnet methodisch den Horizont für die Frage nach
den sozio-ökonomischen Zusammenhängen zur Ptolemäerzeit. Das
Haggai-Sacharja-Maleachi-Korpus enthält eine theozentrische Welt-
wahrnehmung, in der Prosperität als Frucht sozialer Gerechtigkeit und
kultischer Integrität verstanden wird. Dabei klaffen kultische Feiern und
soziales Verhalten nicht auseinander, sondern sind Teil eines kohären-
ten Verständnisses der Schöpfung, die nicht einseitig und auf Kosten
anderer ausgebeutet werden darf.
Aus dem Inhalt: Im ersten Teil des Buches wird gezeigt, daß die drei
letzten Bücher des Dodekapropheton als sinnvolle Komposition aufge-
faßt werden können. Der zweite Hauptteil untersucht die ökonomische
Konzeption in diesem literarischen Kunstwerk aus der Ptolemäerzeit.

Peter Lang GmbH ≡≡≡ **Europäischer Verlag der Wissenschaften**
Frankfurt a.M. • Berlin • Bern • New York • Paris • Wien
Auslieferung: Verlag Peter Lang AG, Jupiterstr. 15, CH-3000 Bern 15
Telefon (004131) 9411122, Telefax (004131) 9411131
- Preisänderungen vorbehalten -